# 어휘끝 고교기본

**CEDU 쎄듀**는 A **C**omprehensive **E**nglish e**DU**cation(종합적 영어교육)의 약자입니다.

# Mobile & PC 동시 학습이 가능한
# 쎄듀런 단어 암기 서비스

**학생용**

| 문제 유형 | 유료 서비스 | | 무료 서비스 |
|---|---|---|---|
| | 영단어 카드학습<br>영단어 고르기<br>뜻고르기<br>예문 빈칸 고르기 | 예문 빈칸 쓰기<br>영단어 쓰기<br>단어 매칭 게임 | 영단어 카드학습<br>단어 매칭 게임 |

---

어휘끝 고교기본 **온라인 유료 학습 50% 할인쿠폰** (모든 유형)

할인쿠폰 번호 **LFX36R7NM8SL**
쿠폰 사용기간 **쿠폰 등록일로부터 90일**

## PC 쿠폰 사용 방법

1  쎄듀런에 학생 아이디로 회원가입 후 로그인해 주세요.
2  [쿠폰등록하기]를 클릭하여 쿠폰 번호를 입력해주세요.
3  쿠폰 등록 후 홈페이지 최상단의 [상품소개→(학생전용) 쎄듀캠퍼스]에서 할인쿠폰을 적용하여 상품을 결제해주세요.
4  [마이캠퍼스→쎄듀캠퍼스→어휘끝 고교기본 클래스에서 학습을 시작해주세요.

유의사항

- 학습 이용 기간은 결제 후 1년입니다.
- 본 할인쿠폰과 이용권은 학생 아이디로만 사용 가능합니다.
- 쎄듀캠퍼스 상품은 PC에서만 결제할 수 있습니다.
- 해당 서비스는 내부 사정으로 인해 조기 종료되거나 정가 등이 변경될 수 있습니다.

---

어휘끝 고교기본 **온라인 무료 학습 이용권** (일부 유형)

무료 체험권 번호 **TGV2JNAC9BRV**
클래스 이용기간 **이용권 등록일로부터 90일**

## Mobile 쿠폰 등록 방법

1  쎄듀런 앱을 다운로드해 주세요.
2  [쿠폰등록하기]를 클릭하여 쿠폰 번호를 입력해주세요.
3  마이캠퍼스에서 [쿠폰등록]을 클릭하여 번호를 입력해주세요.
4  쿠폰 등록 후 [마이캠퍼스→쎄듀캠퍼스→[<무료> 어휘끝 고교기본]에서 학습을 바로 시작해주세요.

## PC 쿠폰 등록 방법

1  쎄듀런에 학생 아이디로 회원가입 후 로그인해 주세요
2  [쿠폰등록하기]를 클릭하여 쿠폰 번호를 입력해주세요.
3  쿠폰 등록 후 [마이캠퍼스→쎄듀캠퍼스→[<무료> 어휘끝 고교기본]에서 학습을 바로 시작해주세요.

**쎄듀런 모바일앱 설치**

쎄듀런 홈페이지
**www.cedulearn.com/student**

쎄듀런 카페
**cafe.naver.com/cedulearnteacher**

# 어휘끝

## 고교
## 기본

WORD COMPLETE

## 이 책을 만든 사람들

**김기훈**    現 (주)쎄듀 대표이사

現 메가스터디 영어영역 대표강사

前 서울특별시 교육청 외국어 교육정책자문위원회 위원

저서   천일문 / 천일문 Training Book / 천일문 GRAMMAR

어법끝 / 어휘끝 / 첫단추 / 쎈쓰업 / 파워업 / 빈칸백서 / 오답백서 / 독해비

쎄듀 본영어 / 문법의 골든룰 101 / Grammar Q

거침없이 Writing / ALL쏨 서술형 / 수능실감 등

**쎄듀 영어교육연구센터**

쎄듀 영어교육센터는 영어 콘텐츠에 대한 전문지식과 경험을 바탕으로
최고의 교육 콘텐츠를 만들고자 최선의 노력을 다하는 전문가 집단입니다.

**한예희** 책임연구원 · **이혜경** 전임연구원 · **이민영** 연구원 · **심승아** 연구원

| | |
|---|---|
| 마케팅 | 콘텐츠 마케팅 사업본부 |
| 영업 | 문병구 |
| 제작 | 정승호 |
| 인디자인 편집 | 올댓에디팅 |
| 디자인 | 이연수 |
| 일러스트 | 아몬드 초콜릿 |
| 영문교열 | Stephen Daniel White |

| | |
|---|---|
| 펴낸이 | 김기훈 · 김진희 |
| 펴낸곳 | (주)쎄듀 / 서울시 강남구 논현로 305 (역삼동) |
| 발행일 | 2023년 1월 2일 제1개정판 1쇄 |
| 내용문의 | www.cedubook.com |
| 구입문의 | 콘텐츠 마케팅 사업본부 |
| | Tel. 02-6241-2007 |
| | Fax. 02-2058-0209 |
| 등록번호 | 제22-2472호 |
| ISBN | 978-89-6806-267-4 |

# INTRODUCTION

출간 이래 많은 사랑을 받아온 어휘끝 시리즈의 누적 판매 부수가 150만 부를 넘어섰습니다. 그동안 어휘끝 시리즈는 변화하는 입시 경향에 발맞추어 여러 차례 버전을 업그레이드해 왔습니다. 이번에는 다시 한번 최신 경향을 반영하여 <어휘끝 고교기본>과 <어휘끝 수능>의 새로운 개정판을 선보이게 되었습니다.

본 교재인 <어휘끝 고교기본>은 중3~고1 학생들을 위해 고교 내신과 수능 기본 필수 어휘를 중심으로 쓰인 것으로, 아직은 수능 학습을 본격적으로 시작하기에는 이른 수준의 학생들이 고교 기본 어휘를 빠르게 학습할 수 있도록 한 것입니다. <어휘끝 수능>은 고 2~3학년을 앞둔 학생들을 위한 것입니다.

어휘끝 시리즈에서 일관되게 제시하고 있는 어휘학습법은 바로 '추론'입니다. 수능과 모의고사에 출제될만한 어휘를 모두 외우겠다고 어휘서나 독해서에 나오는 모르는 어휘를 무작정 외우는 것은 결코 효율적이지 않습니다. 게다가, 아무리 많은 단어를 외워도 모르는 어휘가 시험에 등장할 가능성은 늘 존재합니다. 그러므로 학생들이 진정한 어휘 실력을 갖추기 위해 궁극적 목표로 삼아야 할 것은 '암기해야 할 어휘의 수'가 아니라 어휘에 대한 이해를 바탕으로, 주어진 문맥과 어휘의 어원 등을 통하여 그 뜻을 짐작할 수 있는 '추론 능력'이어야 합니다.

<어휘끝 고교기본>에서는, '추론 능력'을 기르는 데 탄탄한 밑바탕이 되도록 고교내신과 수능 어휘의 약 80%를 차지하는 기본 2천 단어들로 구성하였습니다. 이 기본 단어들은 빈도가 매우 높을 뿐만 아니라 소재를 가리지 않고 두루 쓰이는 것들로서, 생소한 단어들을 추론하는 데 결정적인 역할을 합니다. 또한, 모든 예문의 우리말 번역에서 표제어에 해당하는 부분은 빈칸으로 처리하였으므로 이를 해결하다 보면 '추론 능력'이 자연스레 길러질 것입니다. 그다음 본격적인 수능 대비를 위하여 좀 더 난이도 있는 어휘의 추론력을 <어휘끝 수능>으로 완성할 수 있게 하였습니다.

<어휘끝 고교기본>은 이번 개정을 통해 최근 기출 단어들과 주요 소재를 다루도록 개선하였습니다. 또한 학습 효율성을 높이기 위해 다의어와 혼동어를 포함하여 다양한 유형의 단어들을 매일 동일한 분량으로 학습할 수 있도록 구성했습니다. 간편하게 반복 학습을 할 수 있도록 휴대용 암기장도 제공합니다.

어휘끝 시리즈는 진정한 '어휘학습'에 대한 새로운 패러다임을 제공할 것이며, 여러분에게 커다란 도약의 계기가 되어줄 것을 자신합니다.

여러분의 건승을 기원합니다.

저자

# COMPOSITION 어휘별 특성에 꼭 맞춘 6가지 학습법

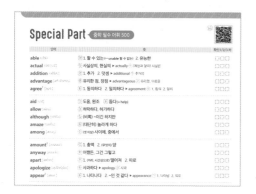

## ❶ 중학 필수 어휘 500

### 중학 어휘를 복습하여 기초를 탄탄히!

고등학교 수준의 어휘를 공부하기 전에 중학 수준의
중요어휘를 빠르게 확인하고 마무리할 수 있습니다.

## ❷ Part 1, 2 : 수능영어 독해 필수 어휘

### 약방의 감초처럼 사용되는 어휘!

어디서나 두루 쓰이는, 꼭 알아야 할 빈출 어휘들을
우선적으로 학습합니다. 단어를 주요 품사별로 분류
하였습니다.

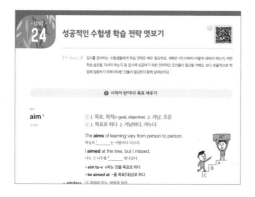

## ❸ Part 3, 4 : 이야기로 암기하는 어휘

### 앞뒤 흐름이 있는 어휘!

재미와 정보를 주는 이야기와 함께 어휘와 예문을
학습하므로 지루하지 않습니다. 이야기가 담긴 예문
외에도 해당 단어가 쓰이는 가장 일반적인 상황을
담은 예문도 추가로 제공합니다.

## ❹ Part 5, 6 : 수능 독해 토픽 어휘

### 수능에 자주 출제되는 주제로 학습하는 어휘!

수능 독해 지문에서 자주 다뤄지는 주제와 관련된 어
휘들을 학습할 수 있습니다. 예문의 이야기를 읽다 보
면 독해를 위한 배경지식까지 얻을 수 있습니다.

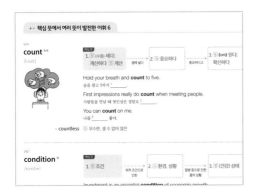

## ❺ 다양한 의미를 가진 어휘

### 앞뒤 문맥으로 파악해야 하는 다의어!

문맥에 따라 다양하게 해석되는 다의어 중 알아두면
유용한 것들만 모아 학습합니다. 암기에 도움이 되는
팁이 담겨 있어 더 효과적인 학습이 가능합니다.

## ❻ 철자, 어원 등의 이유로 혼동되는 어휘

### 모르면 큰코다치는 혼동어!

다른 뜻을 가졌지만 사소한 철자, 품사 등의 차이 때문
에 헷갈리기 쉬운 어휘들을 집중적으로 학습합니다.
여러 가지 암기 팁이 담겨 있어 혼동되는 것을 확실히
막아줍니다.

### 암기장

휴대하고 다니면서
언제 어디서나 간편하게
반복학습이 가능하도록
암기장을 제공합니다.

# HOW TO USE

## 본문 돋보기

### ❶ 중요도 표시

단어 중요도와 빈출에 따라 별의 개수가 나르므로, 중요도가 높은 어휘부터 우선적으로 공부할 수 있습니다.

**\* 중요 단어**
고교 기본 수준의 어휘 중 반드시 외워야 할 교육부 지정 단어

**\*\* 최중요 단어**
고교 기본 수준의 어휘 중 28개년 수능, 26개년 모의고사, 고등학교 교과서 11종, 중학 3학년 교과서 13종에 모두 기출된 최중요 단어

### ❷-1 발음주의

철자를 통해 예상되는 발음과는 다른 경우에 표시됩니다.
\*발음을 반드시 MP3 파일로 확인하세요.

### ❷-2 강세주의

일반적으로 주어지는 강세 자리가 아닌 경우에 표시됩니다.
\*명사일 때는 1강세, 동사일 때는 2강세로 품사에 따라 강세 자리가 바뀌는 단어를 특히 주의하세요.

### ❷-3 철자주의

발음을 통해 예상되는 철자와 다른 경우에 표시됩니다.

### ❸ 예문을 통한 단어 뜻 추론

예문에서 표제어에 해당하는 우리말 뜻은 빈칸으로 비워둠으로써 문맥을 통해 어휘의 뜻을 자연스럽게 추론하는 연습을 할 수 있습니다.

**❶ 조상들의 삶과 옷**

**0961 ancestor**
❷ 발음주의 [ǽnsestər]
명 조상, 선조 (↔ descendant 후손, 자손)
Our **ancestors** made their own clothes, which t[...]
❸ 우리 ¹_____ 은 자신의 옷을 직접 만들었는데, 그것은 많은 수고[...]

**0962 provide** \*\* ❶
[prəváid]
동 제공하다, 공급하다
Materials such as wool were not **provided** in lar[...]
양모와 같은 직물들은 대량으로 ²_____ 않았다.
❹ • provide A with B  A에게 B를 제공[공급]하다

**0963 outfit**
[áutfit]
명 옷, 복장   동 채비하다, 공급하다
So people in the old days usually had only a few[...]
그래서 옛날 사람들은 보통 몇 벌의 ³_____ 만 가지고 있었다.

**0964 fabric** \*
[fǽbrik]
명 천, 직물
It was common to make new clothes by using th[...]
입던 옷의 ⁴_____ 을 사용해서 새 옷을 만드는 것은 흔했다.
❺ **Voca Plus**  '직물'과 관련된 여러 가지 어휘
fiber  천이나 끈을 만들기 위한 길고 가는 실과 같은 섬유
cloth  주로 가공하기 전의 가벼운 직물, 천
fabric  옷, 소파 등을 만들기 위한 직물
textile  (보통 공장에서) 가공해 만든 직물

### ❹ 어구 정리

해당 표제어가 자주 만들어내는 주요 어구들입니다.

### ❺ 박스 설명

학습에 도움이 될 수 있는 각종 관련어들을 제시하였습니다.

# 추천 학습법

## 처음 공부할 때

우선, 무료로 제공되는 MP3파일 중에서
'단어 발음 숙달용'을 들으며 발음을 익힙니다.
그 후 표제어의 뜻과 예문, 파생어 등을 학습합니다.

## 반복해서 학습할 때

우리말 뜻 부분을 가리고 암기 여부를 확인한 뒤,
미처 암기하지 못한 것을 재암기합니다. 셀프 스터디용으로
제공되는 MP3파일을 활용하여 지루함을 덜 수 있습니다.

## 틈틈이 공부할 때

3가지 버전의 MP3파일을 목적에 맞게 반복해서 들으세요.
영단어 암기장을 휴대하고 다니면서 언제 어디서나
반복학습이 가능합니다.

### How to Study More

더 어려운 어휘를 공부하고 싶다면 <어휘끝
수능>으로 수능 어휘 학습을 완성해 보세요.

# 부가서비스 이용하기

## 1. 총 3가지 버전의 MP3 파일

유닛 상단의 QR코드를 스캔해서 듣거나, www.cedubook.com에서 다운받을 수 있어요.

| ① 단어 발음 숙달용 | ② 셀프 스터디용 | ③ 리스닝 훈련용 |
| --- | --- | --- |
| 단어 발음을 2회씩 | 단어 발음 2회·우리말 뜻 | 단어 발음 1회·예문 |

## 2. 쎄듀런 이용하기 (무료)

암기한 어휘를 쎄듀런 웹사이트와 앱을 통해 학습할 수 있습니다. www.cedulearn.com

 학생
· 유닛별 TEST 제공
· 파트별 누적 TEST 제공

 선생님
· 온라인 TEST 및 학사관리 제공
· 오프라인용 TEST 인쇄 서비스 제공

쎄듀런

## 본문에 쓰인 여러 기호

| | | |
| --- | --- | --- |
| [ ] : 대신 쓸 수 있는 표현 | = : 유사어(구) | 명 : 명사 |
| 큰 ( ) : 우리말 의미의 일부 | ↔ : 반의어(구) | 동 : 동사 |
| 작은 ( ) : 의미의 부연 설명 | to-v : to부정사 | 형 : 형용사 |
| 《 》 : 의미에 대한 보충 설명 | v-ing : 동명사, 현재분사 | 부 : 부사 |
| | | 전 : 전치사 |
| | | 접 : 접속사 |

# CONTENTS

# SPECIAL PART

· 영어 어휘, 그것이 궁금하다!
· 중학 필수 어휘 500

*word complete*

# Special Part <영어 어휘, 그것이 궁금하다!>

**Q**

영어 어휘는 어떻게
공부해야 기억에
오래 남나요?

**A**

빈도가 아주 높은 단어들은 '단어-뜻' 위주로 빠르게 외우는 것이 효율적이며, 그다음에는 가급적 다양한 맥락의 예문 속에서 어휘의 뜻을 추론하며 익히는 학습 방법을 권합니다. 이는 어휘에 대한 이해력을 높여주며 더 오래 기억할 수 있게 도와준다고 해요.

따라서 <어휘끝 고교기본>에서는 빈도 높은 단어들만을 모아 암기할 수 있도록 Part 1, 2를 구성하였으며, Part 3~6에서는 흥미롭고 다양한 소재의 이야기를 골라 그 속에서 단어의 의미를 잘 드러내는 쉽고 간단한 예문을 통해 그 의미를 추론해볼 수 있도록 하고 있어요. 예문 속에서 표제어의 뜻을 적용해보는 것은 기억에 훨씬 오래 남게 된답니다.

또한, 어휘는 여러 번의 반복 학습을 통해 장기 기억으로 들어간다고 해요. 그러므로 <어휘끝 고교기본>의 본문을 공부한 후 다양하게 마련되어 있는 부가서비스를 이용하세요.

**Q**

뜻이 다양하거나
생김새가 비슷하여
암기하기 어려운 어휘는
어떻게 공부해야 하나요?

**A**

영어 어휘를 학습하다 보면 여러 이유로 암기가 쉽지 않은 단어들을 마주하게 됩니다.

단어 당 항상 하나의 뜻만 있는 것은 아니기 때문에, 내가 알던 뜻으로 해석하면 안 되는 경우를 본 적이 있을 거예요.

a **fair** decision (**공정한** 결정) vs. a book **fair** (도서 **박람회**)

철자가 비슷하여 언뜻 보면 헷갈릴 수 있는 단어도 있어요. 아래의 두 단어는 알파벳 두 개만 다르지만 뜻이 완전히 달라요.

princi**pal** (교장 선생님) vs. princi**ple** (원리, 원칙)

<어휘끝 고교기본>에서는 이러한 다의어와 혼동어를 Part 3~6에 걸쳐 나누어 수록하여 효율적으로 학습할 수 있어요. 다의어는 핵심 뜻에서 다른 뜻들이 발전하는 과정을 이해하고, 철자가 혼동되는 단어들은 구별하는 팁을 기억해두면 암기에 큰 도움이 되어요.

**Q**

끝없는 영어 어휘!
대체 몇 개까지 알아야
하나요?

**A**

영어에는 약 75만 개의 어휘가 존재한다고 해요. 그럼 이 많은 단어를 모두 알아야 하는 걸까요?

다행히 그렇지는 않아요. 영어 원어민들이 하는 대화를 분석해보면 단지 7,500개 정도의 단어가 대화의 90%를 이루고 있다고 하니까요. 여러분은 시험 출제 빈도가 높은 단어 2천 개만 제대로 알면 고교 시험에 나오는 영어의 80%는 이해할 수 있게 될 거예요. <어휘끝 고교기본>은 중학 필수 어휘 500개를 비롯하여 빈출 어휘들을 2,000개 가까이 수록하고 있으므로 <어휘끝 고교기본>만 완벽히 학습해도 고교 영어 어휘의 80%를 커버 가능하답니다.

**Q**

나머지 20%는
어떻게 해야 하나요?

**A**

남은 20%에 속하는 어휘들은 <어휘끝 수능>으로 정복할 수 있어요. 문맥을 통해 의미를 유추해낼 수 있다고도 하지만, 실제로 100개의 단어 중에 20개를 모른다면 유추가 그리 쉽지는 않겠지요. 이때 알아두어야 할 것은, 이 20%에 속하는 어휘들을 알기 위해서는 80%를 커버하는 어휘보다 더 심화된 학습이 필요하다는 것이에요. 그만큼 출현 빈도가 높지 않다는 뜻이고, 실제로 지문 하나를 독해한다고 할 때 그 지문에 나타날 가능성은 상대적으로 더 적습니다.

**품사란 무엇인가요?**
**어째서 알아야 하나요?**

품사란 어휘를 문법적 기능에 따라 몇 가지로 분류해 놓은 것인데, 영어에서는 8가지 품사(명사, 대명사, 동사, 형용사, 부사, 전치사, 접속사, 감탄사)가 있고 이중 가장 중요한 것은 명사, 동사, 형용사, 부사예요. 그런데, 품사를 알아두어야 하는 이유는 무엇일까요? spare라는 단어를 예로 들어볼게요.

**형용사** Do you have a **spare** key for your room?
(당신 방에는 **여분의** 열쇠가 있나요?)

**동사** I **spared** my energy for the next day's marathon.
(난 다음 날 있을 마라톤을 위해 에너지를 **아꼈다**.)

**명사** His car's tire went flat but he could replace it with a **spare**.
(그의 자동차 타이어가 펑크 났지만, 그는 그것을 **예비품**으로 교체했다.)

위와 같이 똑같은 단어라도 품사에 따라 그 의미와 문장 내에서의 역할이 완전히 달라질 수 있어요. 그러니 단어가 활용될 수 있는 품사와 그 품사에 따른 의미를 암기해 두면 문장을 올바르게 해석하고 적절한 위치에서 단어를 활용할 수 있게 된답니다.

**Q**

영어 어휘를 외울 때
발음도 기억해야 하나요?

**A**

그럼요! 어떤 언어든 읽고 쓰기만 하는 것이 아니라 말하고 들을 수도
있어야 하니까요. 특히 영어는 우리말처럼 철자와 발음이 일치하지 않
고 단어에 따라 같은 알파벳도 완전히 다르게 발음되는 경우가 많으므
로 발음을 꼭 알아두어야 해요.

하지만 발음기호를 기억한다고 해서 바른 발음을 아는 것은 아니에요.
영어에는 [f], [v], [z], [θ], [r], [l] 등의 자음과 [ɔ], [ʌ], [ə]
등의 모음처럼 우리말에 없는 발음이 많으므로 각 기호를 바르게 발음
하는 법을 익히지 않는다면 의사소통에 혼란을 불러일으킬 수 있거든
요. 또한, 정해진 위치에 강세를 넣어 발음하지 않으면 원어민조차 알아
듣지 못할 수 있으니 주의하세요. 발음 공부는 발음기호만으로 하는 것
보다 원어민의 생생한 발음에 기초해서 공부하는 것이 좋답니다. 그러
니 '단어 발음 숙달용' MP3 파일을 듣고 열심히 따라 하며 자신의 발음
도 바르게 교정해 보세요.

**Q**

영어 어휘를 반드시 예문과
함께 학습해야 하는 이유를
좀 더 설명해 주세요.

**A**

예를 들어 설명해 드릴게요. 여러분은 '빌리다'란 뜻의 영어 단어를 알
고 있나요? borrow라고요?

그럼 "화장실 좀 빌릴 수 있을까요?"라고 하려면 "Can I borrow your
bathroom?"이라고 하면 되겠네요. 하지만 이건 완전히 틀린 표현이
에요. 펜이든 전화든 화장실이든 똑같이 '빌리다'란 동사를 쓰는 우리말
과는 달리, 영어에서는 장소에 고정되어 있어서 이동이 불가능한 것을
빌릴 경우 borrow가 아닌 use를 써야 하거든요. 또한 비교적 단시간,
바로 돌려줄 수 있는 것을 빌릴 경우에도 use를 쓸 수 있죠.

이렇게 아주 쉽고 간단한 표현이라 하더라도 단어의 뜻만을 기계적으
로 기억하고 있는 사람들은 엉터리로 해석하고 표현하게 되기 쉬워요.
그러니 영어 어휘를 공부할 때는 그 단어의 우리말 뜻만 기억할 것이 아
니라 머릿속으로 그림을 그리듯이 이미지와 개념을 기억하는 것이 중
요하답니다. 그런데 이를 도와주는 것이 바로 그 단어가 사용된 예문이
에요. 예문을 통해서 각 단어가 어떤 상황에서 어떤 형태로 활용되는지
를 알아야 제대로 공부했다고 할 수 있다는 것을 기억하세요.

영어 어휘는 철자와
발음이 너무 다양하고
복잡해요. 도대체 왜죠?

A

우리말에도 순수 우리말 어휘와 중국의 영향을 받은 한자 어휘 등이 있는 것처럼 영어 어휘에도 다양한 뿌리가 있어요.

먼저 게르만어에서 영어의 기본 단어와 문법이 형성되었고, 이후 로마 제국이 세계를 지배하고 로마의 종교이던 기독교가 영국으로 유입되면서 라틴어 계열의 어휘가 추가되었어요. 마지막으로 프랑스인의 선조인 노르만족이 11세기 영국을 정복하면서 그들이 사용하던 옛 프랑스어가 지배계층을 중심으로 대거 유입되었죠. 이런 과정을 통해 현대 영어 어휘의 25%는 게르만어에서, 28%는 라틴어에서, 또 다른 28%는 노르만어에서 기원 되었어요. 특이한 점이 있다면 게르만어 계열은 일상생활에서 흔히 쓰는 쉽고 실용적인 단어가 많고 라틴어 계열과 노르만어 계열은 좀 더 지적이고 우아하게 느껴지는 어휘가 많다는 거예요. 음식과 관련된 표현은 노르만어 계열의 영향을 유독 많이 받았고요.

*eg.* come(게르만어)과 arrive(라틴어)
　　 sight(게르만어)와 vision(라틴어)
　　 freedom(게르만어)과 liberty(라틴어)
　　 oversee(게르만어)와 supervise(라틴어)와 survey(노르만어)
　　 cow(게르만어)와 beef(노르만어)
　　 pig(게르만어)와 pork(노르만어)

따라서 <어휘끝 고교기본>에는 게르만어에 뿌리를 둔 기본적이고 실용적인 어휘들이 좀 더 수록되어 있고, <어휘끝 수능>은 주요 라틴어 어근들을 분석하고 소개함으로써 고급 어휘로의 어휘력 확장이 쉽도록 꾸며져 있답니다. 어근의 뜻을 알아두면 그 어근으로 이루어진 어휘들의 뜻을 추론하기가 더 쉽기 때문이죠.

*eg.* super(위) + vise(보다) = supervise(위에서 지켜보다 → **감독하다**)
　　 re(다시) + vise(보다) = revise(다시 보다 → **수정하다**)

# Special Part ◀ 중학 필수 어휘 500

| 단어 | 뜻 | 확인 1/2/3차 |
|------|-----|-----|
| **able** [éibl] | 형 1. 할 수 있는 (↔ unable 할 수 없는)  2. 유능한 | ☐☐☐ |
| **actual** [ǽktʃuəl] | 형 사실상의, 현실의 ▶ actually 부 (예상과 달리) 사실은 | ☐☐☐ |
| **addition** [ədíʃən] | 명 1. 추가  2. 덧셈 ▶ additional 형 추가의 | ☐☐☐ |
| **advantage** [ədvǽntidʒ] | 명 유리한 점, 장점 ▶ advantageous 형 유리한, 이로운 | ☐☐☐ |
| **agree**[1] [əgríː] | 동 1. 동의하다  2. 일치하다 ▶ agreement 명 1. 동의  2. 일치 | ☐☐☐ |
| **aid** [eid] | 명 도움, 원조  동 돕다 (= help) | ☐☐☐ |
| **allow** [əláu] | 동 허락하다, 허가하다 | ☐☐☐ |
| **although** [ɔːlðóu] | 접 (비록) ~이긴 하지만 | ☐☐☐ |
| **amaze** [əméiz] | 동 (대단히) 놀라게 하다 | ☐☐☐ |
| **among** [əmʌ́ŋ] | 전 (셋 이상) 사이에, 중에서 | ☐☐☐ |
| **amount**[2] [əmáunt] | 명 1. 총액  2. (무엇의) 양 | ☐☐☐ |
| **anyway** [éniwèi] | 부 어쨌든, 그건 그렇고 | ☐☐☐ |
| **apart** [əpáːrt] | 부 1. (거리, 시간상으로) 떨어져  2. 따로 | ☐☐☐ |
| **apologize** [əpálədʒàiz] | 동 사과하다 ▶ apology 명 사과 | ☐☐☐ |
| **appear**[3] [əpíər] | 동 1. 나타나다  2. ~인 것 같다 ▶ appearance 명 1. 나타남  2. 외모 | ☐☐☐ |
| **argue**[4] [áːrgjuː] | 동 1. 말다툼하다  2. 주장하다 ▶ argument 명 1. 말다툼  2. 주장 | ☐☐☐ |
| **army** [áːrmi] | 명 군대; 육군 | ☐☐☐ |
| **art** [ɑːrt] | 명 1. 미술; 예술  2. 기술, 솜씨 ▶ artistic 형 예술의, 예술적인 | ☐☐☐ |
| **ashamed**[5] [əʃéimd] | 형 부끄러운, 창피한 | ☐☐☐ |
| **asleep**[6] [əslíːp] | 형 자고 있는 | ☐☐☐ |
| **attack**[7] [ətǽk] | 동 공격하다; 비난하다  명 공격; 비난 | ☐☐☐ |
| **attract** [ətrǽkt] | 동 마음을 끌다; 끌어들이다 | ☐☐☐ |
| **audience** [ɔ́ːdiəns] | 명 관객, 청중 | ☐☐☐ |
| **automobile** [ɔ́ːtəməbìːl] | 명 자동차  형 자동차의 | ☐☐☐ |
| **awake** [əwéik] | 형 깨어 있는  동 ((awoke-awoken)) 깨다, 깨우다 | ☐☐☐ |

### 주요 예문 보기

[1] In the meeting, Susan **agreed** with my opinion. 회의에서 Susan은 나의 의견에 **동의했다**.

[1] His answers to the math test didn't **agree** with mine. 그의 수학 시험 답안은 내 것과 **일치하지 않았다**.

[2] There was a large **amount** of information. 많은 **양**의 정보가 있었다.

[3] My cat **appeared** surprised at the sound of thunder. 내 고양이는 천둥소리를 듣고 놀란 **것 같았다**.

[4] I don't want to **argue** with you. 나는 너랑 **말다툼하고** 싶지 않아.

[5] I felt **ashamed** of lying to my friend. 나는 내 친구에게 거짓말한 것이 **부끄러웠다**.

[6] I was so tired that I fell **asleep** at my desk. 나는 너무 피곤해서 책상에서 **잠이 들었다**.

[7] The soldiers **attacked** the town at dawn. 군인들이 새벽에 그 마을을 **공격했다**.

| 단어 | 뜻 | 확인 1/2/3차 |
|---|---|---|
| **awful** [ɔ́:fəl] | 혱 무서운, 끔찍한 | ☐☐☐ |
| **background** [bǽkgràund] | 몡 배경; 바탕 | ☐☐☐ |
| **bandage**¹ [bǽndidʒ] | 몡 붕대   동 붕대를 감다 | ☐☐☐ |
| **bankrupt**² [bǽŋkrʌpt] | 혱 파산한, 지불 능력이 없는 ▶ bankruptcy 몡 파산, 도산 | ☐☐☐ |
| **basement** [béismənt] | 몡 지하층, 지하실 | ☐☐☐ |
| **basis** [béisis] | 몡 기반, 기초 | ☐☐☐ |
| **battle** [bǽtl] | 몡 전투, 싸움 | ☐☐☐ |
| **beg**³ [beg] | 동 ((begged-begged-begging)) 1. 애원하다   2. 구걸하다 ▶ beggar 몡 거지 | ☐☐☐ |
| **behavior / behaviour** [bihéivjər] | 몡 행동, 품행 | ☐☐☐ |
| **beloved** [bilʌ́vid] | 혱 사랑스러운, 소중한 | ☐☐☐ |
| **blush**⁴ [blʌʃ] | 동 상기되다, 얼굴을 붉히다   몡 홍조 | ☐☐☐ |
| **blind** [blaind] | 혱 눈이 먼, 맹인인 | ☐☐☐ |
| **block** [blɑk] | 몡 1. 벽돌   2. (도로로 나뉘는) 구역, 블록   동 막다 | ☐☐☐ |
| **boil** [bɔil] | 동 끓다, 끓이다 | ☐☐☐ |
| **bomb** [bɑm] | 몡 폭탄   동 폭격하다 | ☐☐☐ |
| **bore**⁵ [bɔːr] | 동 지루하게 만들다 ▶ boredom 몡 지루함, 따분함 | ☐☐☐ |
| **borrow** [bɑ́rou] | 동 빌리다; (돈을) 꾸다 | ☐☐☐ |
| **bow** | 몡 1. [bau] 절, (고개 숙여 하는) 인사   2. [bou] 활   동 [bau] (허리 굽혀) 절하다 | ☐☐☐ |
| **bravery** [bréivəri] | 몡 용기, 용감 ▶ brave 혱 용기 있는, 용감한 | ☐☐☐ |
| **breathe** [briːð] | 동 호흡하다, 숨을 쉬다 ▶ breath 몡 호흡, 숨 | ☐☐☐ |
| **breeze** [briːz] | 몡 산들바람 | ☐☐☐ |
| **cancel** [kǽnsəl] | 동 취소하다, 무효로 하다 | ☐☐☐ |
| **carriage**⁶ [kǽridʒ] | 몡 탈것, 차; (사륜)마차 | ☐☐☐ |
| **cave** [keiv] | 몡 동굴 | ☐☐☐ |
| **celebrate**⁷ [séləbrèit] | 동 (어떤 날, 사건을) 기념하다, 축하하다 ▶ celebration 몡 기념[축하] (행사) | ☐☐☐ |

**주요 예문 보기**

¹The doctor covered the cut with a clean **bandage**. 의사는 베인 상처를 깨끗한 **붕대**로 감쌌다.

²Many Korean companies went **bankrupt** due to the IMF crisis in 1997. 많은 한국 기업들이 1997년 IMF 사태로 인해 **파산했다**.

³I **begged** my mom to raise my allowance. 나는 엄마에게 용돈을 올려달라고 **애원했다**.

⁴The teacher's praise made me **blush**. 선생님의 칭찬에 내 **얼굴이 붉어졌다**.

⁵Steve was getting **bored** with the game. Steve는 그 게임이 점점 **지루해지고** 있었다.

⁶I toured the city riding in a **carriage**. 나는 **마차**를 타고 시내 관광을 했다.

⁷My family went out to eat to **celebrate** Mom's birthday. 우리 가족은 엄마의 생신을 **축하하기** 위해 외식하러 갔다.

| 단어 | 뜻 | 확인1/2/3차 |
|---|---|---|
| **central** [séntrəl] | 형 중앙의, 중심의 | ☐☐☐ |
| **century** [séntʃəri] | 명 100년, 한 세기 | ☐☐☐ |
| **charm**[1] [tʃɑːrm] | 명 1. 매력  2. 부적, 장식물   동 매혹시키다(= attract) | ☐☐☐ |
| **chat** [tʃæt] | 동 ((chatted-chatted-chatting)) 이야기를 나누다   명 수다(= chatter) | ☐☐☐ |
| **cheer** [tʃiər] | 명 환호; 응원   동 환호하다; 응원하다 | ☐☐☐ |
| **chief**[2] [tʃiːf] | 형 1. 주된  2. (계급. 직급상) 최고위의   명 (조직의) 우두머리, 장 | ☐☐☐ |
| **clinic** [klínik] | 명 (전문) 병원 | ☐☐☐ |
| **clothes** [klouðz] | 명 옷, 의복 | ☐☐☐ |
| **collection** [kəlékʃən] | 명 수집(품) ▶ collect 동 수집하다, 모으다 | ☐☐☐ |
| **comfortable** [kʌ́mfərtəbl] | 형 편안한(↔ uncomfortable 불편한) | ☐☐☐ |
| **comment**[3] [káment] | 명 비판   동 의견을 말하다 | ☐☐☐ |
| **commercial** [kəmə́ːrʃəl] | 형 상업의; 상업적인   명 광고 | ☐☐☐ |
| **common** [kámən] | 형 1. 흔한(↔ uncommon 흔하지 않은)  2. 공동의, 공통의 | ☐☐☐ |
| **communicate**[4] {kəmjúːnəkèit} | 동 의사소통을 하다 ▶ communication 명 의사소통 | ☐☐☐ |
| **complain**[5] [kəmpléin] | 동 불평하다, 항의하다 ▶ complaint 명 불평 | ☐☐☐ |
| **confident** [kánfidənt] | 형 1. 자신감 있는  2. 확신하는 ▶ confidence 명 1. 자신감 2. 확신; 신뢰 | ☐☐☐ |
| **congratulate**[6] {kəngrǽtʃəlèit} | 동 축하하다, 축하의 말을 하다 ▶ congratulation 명 축하 (인사) | ☐☐☐ |
| **connect** [kənékt] | 동 연결하다, 연결되다(↔ disconnect 연결을 끊다) ▶ connection 명 연결 | ☐☐☐ |
| **consider** [kənsídər] | 동 고려하다, 생각하다 ▶ consideration 명 1. 고려(사항)  2. 배려 | ☐☐☐ |
| **continue** [kəntínjuː] | 동 계속하다, 계속되다 | ☐☐☐ |
| **conversation** [kànvərséijən] | 명 대화; 회화 | ☐☐☐ |
| **correct** [kərékt] | 형 맞는, 정확한(↔ incorrect 부정확한)   동 바로잡다 ▶ correction 명 정정, 수정 | ☐☐☐ |
| **cotton** [kátən] | 명 목화; 솜 | ☐☐☐ |
| **cough** [kɔ(ː)f] | 명 기침   동 기침하다 | ☐☐☐ |
| **crack**[7] [kræk] | 명 금, 틈   동 1. 금[틈]이 가다  2. 깨뜨리다, 깨지다 | ☐☐☐ |

## 주요 예문 보기

[1] He keeps a horseshoe as a good luck **charm**. 그는 말발굽을 행운의 **부적**으로 가지고 있다.

[2] Last year, Emma was appointed as **chief** editor. 작년에 Emma는 편집**장**으로 임명되었다.

[3] The teacher **commented** on my assignment. 선생님은 내 과제에 대한 **의견을 말씀해** 주셨다.

[4] Octopuses **communicate** with each other by changing their color. 문어는 자신의 색깔을 바꿈으로써 서로 **의사소통을 한다**.

[5] He **complained** about the high cost. 그는 높은 가격에 대해 **불평했다**.

[6] I'd like to **congratulate** you on your success. 나는 너의 성공을 **축하하고** 싶다.

[7] There was a **crack** in the plate. 접시에 **금[틈]**이 있었다.

| 단어 | 뜻 | 확인 1/2/3차 |
|---|---|---|
| **credit** [krédit] | 명 신용; 명성  동 신용하다, 믿다 | ☐☐☐ |
| **crime** [kraim] | 명 범죄, 범행 | ☐☐☐ |
| **damage** [dǽmidʒ] | 명 손상, 피해  동 손상시키다, 피해를 입히다 | ☐☐☐ |
| **dash**¹ [dæʃ] | 동 돌진하다; 서둘러 가다  명 돌진, 황급히 달려감 | ☐☐☐ |
| **deaf** [def] | 형 청각 장애가 있는, 귀가 먼 | ☐☐☐ |
| **decision** [disíʒən] | 명 결정, 결심 ▶decide 동 결정하다, 결심하다 | ☐☐☐ |
| **deed** [diːd] | 명 행위, 행동 | ☐☐☐ |
| **delete** [dilíːt] | 동 지우다, 삭제하다 (= remove) | ☐☐☐ |
| **depend**² [dipénd] | 동 1. 의존하다, 의지하다(= rely)  2. (~에) 달려 있다 | ☐☐☐ |
| **design**³ [dizáin] | 동 1. 디자인하다, 설계하다  2. (특정한 목적, 용도를 위해) 고안하다  명 디자인, 설계 | ☐☐☐ |
| **dialog(ue)** [dáiəlɔ̀(ː)g] | 명 대화 | ☐☐☐ |
| **dictionary** [díkʃənèri] | 명 사전 | ☐☐☐ |
| **difference** [dífərəns] | 명 차이, 다름 | ☐☐☐ |
| **difficulty** [dífikʌ̀lti] | 명 어려움, 곤경 | ☐☐☐ |
| **dig** [dig] | 동 ((dug-dug-digging)) (구멍 등을) 파다; (땅에서) 파내다 | ☐☐☐ |
| **discover**⁴ [diskʌ́vər] | 동 발견하다; 알아내다(= find out) ▶discovery 명 발견(된 것) | ☐☐☐ |
| **disease** [dizíːz] | 명 (질)병 | ☐☐☐ |
| **dizzy**⁵ [dízi] | 형 현기증 나는, 어지러운 ▶dizziness 명 현기증 | ☐☐☐ |
| **dot** [dɑt] | 명 점  동 ((dotted-dotted-dotting)) 점을 찍다 | ☐☐☐ |
| **downtown**⁶ [dàuntáun] | 명 시내, 도심  부 시내로, 도심에서 | ☐☐☐ |
| **dress** [dres] | 명 원피스; 옷  동 옷을 입다 | ☐☐☐ |
| **durable** [djúərəbəl] | 형 내구성이 있는, 오래가는 | ☐☐☐ |
| **earnings** [ə́ːrniŋz] | 명 소득, 수입 ▶earn 동 1. (돈을) 벌다 2. (평판 등을) 얻다, 받다 | ☐☐☐ |
| **electric** [iléktrik] | 형 전기의; 전기를 이용하는(= electrical) | ☐☐☐ |
| **electricity** [ilektrísəti] | 명 전기, 전력 | ☐☐☐ |

**주요 예문 보기**

¹You have to **dash**, or you'll be late for school. 서둘러 가지 않으면 너는 학교에 지각할 것이다.

²All living things **depend** on the sun. 모든 살아있는 것들은 태양에 의존한다.

³The Sagrada Familia was **designed** by Antoni Gaudí. 사그라다 파밀리아 대성당은 Antoni Gaudí에 의해 설계되었다.

⁴We were surprised to **discover** we had some friends in common. 우리는 공통의 친구들 몇 명이 있다는 것을 알고 놀랐다.

⁵When you feel **dizzy**, sit or lie down immediately. 어지럽다고 느낄 때는 즉시 앉거나 누워라.

⁶My school is located in the center of the **downtown**. 우리 학교는 도심 한가운데에 있다.

| 단어 | 뜻 | 확인 1/2/3차 |
|---|---|---|
| **else** [els] | 부 그 밖의, 다른 | ☐☐☐ |
| **empty** [émpti] | 형 빈, 비어 있는 | ☐☐☐ |
| **enemy**[1] [énəmi] | 명 적, 적군 | ☐☐☐ |
| **envelope** [énvəlòup] | 명 봉투 | ☐☐☐ |
| **especially** [ispéʃəli] | 부 특히 | ☐☐☐ |
| **event** [ivént] | 명 사건, 일; 행사 | ☐☐☐ |
| **evil** [íːvəl] | 형 사악한, 악마의   명 악 | ☐☐☐ |
| **excellent** [éksələnt] | 형 아주 훌륭한, 뛰어난 | ☐☐☐ |
| **exchange** [ikstʃéindʒ] | 동 교환하다, 주고받다   명 1. 교환   2. 환전 | ☐☐☐ |
| **excite** [iksáit] | 동 흥분시키다; 신나게 만들다 ▶ excitement 명 흥분; 신남 | ☐☐☐ |
| **excuse** 명 [ikskjúːs] 동 [ikskjúːz] | 명 변명, 핑계   동 1. 변명하다   2. 용서하다, 용서를 구하다 | ☐☐☐ ☐☐☐ |
| **exercise**[2] [éksərsàiz] | 동 1. 운동하다; 연습하다   2. (권리, 역량 등을) 행사하다   명 운동; 연습 | ☐☐☐ |
| **expect**[3] [ikspékt] | 동 예상하다, 기대하다 ▶ expectation 명 예상, 기대 | ☐☐☐ |
| **expensive** [ikspénsiv] | 형 값비싼, 비용이 많이 드는(↔ inexpensive 비싸지 않은) | ☐☐☐ |
| **experience** [ikspíəriəns] | 동 경험하다, 겪다   명 경험 | ☐☐☐ |
| **experiment**[4] [ikspérəmənt] | 명 실험; 시도   동 실험하다; 시도하다 | ☐☐☐ |
| **explain** [ikspléin] | 동 설명하다; 이유를 대다 ▶ explanation 명 설명; 이유 | ☐☐☐ |
| **extra**[5] [ékstrə] | 형 여분의; 추가의(= additional)   명 단역 배우 | ☐☐☐ |
| **faithful** [féiθfəl] | 형 충실한, 충직한 | ☐☐☐ |
| **false** [fɔːls] | 형 1. 틀린, 사실이 아닌   2. 가짜의 | ☐☐☐ |
| **fear** [fiər] | 명 두려움, 공포   동 두려워하다 | ☐☐☐ |
| **feed**[6] [fiːd] | 동 ((fed-fed)) 먹이다, 먹다   명 먹이 | ☐☐☐ |
| **female** [fíːmeil] | 명 여성; 암컷(↔ male 남성; 수컷)   형 여성의; 암컷의 | ☐☐☐ |
| **field** [fiːld] | 명 1. 들판   2. 경기장   3. 분야 | ☐☐☐ |
| **film** [film] | 명 영화; 필름 | ☐☐☐ |

**주요 예문 보기**

[1]Know your **enemy**, and you will fight better! 너의 적을 알아라, 그러면 더 잘 싸울 것이다!

[2]The captain **exercised** strong leadership. 그 선장은 강한 지도력을 **행사했다**.

[3]I'm **expecting** to do well on the final exam. 나는 기말고사를 잘 보길 **기대하고** 있다.

[4]We need some oil for this **experiment**. 우리는 이 **실험**을 위해 약간의 기름이 필요하다.

[5]Where did you put the **extra** chairs? **여분의** 의자들을 어디에 갖다 놓았니?

[6]Have you **fed** the cat yet? 고양이 **먹이를** 벌써 **줬니**?

[6]Owls **feed** on insects and other small animals. 올빼미는 곤충과 다른 작은 동물들을 **먹는다**.

| 단어 | 뜻 | 확인 1/2/3차 |
|---|---|---|
| **final** [fáinəl] | 형 마지막의  명 1. 결승전  2. 기말시험 ▶finally 문 마지막으로; 마침내 | ☐☐☐ |
| **find** [faind] | 동 ((found-found)) 찾다, 발견하다 | ☐☐☐ |
| **flag** [flæg] | 명 깃발, 기(旗) | ☐☐☐ |
| **flame** [fleim] | 명 불길, 불꽃  동 활활 타오르다 | ☐☐☐ |
| **flight** [flait] | 명 (비행기) 여행, 비행; 항공편 | ☐☐☐ |
| **float** [flout] | 동 (물에) 뜨다, 띄우다 | ☐☐☐ |
| **flow**[1] [flou] | 동 흐르다  명 흐름 | ☐☐☐ |
| **force**[2] [fɔːrs] | 명 힘; 폭력  동 (억지로) 강요하다 | ☐☐☐ |
| **forehead** [fɔ́ːrhèd] | 명 이마 | ☐☐☐ |
| **foreign** [fɔ́ːrin] | 형 1. 외국의  2. 외래의 ▶foreigner 명 외국인 | ☐☐☐ |
| **forgive** [fərgív] | 동 ((forgave-forgiven)) 용서하다 ▶forgiveness 명 용서 | ☐☐☐ |
| **form** [fɔːrm] | 명 1. 형태  2. 종류  3. 서식, 양식  동 형태를 이루다 ▶formation 명 형성; 형성물 | ☐☐☐ |
| **forward(s)**[3] [fɔ́ːrwərd(z)] | 부 앞으로, 앞쪽에 | ☐☐☐ |
| **frame** [freim] | 명 틀, 뼈대 | ☐☐☐ |
| **fuel** [fjúːəl] | 명 연료 | ☐☐☐ |
| **furniture** [fɔ́ːrnitʃər] | 명 가구 | ☐☐☐ |
| **gap**[4] [gæp] | 명 차이; 틈, 공백 | ☐☐☐ |
| **garage** [gəráːdʒ] | 명 차고, 주차장 | ☐☐☐ |
| **genetic** [dʒənétik] | 형 유전의; 유전학의 | ☐☐☐ |
| **global** [glóubəl] | 형 1. 세계적인  2. 전반적인  3. 구형(球形)의 ▶globe 명 1. 세계  2. 구(球); 지구본 | ☐☐☐ |
| **grade** [greid] | 명 1. 등급  2. 학년  3. 성적  동 1. 등급을 나누다  2. 성적을 매기다 | ☐☐☐ |
| **graduate**[5]  동 [grǽdʒuèit] 명 [grǽdʒuət] | 동 졸업하다  명 졸업자 ▶graduation 명 졸업(식) | ☐☐☐ |
| **greet** [griːt] | 동 맞이하다, 환영하다; (~에게) 인사하다 | ☐☐☐ |
| **grocery** [gróusəri] | 명 식료품, 잡화 | ☐☐☐ |
| **growth** [grouθ] | 명 1. 성장  2. 증가 | ☐☐☐ |

**주요 예문 보기**

[1]The river **flows** through the heart of the city. 그 강은 도시의 중심을 통과해 **흐른다**.

[2]You can't **force** someone to be who you want them to be. 너는 다른 사람에게 네가 원하는 사람이 되는 것을 **강요할** 수 없다.

[3]When your name is called, please step **forward**. 당신의 이름이 호명되면 **앞으로** 나와 주십시오.

[4]We should try to understand cultural **gaps**. 우리는 문화적 **차이**를 이해하도록 노력해야 한다.

[5]He **graduated** from Harvard University in 2020. 그는 2020년에 하버드 대학을 **졸업했다**.

| 단어 | 뜻 | 확인 1/2/3 차 |
|---|---|---|
| **guard** [gɑːrd] | 통 지키다, 보호하다　명 경비 (요원) | ☐☐☐ |
| **guest** [gest] | 명 손님, 하객 | ☐☐☐ |
| **hall** [hɔːl] | 명 1. 현관　2. 복도(= hallway)　3. 넓은 방 | ☐☐☐ |
| **hand**[1] [hænd] | 명 1. 손　2. 도움　통 건네주다 | ☐☐☐ |
| **happen** [hǽpən] | 통 일어나다, 발생하다 | ☐☐☐ |
| **harm** [hɑːrm] | 명 해　통 해를 끼치다 ▶ harmful 형 해로운(↔ harmless 무해한) | ☐☐☐ |
| **harmony** [hɑ́ːrməni] | 명 1. 조화, 화합　2. ((음악)) 화음 | ☐☐☐ |
| **head**[2] [hed] | 명 1. 머리　2. (단체, 조직의) 책임자, 장(長)　통 1. 이끌다　2. 향하다 | ☐☐☐ |
| **health** [helθ] | 명 건강 (상태) ▶ healthy 형 건강한; 건강에 좋은(↔ unhealthy 건강하지 않은; 건강에 해로운) | ☐☐☐ |
| **hear** [hiər] | 통 ((heard-heard)) 듣다, 들리다 ▶ hearing 명 청력, 청각 | ☐☐☐ |
| **heel** [hiːl] | 명 (발)뒤꿈치 | ☐☐☐ |
| **height** [hait] | 명 높이; 키, 신장 | ☐☐☐ |
| **helpful** [hélpfəl] | 형 도움이 되는, 유용한(= useful) | ☐☐☐ |
| **hide** [haid] | 통 ((hid-hidden)) 숨기다, 숨다 | ☐☐☐ |
| **hole** [houl] | 명 구멍 | ☐☐☐ |
| **honor / honour**[3] [ɑ́nər] | 명 1. 영광　2. 존경　통 1. 영광을 주다　2. 존경하다 | ☐☐☐ |
| **hopeful** [hóupfəl] | 형 희망에 찬, 희망적인(↔ hopeless 가망 없는, 절망적인) | ☐☐☐ |
| **host** [houst] | 명 (손님을 초대한) 주인, 주최자　통 주최하다 | ☐☐☐ |
| **hug** [hʌg] | 통 ((hugged-hugged-hugging)) 껴안다, 포옹하다 | ☐☐☐ |
| **huge** [hjuːdʒ] | 형 거대한, 엄청난 | ☐☐☐ |
| **hurt**[4] [həːrt] | 통 ((hurt-hurt)) 아프게 하다, 아프다 | ☐☐☐ |
| **ill** [il] | 형 1. 아픈, 병든　2. 나쁜, 유해한 ▶ illness 명 아픔, 병 | ☐☐☐ |
| **image** [ímidʒ] | 명 이미지, 인상 | ☐☐☐ |
| **imagine**[5] [imǽdʒin] | 통 상상하다, (마음속으로) 그리다 ▶ imagination 명 상상(력) | ☐☐☐ |
| **importance** [impɔ́ːrtəns] | 명 중요성, 중대성 | ☐☐☐ |

**주요 예문 보기**

[1] I **handed** a pen to my friend. 나는 펜 하나를 내 친구에게 **건네주었다**.

[2] The ship was **heading** out to sea. 그 배는 바다로 **향하고** 있었다.

[3] It's a great **honor** to work with you. 당신과 함께 일하게 되어 정말 **영광**입니다.

[4] My feet really **hurt** because of the new shoes. 새 신발 때문에 발이 너무 **아프다**.

[5] Close your eyes and **imagine** you're on the beach. 눈을 감고 네가 바다에 있다고 **상상해** 봐.

| 단어 | 뜻 | 확인 1/2/3차 |
|---|---|---|
| **include**[1] [inklúːd] | 통 포함하다, 포괄하다 ▶ inclusion 명 포함; 포함된 것[사람] | ☐☐☐ |
| **increase**[2] 통 [inkríːs] 명 [ínkriːs] | 통 늘어나다, 증가시키다(↔ decrease 줄어들다, 감소시키다)　명 증가(↔ decrease 감소) | ☐☐☐ |
| **information** [infərméiʃən] | 명 정보, 지식 | ☐☐☐ |
| **injure**[3] [índʒər] | 통 부상을 입다, 부상을 입히다; 해치다 ▶ injury 명 부상; 상처 | ☐☐☐ |
| **instead** [instéd] | 부 대신에; 그보다도 | ☐☐☐ |
| **instrument** [ínstrəmənt] | 명 1. 기구　2. 악기 | ☐☐☐ |
| **international** [intərnǽʃənəl] | 형 국제적인, 국제간의 | ☐☐☐ |
| **invent**[4] [invént] | 통 1. 발명하다　2. 꾸며내다, 지어내다 ▶ invention 명 1. 발명(품)　2. 꾸며낸 이야기 | ☐☐☐ |
| **invitation** [invitéiʃən] | 명 초대(장), 초청 | ☐☐☐ |
| **iron** [áiərn] | 명 1. 철, 쇠　2. 다리미　통 다림질하다 | ☐☐☐ |
| **island** [áilənd] | 명 섬 | ☐☐☐ |
| **item** [áitəm] | 명 1. 항목, 사항　2. 물품, 품목 | ☐☐☐ |
| **jail** [dʒeil] | 명 교도소, 감옥　통 수감하다 | ☐☐☐ |
| **jar** [dʒɑːr] | 명 단지, 항아리 | ☐☐☐ |
| **joke** [dʒouk] | 명 농담　통 농담하다 | ☐☐☐ |
| **judge**[5] [dʒʌdʒ] | 통 1. 판단하다　2. 재판하다　명 1. 판사　2. 심판 ▶ judg(e)ment 명 1. 판단(력)　2. 판결 | ☐☐☐ |
| **kindness** [káindnis] | 명 친절, 다정함 | ☐☐☐ |
| **kingdom** [kíŋdəm] | 명 왕국 | ☐☐☐ |
| **knock** [nɑk] | 통 (문 등을) 두드리다 | ☐☐☐ |
| **knowledge** [nɑ́lidʒ] | 명 지식 | ☐☐☐ |
| **ladder** [lǽdər] | 명 사다리 | ☐☐☐ |
| **lamp** [læmp] | 명 램프, 등(燈) | ☐☐☐ |
| **land**[6] [lænd] | 명 육지, 땅　통 착륙하다 | ☐☐☐ |
| **language** [lǽŋgwidʒ] | 명 언어, 말 | ☐☐☐ |
| **laugh** [læf] | 통 (소리 내어) 웃다 ▶ laughter 명 웃음(소리) | ☐☐☐ |

**주요 예문 보기**

[1]Does your next trip **include** outdoor activities? 너의 다음 여행에는 야외활동이 **포함되어** 있니?

[2]Experience and wisdom **increase** with age. 나이가 들수록 경험과 지혜가 **늘어난다**.

[3]The boy **injured** his knee playing soccer. 그 소년은 축구를 하다가 무릎에 **부상을 입었다**.

[4]Kids tend to **invent** imaginary friends. 아이들은 상상의 친구들을 **꾸며내는** 경향이 있다.

[5]Don't **judge** a man by his appearance. 외모로 남을 **판단하지** 마라.

[6]The plane **landed** safely. 그 비행기는 안전하게 **착륙했다**.

| 단어 | 뜻 | 확인1/2/3차 |
|---|---|---|
| **layer** [léiər] | 명 층, 막 | ☐☐☐ |
| **lead**[1] [liːd] | 동 ((led-led)) 이끌다; ~하게 되다　명 선두, 우세 | ☐☐☐ |
| **lean**[2] [liːn] | 동 ((leant/leaned-leant/leaned)) 기대다; 기울다, 기울이다 | ☐☐☐ |
| **lend** [lend] | 동 ((lent-lent)) 1. 빌려주다　2. (도움, 지지 등을) 주다 | ☐☐☐ |
| **let**[3] [let] | 동 ((let-let-letting)) (~하게) 놓아두다, (~하는 것을) 허락하다 | ☐☐☐ |
| **level** [lévəl] | 명 정도, 수준; 단계 | ☐☐☐ |
| **life** [laif] | 명 1. 삶, 인생; 생명　2. 생활 | ☐☐☐ |
| **lifetime**[4] [láiftàim] | 명 1. 일생, 생애　2. 수명(= lifespan) | ☐☐☐ |
| **lift** [lift] | 동 올리다, 올라가다 | ☐☐☐ |
| **line** [lain] | 명 선, 줄　동 줄을 서다, 줄을 세우다 | ☐☐☐ |
| **list** [list] | 명 목록, 명단　동 목록을 작성하다 | ☐☐☐ |
| **local**[5] [lóukəl] | 형 (특정) 지역의, 현지의 | ☐☐☐ |
| **lock** [lɑk] | 동 잠그다(↔ unlock 열다)　명 자물쇠 | ☐☐☐ |
| **lonely** [lóunli] | 형 외로운, 쓸쓸한 | ☐☐☐ |
| **lose** [luːz] | 동 ((lost-lost)) 1. 잃다; 분실하다　2. 지다, 패하다 ▶ loss 명 1. 상실, 손실　2. 패배 | ☐☐☐ |
| **loud** [laud] | 형 (소리가) 큰, 시끄러운 ▶ loudly 부 큰 소리로; 시끄럽게 | ☐☐☐ |
| **lower**[6] [lóuər] | 형 더 낮은 쪽의, 더 아래쪽의　동 낮추다, 내리다(= reduce) | ☐☐☐ |
| **machine** [məʃíːn] | 명 기계 | ☐☐☐ |
| **magazine** [mǽɡəzìːn] | 명 잡지 | ☐☐☐ |
| **main** [mein] | 형 주된, 주요한 ▶ mainly 부 주로 | ☐☐☐ |
| **mark** [mɑːrk] | 명 표시; 기호　동 표시하다 ▶ marker 명 1. 표시(물)　2. 채점자 | ☐☐☐ |
| **maybe** [méibi] | 부 어쩌면, 아마 | ☐☐☐ |
| **mayor** [méiər] | 명 시장(市長) | ☐☐☐ |
| **meal** [miːl] | 명 식사 | ☐☐☐ |
| **media** [míːdiə] | 명 미디어, 대중 매체 | ☐☐☐ |

**주요 예문 보기**

[1]Overeating can **lead** to health problems. 지나치게 많이 먹으면 건강에 문제가 **생길** 수 있다.

[2]He was **leaning** against the wall. 그는 벽에 **기대고** 있었다.

[3]Don't **let** children go outside when it's extremely hot. 매우 더울 때 아이들이 밖에 나가는 것을 **허락하지** 마라.

[4]She spent her **lifetime** writing books and poems. 그녀는 책과 시를 쓰면서 **일생**을 보냈다.

[5]The **local** time is 10:50 in the morning. **현지** 시각은 오전 10시 50분입니다.

[6]Regular exercise **lowers** blood pressure. 규칙적인 운동은 혈압을 **낮춘다.**

| 단어 | 뜻 | 확인 1/2/3차 |
|---|---|---|
| **medical** [médikəl] | 형 의학의, 의료의 | ☐☐☐ |
| **medium** [míːdiəm] | 명 매체, 수단  형 중간의 | ☐☐☐ |
| **memorize**[1] [méməràiz] | 동 기억하다, 암기하다 | ☐☐☐ |
| **mental** [méntl] | 형 정신의, 마음의 ▶ mentally 부 정신적으로, 마음속으로 | ☐☐☐ |
| **mention** [ménʃən] | 동 언급하다; 말하다  명 언급 | ☐☐☐ |
| **metal** [métl] | 명 금속 | ☐☐☐ |
| **method** [méθəd] | 명 방법, 방식 | ☐☐☐ |
| **mild** [maild] | 형 1. (정도가) 가벼운, 순한  2. 온화한 | ☐☐☐ |
| **miss**[2] [mis] | 동 1. 놓치다, 빗나가다  2. 그리워하다 | ☐☐☐ |
| **mistake** [mistéik] | 명 실수, 잘못  동 ((mistook-mistaken)) 잘못 판단하다, 오해하다 | ☐☐☐ |
| **mix** [miks] | 동 혼합하다, 혼합되다 ▶ mixture 명 혼합(물) | ☐☐☐ |
| **mode** [moud] | 명 (특정한) 방식, 양식 (= way, style) | ☐☐☐ |
| **model** [mádl] | 명 1. 모형, 모델  2. 본보기, 모범 | ☐☐☐ |
| **modern**[3] [mádərn] | 형 현대의; 현대적인, 최신의 | ☐☐☐ |
| **moment** [móumənt] | 명 1. 잠깐, 순간  2. (특정한) 때, 시기 | ☐☐☐ |
| **monster** [mánstər] | 명 괴물 | ☐☐☐ |
| **mood**[4] [muːd] | 명 기분; 분위기 | ☐☐☐ |
| **moreover** [mɔːróuvər] | 부 게다가, 더욱이 | ☐☐☐ |
| **mud** [mʌd] | 명 진흙 ▶ muddy 형 진흙투성이인 | ☐☐☐ |
| **multiple** [mʌ́ltəpəl] | 형 많은, 다수의; 다양한  명 ((수학)) 배수 | ☐☐☐ |
| **mushroom** [mʌ́ʃru(ː)m] | 명 버섯 | ☐☐☐ |
| **nail** [neil] | 명 1. 손톱, 발톱  2. 못 | ☐☐☐ |
| **nanny** [nǽni] | 명 보모, 유모 | ☐☐☐ |
| **nap**[5] [næp] | 명 낮잠  동 ((napped-napped-napping)) 낮잠을 자다 | ☐☐☐ |
| **narrow** [nǽrou] | 형 1. 좁은(↔ wide 넓은)  2. 한정된, 제한된 | ☐☐☐ |

**주요 예문 보기**

[1]My teacher **memorized** all the names of his students. 우리 선생님은 학생들의 이름을 모두 **기억하셨다**.

[2]You should leave early if you don't want to **miss** the train. 만약 네가 기차를 **놓치고** 싶지 않다면 일찍 떠나야 한다.

[3]**Modern** films are made with various techniques. **현대** 영화들은 다양한 기술로 만들어진다.

[4]Weather has an effect on our **moods**. 날씨는 우리의 **기분**에 영향을 미친다.

[5]A 20-minute **nap** may improve children's focus. 20분의 **낮잠**이 아이들의 집중력을 향상시킬 수도 있다.

| 단어 | 뜻 | 확인1/2/3차 |
|---|---|---|
| **national** [nǽʃənəl] | 형 1. 국가의; 전국적인  2. 국민의 | ☐☐☐ |
| **necessary** [nésəsèri] | 형 필요한, 필수의(↔ unnecessary 불필요한) | ☐☐☐ |
| **negative**[1] [négətiv] | 형 1. 부정적인(↔ positive 긍정적인); 반대의  2. 소극적인  명 거부 | ☐☐☐ |
| **neighbor** [néibər] | 명 이웃; 옆자리 사람 | ☐☐☐ |
| **nervous** [nə́ːrvəs] | 형 불안한, 초조한 | ☐☐☐ |
| **nest** [nest] | 명 (새의) 둥지; 보금자리 | ☐☐☐ |
| **nod**[2] [nɑd] | 동 ((nodded-nodded-nodding)) 1. (고개를) 끄덕이다  2. 인사하다 | ☐☐☐ |
| **noise** [nɔiz] | 명 소음; 잡음 ▶ noisy 형 시끄러운 | ☐☐☐ |
| **normal** [nɔ́ːrməl] | 형 보통의; 정상적인  명 보통 | ☐☐☐ |
| **nut** [nʌt] | 명 견과 | ☐☐☐ |
| **offer**[3] [ɔ́(ː)fər] | 동 1. 제안하다  2. 제공하다  명 1. 제안  2. 제공 | ☐☐☐ |
| **officer** [ɔ́(ː)fisər] | 명 장교; 경찰관; 공무원; (회사 등의) 임원 | ☐☐☐ |
| **official** [əfíʃəl] | 형 공식적인, 공적인 ▶ officially 부 공식적으로, 공적으로 | ☐☐☐ |
| **opinion** [əpínjən] | 명 의견, 견해 | ☐☐☐ |
| **outdated** [áutdèitid] | 형 구식의, 시대에 뒤진 | ☐☐☐ |
| **outdoor** [áutdɔ̀ːr] | 형 야외의(↔ indoor 실내의) ▶ outdoors 부 야외에서(↔ indoors 실내에서) | ☐☐☐ |
| **outside** [áutsáid] | 명 바깥(쪽)(↔ inside 안(쪽))  부 밖에(↔ inside 안에) | ☐☐☐ |
| **overcome**[4] [òuvərkʌ́m] | 동 ((overcame-overcome)) 극복하다; 이기다 | ☐☐☐ |
| **overseas** [òuvərsíːz] | 형 해외의  부 해외로 | ☐☐☐ |
| **own**[5] [oun] | 동 소유하다  형 1. ~ 자신의  2. 직접 ~한 ▶ owner 명 주인, 소유주 ▶ ownership 명 소유(권) | ☐☐☐ |
| **pain** [pein] | 명 아픔, 고통 ▶ painful 형 아픈, 고통스러운 | ☐☐☐ |
| **pair**[6] [pɛər] | 명 (둘로 묶인) 한 쌍 | ☐☐☐ |
| **palm** [pɑːm] | 명 손바닥 | ☐☐☐ |
| **pan** [pæn] | 명 프라이팬, 냄비 | ☐☐☐ |
| **part** [pɑːrt] | 명 1. 부분; 일부  2. 배역, 역할 ▶ partly 부 부분적으로, 어느 정도 | ☐☐☐ |

## 주요 예문 보기

[1]Her **negative** reply to my email irritated me. 내 이메일에 대한 그녀의 **부정적인** 답장이 나를 짜증 나게 했다.

[2]I asked him if he would have lunch with me, and he **nodded**. 내가 그에게 나와 함께 점심을 먹겠느냐고 물었더니, 그는 **고개를 끄덕였다**.

[3]He **offered** her 500 dollars to do the work. 그가 그 일을 해 주면 그녀에게 500달러를 주겠다고 **제안했다**.

[4]She **overcame** a leg injury and became healthy again. 그녀는 다리 부상을 **극복하고** 다시 건강해졌다.

[5]My brother **owns** a car but rarely drives. 내 남동생은 차를 **갖고** 있지만 운전을 거의 하지 않는다.

[5]He started his **own** online business. 그는 **자신의** 온라인 사업을 시작했다.

[6]She took out a **pair** of socks from the drawer. 그녀는 서랍에서 양말 **한 켤레[한 쌍]**를 꺼냈다.

| 단어 | 뜻 | 확인 1/2/3차 |
|---|---|---|
| **partner** [pɑ́ːrtnər] | 몡 파트너, 동업자 ▶ partnership 몡 협력; 동업 | ☐☐☐ |
| **past** [pæst] | 몡 과거 톙 과거의 틧 (시간, 위치 등을) 지나서 | ☐☐☐ |
| **path** [pæθ] | 몡 (작은) 길(= route); 방향 | ☐☐☐ |
| **pattern** [pǽtərn] | 몡 패턴, 양식, 무늬 | ☐☐☐ |
| **pause**¹ [pɔːz] | 톰 (말, 행동을) 잠시 멈추다 몡 멈춤(= stop) | ☐☐☐ |
| **perfect** [pə́ːrfikt] | 톙 완벽한, 완전한(↔ imperfect 불완전한) | ☐☐☐ |
| **perhaps** [pərhǽps] | 틧 아마, 어쩌면 | ☐☐☐ |
| **person** [pə́ːrsn] | 몡 사람, 개인 ▶ personal 톙 개인의; 사적인 | ☐☐☐ |
| **photo(graph)** [fóutou]/[fóutəgræf] | 몡 사진 톰 사진을 찍다 ▶ photographer 몡 사진작가 | ☐☐☐ |
| **piece** [piːs] | 몡 1. 조각, 부분 2. (글, 미술 등의) 작품 | ☐☐☐ |
| **pile** [pail] | 몡 무더기, 더미 | ☐☐☐ |
| **pin** [pin] | 몡 핀 톰 ((pinned-pinned-pinning)) 핀으로 꽂다; 고정시키다 | ☐☐☐ |
| **place**² [pleis] | 몡 장소, 자리 톰 놓다, 두다 | ☐☐☐ |
| **planet** [plǽnit] | 몡 행성 | ☐☐☐ |
| **plant** [plænt] | 몡 1. 식물 2. 공장 톰 (나무 등을) 심다 | ☐☐☐ |
| **plate** [pleit] | 몡 (둥그런) 접시 | ☐☐☐ |
| **platform**³ [plǽtfɔːrm] | 몡 1. (역의) 승강장 2. 연단, 강단 | ☐☐☐ |
| **plus** [plʌs] | 몡 플러스, 더하기 | ☐☐☐ |
| **poem** [póuəm] | 몡 (한 편의) 시 | ☐☐☐ |
| **pole**⁴ [poul] | 몡 1. (지탱하는 데 쓰는) 막대기 2. (서로 대조되는, 지구의) 극 | ☐☐☐ |
| **polite** [pəláit] | 톙 공손한, 예의 바른(↔ impolite 무례한) | ☐☐☐ |
| **pop** [pap] | 몡 팝 (뮤직) 톰 ((popped-popped-popping)) 펑 하는 소리가 나다 | ☐☐☐ |
| **popular**⁵ [pápjulər] | 톙 인기 있는, 대중적인(↔ unpopular 인기 없는) ▶ popularity 몡 인기, 대중성 | ☐☐☐ |
| **pork** [pɔːrk] | 몡 돼지고기 | ☐☐☐ |
| **position** [pəzíʃən] | 몡 1. 위치; 자리 2. 자세 3. 입장, 처지 톰 (~에) 두다, 자리를 잡다 | ☐☐☐ |

**주요 예문 보기**

¹Mia **paused** for breath, then continued to run. Mia는 한숨 돌리려고 **잠시 멈추었다가** 계속 달렸다.

²I **placed** a white flower on my grandfather's grave. 나는 할아버지의 묘지에 하얀 꽃을 **놓았다**.

³She is standing on a station **platform** waiting for a train. 그녀는 역 **승강장**에 서서 기차를 기다리고 있다.

⁴Penguins live at the South **Pole**, not the North **Pole**. 펭귄은 북극이 아니라 남극에 산다.

⁵She is one of the most **popular** TV stars these days. 그녀는 최근에 가장 **인기 있는** TV 스타 중 한 명이다.

| 단어 | 뜻 | 확인1/2/3차 |
|---|---|---|
| **possible** [pásəbl] | 혱 가능한; 가능성 있는(↔ impossible 불가능한) ▶ possibility 몡 가능성 | ☐☐☐ |
| **poster** [póustər] | 몡 포스터, 벽보 | ☐☐☐ |
| **pour**[1] [pɔːr] | 동 (액체를) 따르다; 마구 쏟아지다 | ☐☐☐ |
| **practice / practise**[2] [præktis] | 동 1. 행하다  2. 연습하다  몡 1. 실행  2. 관행, 습관  3. 연습 | ☐☐☐ |
| **prefer** [prifə́ːr] | 동 ((preferred-preferred-preferring)) (다른 것보다 더) 좋아하다, 선호하다 | ☐☐☐ |
| **prepare** [pripέər] | 동 준비하다, 준비시키다 ▶ preparation 몡 준비(하는 일들) | ☐☐☐ |
| **president** [prézidənt] | 몡 대통령; (사업체 등의) 회장 | ☐☐☐ |
| **pride** [praid] | 몡 1. 자랑(거리)  2. 자존심 | ☐☐☐ |
| **prison** [prízn] | 몡 교도소, 감옥 ▶ prisoner 몡 죄수 | ☐☐☐ |
| **probably** [prábəbli] | 부 아마 | ☐☐☐ |
| **promise** [prámis] | 동 약속하다 몡 약속 | ☐☐☐ |
| **proud** [praud] | 혱 1. 자랑스러워하는; 자랑스러운  2. 거만한 | ☐☐☐ |
| **public** [pʌ́blik] | 혱 1. 공공의, 대중의; 공적인(↔ private 개인의; 사적인)  2. 공개적인  몡 대중 | ☐☐☐ |
| **pull** [pul] | 동 당기다, 끌다 | ☐☐☐ |
| **punish**[3] [pʌ́niʃ] | 동 처벌하다, 벌주다 | ☐☐☐ |
| **purse** [pəːrs] | 몡 지갑; 핸드백 | ☐☐☐ |
| **reach**[4] [riːtʃ] | 동 ~에 이르다, ~에 닿다; (손, 팔을) 뻗다 | ☐☐☐ |
| **real** [ríːəl] | 혱 진짜의, 실제의 | ☐☐☐ |
| **reality**[5] [ri(ː)æləti] | 몡 현실, 실제 ▶ realistic 혱 현실적인; 사실적인 | ☐☐☐ |
| **receive** [risíːv] | 동 받다, 받아들이다 | ☐☐☐ |
| **recent** [ríːsənt] | 혱 최근의 ▶ recently 부 최근에 | ☐☐☐ |
| **record** 동 [rikɔ́ːrd] 몡 [rékərd] | 동 1. 기록하다  2. 녹음하다  몡 1. 기록  2. 음반 | ☐☐☐ |
| **refrigerator / fridge** [rifrídʒərèitər]/[fridʒ] | 몡 냉장고 | ☐☐☐ |
| **relax** [rilǽks] | 동 1. 휴식을 취하다  2. 긴장을 풀다 | ☐☐☐ |
| **remember** [rimémbər] | 동 기억하다, 기억나다 | ☐☐☐ |

**주요 예문 보기**

[1]She **poured** some coffee into the cup. 그녀는 컵에 커피를 조금 **따랐다**.

[2]I tried to put what I'd learned into **practice**. 나는 내가 배운 것을 **실행**에 옮기려고 노력했다.

[3]Mom used to **punish** me by not letting me have snacks. 엄마는 내게 간식을 주지 않는 것으로 **벌을 주곤** 하셨다.

[4]The marathoner finally **reached** the finish line. 그 마라톤 선수는 마침내 결승점에 **이르렀다**.

[4]They were unable to **reach** an agreement. 그들은 합의에 **이를** 수 없었다.

[5]My dream came to be a **reality** after years of hard work. 오랜 노력 끝에 내 꿈은 **현실**이 되었다.

| 단어 | 뜻 | 확인 1/2/3차 |
|---|---|---|
| **repair**[1] [ri:pέər] | 동 수리하다, 수선하다　명 수리, 수선 | ☐☐☐ |
| **repeat** [ripí:t] | 동 반복하다; (말을) 따라 하다　▶ repetition 명 반복, 되풀이 | ☐☐☐ |
| **reply** [riplái] | 동 대답하다　명 대답(= answer) | ☐☐☐ |
| **report** [ripɔ́:rt] | 동 보고하다; 보도하다　명 보고; 보고서; 보도　▶ reporter 명 (보도) 기자, 리포터 | ☐☐☐ |
| **research** 명 [rí:sə:rtʃ] 동 [risə́:rtʃ] | 명 연구, 조사　동 연구하다, 조사하다　▶ researcher 명 연구원, 조사원 | ☐☐☐ |
| **resident** [rézədənt] | 명 거주자, 주민　▶ residence 명 주택, 거주지 | ☐☐☐ |
| **result**[2] [rizʌ́lt] | 명 결과　동 (~의 결과로) 발생하다 | ☐☐☐ |
| **review** [rivjú:] | 명 1. 재검토; 복습　2. (책, 영화 등의) 논평　동 1. 재검토하다; 복습하다　2. 논평하다 | ☐☐☐ |
| **ride** [raid] | 동 ((rode-ridden)) (차량 등을) 타다, 타고 가다　명 타고 가기 | ☐☐☐ |
| **rise**[3] [raiz] | 동 ((rose-risen)) 1. 증가하다; 상승하다　2. (해, 달이) 뜨다　명 증가; 상승 | ☐☐☐ |
| **role** [roul] | 명 역할; 배역 | ☐☐☐ |
| **roll** [roul] | 동 1. (둥글게) 말다　2. 구르다, 굴리다　명 두루마리 | ☐☐☐ |
| **rope** [roup] | 명 밧줄, 로프 | ☐☐☐ |
| **round** [raund] | 형 둥근　부 둥글게 | ☐☐☐ |
| **rubber** [rʌ́bər] | 명 고무 | ☐☐☐ |
| **rude** [ru:d] | 형 무례한, 예의 없는　▶ rudeness 명 무례함, 예의 없음 | ☐☐☐ |
| **rule** [ru:l] | 명 1. 규칙　2. 지배　동 지배하다 | ☐☐☐ |
| **rural** [rúrəl] | 형 시골의, 지방의 | ☐☐☐ |
| **sail**[4] [seil] | 동 항해하다　명 돛 | ☐☐☐ |
| **sale** [seil] | 명 1. 판매　2. 할인 | ☐☐☐ |
| **scare** [skέər] | 동 겁주다, 무서워하다　명 공포　▶ scary 형 무서운, 겁나는 | ☐☐☐ |
| **scene** [si:n] | 명 1. (연극, 영화 등의 특정) 장면　2. 경치, 풍경 | ☐☐☐ |
| **score** [skɔ:r] | 명 1. (경기 등에서의) 득점　2. (시험 등의) 점수　동 1. 득점하다　2. 채점하다 | ☐☐☐ |
| **scream**[5] [skri:m] | 동 비명을 지르다　명 비명 | ☐☐☐ |
| **search** [sə:rtʃ] | 동 찾다, 수색하다　명 찾기, 수색 | ☐☐☐ |

**주요 예문 보기**

[1] The house was in need of **repair**. 그 집은 **수리**가 필요한 상태였다.

[2] Their success is the **result** of the entire team's efforts. 그들의 성공은 팀 전체 노력의 **결과**이다.

[3] Heavy rain caused the river to **rise**. 많은 비로 강물이 **불어났다[증가했다]**.

[4] The captain decided to **sail** across the sea. 그 선장은 바다를 건너 **항해하기로** 결심했다.

[5] Some people were **screaming** in the street. 몇몇 사람들이 거리에서 **비명을 지르고** 있었다.

| 단어 | 뜻 | 확인1/2/3 차 |
|---|---|---|
| **seat** [siːt] | 명 좌석, 자리  동 앉다, 앉히다 | ☐☐☐ |
| **second**¹ [sékənd] | 형 두 번째의  부 둘째로  명 (시간 단위) 초 | ☐☐☐ |
| **secret** [síːkrit] | 명 비밀; 비법  형 비밀의 ▶ secretly 부 비밀로, 몰래 | ☐☐☐ |
| **secretary** [sékrətèri] | 명 비서; (협회 등의) 총무, 서기 | ☐☐☐ |
| **section** [sékʃən] | 명 부분, 부문; 구역 | ☐☐☐ |
| **seed** [siːd] | 명 씨  동 씨를 뿌리다 | ☐☐☐ |
| **seem**² [siːm] | 동 ~인 것 같다, ~처럼 보이다 | ☐☐☐ |
| **select** [silékt] | 동 선택하다, 선발하다(= choose) ▶ selection 명 선택, 선발(= choice) | ☐☐☐ |
| **sense** [sens] | 명 1. 감각  2. 분별력  3. 의미  동 느끼다 | ☐☐☐ |
| **series** [síriːz] | 명 1. 일련, 연속  2. (TV, 영화 등의) 시리즈 | ☐☐☐ |
| **serious**³ [síəriəs] | 형 1. (나쁜 정도가) 심각한  2. 진지한; 진심인, 농담이 아닌 | ☐☐☐ |
| **several** [sévərəl] | 형 몇몇의, 여러 가지의 | ☐☐☐ |
| **shade** [ʃeid] | 명 그늘 | ☐☐☐ |
| **shadow** [ʃǽdou] | 명 1. 그림자  2. 그늘(= shade) | ☐☐☐ |
| **shake** [ʃeik] | 동 ((shook-shaken)) 1. 흔들다  2. 떨다  명 1. 흔들기  2. 떨림 | ☐☐☐ |
| **shape** [ʃeip] | 명 형태, 모양  동 (~의) 형태로 만들다 | ☐☐☐ |
| **sheet** [ʃiːt] | 명 1. 시트, 얇은 천  2. (종이 등의) 한 장 | ☐☐☐ |
| **shelf** [ʃelf] | 명 선반; 책꽂이 | ☐☐☐ |
| **shell** [ʃel] | 명 (달걀, 조개 등의) 껍데기 | ☐☐☐ |
| **shine**⁴ [ʃain] | 동 ((shone/shined-shone/shined)) 1. 빛나다, 반짝이다  2. 비추다 | ☐☐☐ |
| **shoot**⁵ [ʃuːt] | 동 ((shot-shot)) 1. (총 등을) 쏘다  2. (영화 등을) 촬영하다  3. ((스포츠)) 슛을 하다 | ☐☐☐ |
| **shoulder** [ʃóuldər] | 명 어깨 | ☐☐☐ |
| **shout** [ʃaut] | 동 외치다, 소리 지르다 | ☐☐☐ |
| **shower** [ʃáuər] | 명 1. 샤워  2. 소나기  동 샤워하다 | ☐☐☐ |
| **shut** [ʃʌt] | 동 ((shut-shut-shutting)) 닫다, 닫히다 | ☐☐☐ |

**주요 예문 보기**

¹My **second** daughter turned 12 years old this year. 내 둘째 딸은 올해 열두 살이 되었다.
²My dream was so vivid that it **seemed** real. 꿈이 너무 생생해서 진짜인 것 같았다.
³She was very **serious** about acting. 그녀는 연기에 관해서 매우 진지했다.
⁴The sun is **shining** brightly today. 오늘은 태양이 밝게 빛나고 있다.
⁵The movie was **shot** on Jeju Island. 그 영화는 제주도에서 촬영되었다.

| 단어 | 뜻 | 확인 1/2/3차 |
|---|---|---|
| **silent** [sáilənt] | 형 말을 안 하는; 조용한 ▶ silence 명 침묵; 고요 | ☐☐☐ |
| **silly** [síli] | 형 어리석은, 바보 같은(= foolish) | ☐☐☐ |
| **similar** [símələr] | 형 비슷한, 유사한 ▶ similarly 부 비슷하게, 유사하게 | ☐☐☐ |
| **simple** [símpl] | 형 1. 간단한, 쉬운 2. 단순한 | ☐☐☐ |
| **since**¹ [sins] | 접 1. ~한 이후로 2. ~ 때문에 전 ~부터 | ☐☐☐ |
| **site** [sait] | 명 1. (건물 등의) 자리, 장소 2. (인터넷) 사이트 | ☐☐☐ |
| **skill** [skil] | 명 1. 기술 2. 기량 ▶ skillful 형 능숙한, 솜씨 좋은 | ☐☐☐ |
| **skip**² [skip] | 동 ((skipped-skipped-skipping)) 1. 깡충깡충 뛰다 2. 생략하다, 건너뛰다 | ☐☐☐ |
| **slice** [slais] | 명 얇게 썬 조각 동 얇게 썰다 | ☐☐☐ |
| **slide** [slaid] | 동 ((slid-slid)) 미끄러지다 명 미끄러짐; 미끄럼틀 | ☐☐☐ |
| **smoke** [smouk] | 동 1. (담배 등을) 피우다 2. 연기가 나다 명 연기 ▶ smoking 명 흡연 | ☐☐☐ |
| **smooth** [smuːð] | 형 매끄러운; (수면이) 잔잔한 ▶ smoothly 부 매끄럽게; 순조롭게 | ☐☐☐ |
| **soap** [soup] | 명 비누 | ☐☐☐ |
| **soil** [sɔil] | 명 흙, 토양 | ☐☐☐ |
| **soldier** [sóuldʒər] | 명 군인, 병사 | ☐☐☐ |
| **solve** [sɑlv] | 동 (문제 등을) 해결하다, 풀다 | ☐☐☐ |
| **soon** [suːn] | 부 곧; 빨리 | ☐☐☐ |
| **sorrow**³ [sárou] | 명 (큰) 슬픔; (아주) 슬픈 일 ▶ sorrowful 형 슬픈, 슬퍼하는 | ☐☐☐ |
| **soul** [soul] | 명 (영)혼, 정신 | ☐☐☐ |
| **source** [sɔːrs] | 명 원천, 근원; 출처 | ☐☐☐ |
| **space** [speis] | 명 1. 공간 2. 우주 동 공간을 두다 | ☐☐☐ |
| **special** [spéʃəl] | 형 특별한 | ☐☐☐ |
| **speech** [spiːtʃ] | 명 1. 연설 2. 말; 말투 | ☐☐☐ |
| **spend**⁴ [spend] | 동 ((spent-spent)) (돈을) 쓰다; (시간, 노력을) 들이다 | ☐☐☐ |
| **spin** [spin] | 동 ((spun-spun-spinning)) 회전하다, 회전시키다 명 회전 | ☐☐☐ |

**주요 예문 보기**

¹I can't afford it **since** I have no money. 나는 돈이 없기 **때문에** 그것을 살 수 없다.

¹I haven't eaten **since** breakfast. 나는 아침 식사 **이후로** 아무것도 안 먹었다.

²Don't **skip** your meals. 식사를 **건너뛰지** 마.

³We need someone to share all of our joys and **sorrows**. 우리는 모든 기쁨과 **슬픔**을 나눌 누군가가 필요하다.

⁴My father taught me how to **spend** money wisely. 아버지는 나에게 현명하게 돈을 **쓰는** 법을 가르쳐 주셨다.

| 단어 | 뜻 | 확인1/2/3차 |
|------|-----|-----------|
| **spirit** [spírit] | 몡 1. 정신, 영혼(= soul) 2. 활기 ▶ spiritual 톙 정신의, 정신적인 | ☐☐☐ |
| **spoil**[1] [spɔil] | 동 1. (일을) 망치다 2. (아이를) 버릇없게 키우다 | ☐☐☐ |
| **sponsor**[2] [spánsər] | 동 후원하다 몡 후원자 | ☐☐☐ |
| **square** [skwɛər] | 몡 1. 정사각형 2. 광장 톙 정사각형의 | ☐☐☐ |
| **staff** [stæf] | 몡 (전체) 직원 | ☐☐☐ |
| **stage** [steidʒ] | 몡 1. 단계 2. 무대 | ☐☐☐ |
| **stair** [stɛər] | 몡 ((복수형)) 계단, 층계 | ☐☐☐ |
| **stamp** [stæmp] | 몡 1. 우표 2. 도장 | ☐☐☐ |
| **station** [stéiʃən] | 몡 역, 정거장 | ☐☐☐ |
| **steal** [stiːl] | 동 ((stole-stolen)) 훔치다, 도둑질하다 | ☐☐☐ |
| **steel** [stiːl] | 몡 강철 | ☐☐☐ |
| **step** [step] | 몡 1. (발)걸음 2. 단계(= stage) 3. 계단(= stair) 동 ((stepped-stepped-stepping)) 발을 내디디다 | ☐☐☐ |
| **stick**[3] [stik] | 몡 막대기 동 ((stuck-stuck)) 1. 찌르다 2. 붙이다 | ☐☐☐ |
| **stomach** [stʌ́mək] | 몡 복부, 배 | ☐☐☐ |
| **storm** [stɔːrm] | 몡 폭풍(우) | ☐☐☐ |
| **straight** [streit] | 톙 똑바른 톕 1. 똑바로 2. 곧장 | ☐☐☐ |
| **strange** [streindʒ] | 톙 1. 이상한 2. 낯선 ▶ stranger 몡 낯선 사람 | ☐☐☐ |
| **straw** [strɔː] | 몡 1. 빨대 2. 밀짚 | ☐☐☐ |
| **strength** [streŋθ] | 몡 1. 힘 2. 강점, 장점 | ☐☐☐ |
| **stretch** [stretʃ] | 동 1. 뻗다 2. 늘이다 몡 스트레칭 | ☐☐☐ |
| **stupid** [stjúːpid] | 톙 어리석은, 바보 같은 | ☐☐☐ |
| **succeed**[4] [səksíːd] | 동 1. 성공하다 2. 뒤를 잇다 ▶ success 몡 성공(↔ failure 실패) | ☐☐☐ |
| **such** [sətʃ] | 톙 그런; 그 정도의 | ☐☐☐ |
| **sudden** [sʌ́dn] | 톙 갑작스러운 ▶ suddenly 톕 갑자기 | ☐☐☐ |
| **surprise** [sərpráiz] | 동 놀라게 하다 몡 놀라움 | ☐☐☐ |

**주요 예문 보기**

[1]Our picnic was **spoiled** by the bad weather. 우리 소풍은 날씨가 안 좋아서 **망쳐버렸다**.
[2]The organization **sponsors** overseas volunteer programs. 그 기관은 해외 봉사 프로그램을 **후원한다**.
[3]The kid **stuck** his finger in the cake. 그 아이는 케이크에 손가락을 **찔렀다**.
[4]He **succeeded** in passing the entrance exam. 그는 입학시험에 합격하는 데 **성공했다**.
[4]Who **succeeded** Clinton as President? 대통령으로 Clinton의 **뒤를 이은** 사람이 누구였나요?

| 단어 | 뜻 | 확인1/2/3차 |
|---|---|---|
| **survey**[1] [sərvéi] | 명 (설문) 조사 동 조사하다 | ☐☐☐ |
| **switch** [switʃ] | 동 바꾸다 명 스위치 | ☐☐☐ |
| **system**[2] [sístəm] | 명 체계, 제도, 시스템 ▶systematic 형 체계적인, 조직적인 | ☐☐☐ |
| **tale** [teil] | 명 이야기, 소설 | ☐☐☐ |
| **talent** [tǽlənt] | 명 (타고난) 재능; 재능 있는 사람 | ☐☐☐ |
| **task** [tæsk] | 명 일, 과제 (= job) | ☐☐☐ |
| **teenage** [tíːnèidʒ] | 형 십 대의 ▶teenager 명 십 대 | ☐☐☐ |
| **temperature** [témpərətʃər] | 명 온도, 기온; 체온 | ☐☐☐ |
| **terrible** [térəbl] | 형 심한; 끔찍한 ▶terribly 부 몹시, 굉장히 | ☐☐☐ |
| **theater / theatre** [θí(ː)ətər] | 명 극장, 영화관 | ☐☐☐ |
| **therefore**[3] [ðɛ́ərfɔ̀ːr] | 접 그러므로, 따라서 | ☐☐☐ |
| **thick** [θik] | 형 두꺼운, 굵은 | ☐☐☐ |
| **thief** [θiːf] | 명 도둑 | ☐☐☐ |
| **thin** [θin] | 형 얇은, 가는; 여윈, 마른 | ☐☐☐ |
| **thirst** [θəːrst] | 명 갈증; 갈망 ▶thirsty 형 목이 마른; 갈망하는 | ☐☐☐ |
| **thrill**[4] [θril] | 명 전율, 황홀감 동 열광시키다 | ☐☐☐ |
| **throat** [θrout] | 명 목구멍, 목 | ☐☐☐ |
| **throw**[5] [θrou] | 동 ((threw-thrown)) 던지다 명 던지기 | ☐☐☐ |
| **thumb** [θʌm] | 명 엄지손가락 | ☐☐☐ |
| **tie** [tai] | 동 묶다 (↔ untie 풀다) 명 1. 묶기 2. 넥타이 | ☐☐☐ |
| **tight** [tait] | 형 1. 꽉 조이는 2. (여유가 없이) 빡빡한 3. 엄격한 | ☐☐☐ |
| **tiny** [táini] | 형 아주 작은, 아주 적은 | ☐☐☐ |
| **tire** [taiər] | 동 피곤하게 만들다, 지치다 | ☐☐☐ |
| **title** [táitl] | 명 제목, 표제 | ☐☐☐ |
| **toilet** [tɔ́ilit] | 명 변기; 화장실 | ☐☐☐ |

**주요 예문 보기**

[1]Can I ask you a couple of questions for this **survey**? 이 **설문 조사**를 위해 몇 가지 질문을 해도 될까요?

[2]The mayor improved the city's transport **system**. 그 시장은 도시의 교통 **체계**를 개선했다.

[3]I was busy and **therefore** had to refuse his invitation. 나는 바빴고 **그러므로** 그의 초대를 거절해야 했다.

[4]It gave me a big **thrill** to meet the famous singer! 그 유명한 가수를 만난 것은 나에게 큰 **전율**을 주었어!

[5]Don't **throw** trash out of your car window. 차창 밖으로 쓰레기를 **버리지[던지지]** 마.

| 단어 | 뜻 | 확인 1/2/3차 |
|---|---|---|
| **tongue** [tʌŋ] | 몡 혀, 혓바닥 | ☐☐☐ |
| **tool** [tuːl] | 몡 연장, 도구 | ☐☐☐ |
| **total** [tóutl] | 혱 총, 전체의 ▶ totally 뷛 완전히, 전적으로 | ☐☐☐ |
| **touch**[1] [tʌtʃ] | 동 1. 만지다; 접촉하다  2. 감동시키다  몡 접촉 | ☐☐☐ |
| **tough** [tʌf] | 혱 1. 거친; 질긴  2. 힘든, 어려운 | ☐☐☐ |
| **toward(s)** [tɔːrd(z)] | 전 ~쪽으로, ~을 향하여 | ☐☐☐ |
| **trade**[2] [treid] | 동 1. 거래하다, 무역하다  2. 교환하다  몡 거래, 무역 | ☐☐☐ |
| **tradition** [trədíʃən] | 몡 전통 ▶ traditional 혱 전통의, 전통적인 | ☐☐☐ |
| **treasure** [tréʒər] | 몡 보물 (같은 것) | ☐☐☐ |
| **trend** [trend] | 몡 경향, 추세 | ☐☐☐ |
| **trick** [trik] | 몡 속임수  동 속이다 | ☐☐☐ |
| **trouble** [trʌ́bl] | 몡 문제, 골칫거리  동 괴롭히다 | ☐☐☐ |
| **tropical** [trápikəl] | 혱 열대 지방의, 열대성의 | ☐☐☐ |
| **truth** [truːθ] | 몡 사실, 진실 | ☐☐☐ |
| **tutor**[3] [tjúːtər] | 몡 개인 지도 교사; (대학의) 강사 | ☐☐☐ |
| **twin** [twin] | 몡 쌍둥이  혱 쌍둥이의 | ☐☐☐ |
| **unit** [júːnit] | 몡 1. (구성) 단위  2. (교재의) 단원 | ☐☐☐ |
| **university** [jùːnəvə́ːrsəti] | 몡 대학(교) | ☐☐☐ |
| **unless** [ənlés] | 접 ~하지 않는 한, 만약 ~이 아니면 | ☐☐☐ |
| **until** [əntíl] | 전 접 ~까지 | ☐☐☐ |
| **upset**[4] [ʌpsét] | 혱 기분이 상한  동 ((upset-upset-upsetting)) 1. 화나게 하다  2. 뒤엎다 | ☐☐☐ |
| **upward(s)** [ʌ́pwərd(z)] | 혱 위로 향한  뷛 위쪽으로 | ☐☐☐ |
| **usual** [júːʒuəl] | 혱 흔히 있는, 보통의(↔ unusual 흔치 않은, 드문) ▶ usually 뷛 보통, 대개(↔ unusually 특이하게, 평소와 달리) | ☐☐☐ |
| **vacation** [veikéiʃən] | 몡 방학, 휴가 | ☐☐☐ |
| **valley** [vǽli] | 몡 계곡, 골짜기 | ☐☐☐ |

**주요 예문 보기**

[1]He was **touched** by my birthday present. 그는 내 생일 선물에 **감동했다**.

[2]I wouldn't **trade** her smile for anything else. 나는 그녀의 미소를 다른 무엇과도 **바꾸지** 않을 것이다.

[2]The leaders signed a **trade** agreement between the two countries. 그 지도자들은 두 나라 간의 **거래** 협정에 사인했다.

[3]**Tutors** give private lessons to one student or a very small group of students. **개인 지도 교사들**은 학생 한 명이나 아주 작은 무리의 학생들에게 개인 지도를 해준다.

[4]I was feeling **upset** by her words. 나는 그녀의 말에 **기분이 상해** 있었다.

[4]We worried that someone might **upset** the boat. 우리는 누군가 배를 **뒤엎을까** 봐 걱정했다.

| 단어 | 뜻 | 확인 1/2/3차 |
|---|---|---|
| **value**[1] [vǽljuː] | 명 가치  동 가치 있게 여기다 | ☐☐☐ |
| **various** [vériəs] | 형 다양한, 여러 가지의 ▶variety 명 다양성, 여러 가지 | ☐☐☐ |
| **victory** [víktəri] | 명 승리 | ☐☐☐ |
| **view** [vjuː] | 동 1. 보다(= look at)  2. 간주하다  명 1. 시야; 전망  2. 관점 | ☐☐☐ |
| **village** [vílidʒ] | 명 (시골) 마을 | ☐☐☐ |
| **volunteer**[2] [vὰləntíər] | 명 자원봉사자  동 자원하다 | ☐☐☐ |
| **vote**[3] [vout] | 명 (선거 등에서의) 표; 투표  동 투표하다 | ☐☐☐ |
| **wallet** [wάlit] | 명 지갑 | ☐☐☐ |
| **waste** [weist] | 동 낭비하다  명 낭비; 쓰레기 ▶wasteful 형 낭비의, 낭비하는 | ☐☐☐ |
| **wave** [weiv] | 명 파도, 물결 | ☐☐☐ |
| **weak** [wiːk] | 형 약한, 힘이 없는 ▶weakness 명 약함; 약점 | ☐☐☐ |
| **wealth** [welθ] | 명 재산, 부(富) ▶wealthy 형 재산이 많은, 부유한 | ☐☐☐ |
| **weigh** [wei] | 동 무게가 ~이다, 무게를 달다 ▶weight 명 무게 | ☐☐☐ |
| **wheel** [wiːl] | 명 1. 바퀴  2. (자동차의) 핸들 | ☐☐☐ |
| **whether**[4] [wéðər] | 접 1. ~인지 아닌지  2. ~이든 아니든 | ☐☐☐ |
| **whisper** [wíspər] | 동 속삭이다, 귓속말하다  명 속삭임 | ☐☐☐ |
| **whistle** [wísl] | 명 1. 호루라기 (소리)  2. 휘파람 (소리) | ☐☐☐ |
| **whole** [houl] | 형 전체의, 전부의  명 전체, 전부 | ☐☐☐ |
| **wide** [waid] | 형 넓은, (폭이) 큰(↔ narrow 좁은) ▶width 명 너비, 폭 | ☐☐☐ |
| **win**[5] [win] | 동 ((won-won-winning)) 1. 이기다  2. 획득하다 ▶winner 명 승리자, 우승자 | ☐☐☐ |
| **wipe** [waip] | 동 닦다, 닦아 내다 | ☐☐☐ |
| **wire** [waiər] | 명 1. 전선  2. 철사 | ☐☐☐ |
| **wise** [waiz] | 형 지혜로운, 현명한 ▶wisdom 명 지혜, 현명함 | ☐☐☐ |
| **within**[6] [wiðín] | 전 ~ 이내에, ~ 안에 | ☐☐☐ |
| **yet**[7] [jet] | 부 아직  접 그렇지만, 그럼에도 불구하고 | ☐☐☐ |

**주요 예문 보기**

[1]She **values** her job as a hair designer. 그녀는 헤어 디자이너라는 자신의 직업을 **가치 있게 여긴다.**

[2]Daniel **volunteered** as a portrait model in the art class. Daniel은 미술 시간에 초상화 모델로 **자원했다.**

[3]You lose the right to complain if you do not **vote**. **투표하지** 않으면 불평할 권리를 잃게 된다.

[4]**Whether** you win or lose, at least you tried. 네가 이기든 지든, 적어도 너는 노력했어.

[5]The boxer **won** the match. 그 권투 선수는 경기에서 **이겼다.**

[5]She **won** a gold medal at the Olympics. 그녀는 올림픽에서 금메달을 **획득했다.**

[6]They finished building their house **within** half a year. 그들은 반년 **안에** 집을 짓는 것을 끝냈다.

[7]I haven't packed my suitcase **yet**. 나는 **아직** 여행 가방을 싸지 않았다.

[7]He doesn't exercise, **yet** he is healthy. 그는 운동을 하지 않**지만** 건강하다.

# 기본어휘편 1

수능영어 독해 필수 어휘

*How to infer the meanings of words
from their context*

---

0001

**compare** *

[kəmpéər]

동 1. 비교하다 2. 비유하다

My parents never **compare** me with others.
부모님은 나를 다른 사람들과 절대 ¹_____ 않으신다.

The writer **compared** love to a beautiful rose.
그 작가는 사랑을 아름다운 장미에 ²_____.

◆ **compare A with[to] B** A와 B를 비교하다
◆ **compare A to B** A를 B에 비유하다 ((A와 B가 서로 비슷하다고 보는 것임))
◆ **compared to** ~와 비교하여, ~에 비해

• comparison 명 1. 비교 2. 비유(= analogy)

---

0002

**divide** *

[diváid]

동 나누다, 갈라지다(= split)

The teacher **divided** the class into four groups.
선생님은 학급을 네 그룹으로 ³_____.

• divided 형 분열된
• division 명 1. 분할; 분배(= distribution) 2. 나눗셈 3. 부분; (조직의) -부(部)

---

0003

**relate** *

[riléit]

동 관련시키다, 관련이 있다

Our teacher explains difficult concepts by **relating** them to our daily lives.
우리 선생님은 어려운 개념들을 우리의 일상과 ⁴_____ 설명해 주신다.

◆ **related to** ~와 관련이 있는

• relation(ship) 명 관계, 관련(성)

---

0004

**leave** **

left-left
[liːv]

동 1. 떠나다; 그만두다(= quit) 2. (남겨) 두다, 남기다

The school bus always **leaves** at 8 a.m.
통학 버스는 항상 오전 8시에 ⁵_____.

I **left** my homework on the table.
나는 식탁에 숙제를 ⁶_____ 왔다.

◆ **leave out** 빼다, 배제시키다

¹ 비교하지  ² 비유했다  ³ 나누셨다  ⁴ 관련시켜  ⁵ 떠난다  ⁶ 두고

## 0005

**follow**\*\*

[fálou]

동 1. 따라가다, 따라오다  2. (지시 등을) 따르다  3. 이해하다

Mary's dog **follows** her everywhere.
Mary의 개는 어디든 그녀를 <sup>1</sup>_____.

We have to **follow** the rules at school.
우리는 학교의 규칙을 <sup>2</sup>_____ 한다.

I couldn't **follow** what my teacher said.
나는 선생님이 하신 말씀을 <sup>3</sup>_____ 수 없었다.

- following 형 다음의, 다음에 나오는
- follower 명 뒤따르는 사람; 추종자

## 0006

**endure**\*

[indúər]

동 1. 견디다, 참다 (= stand, bear)  2. 지속되다, 오래가다 (= last)

She **endured** terrible pain for several weeks before she died.
그녀는 죽기 전 몇 주 동안 극심한 고통을 <sup>4</sup>_____.

The fashion trend has **endured** for a few years.
그 패션 트렌드는 몇 년간 <sup>5</sup>_____.

- endurance 명 인내, 참을성 (= patience)
- endurable 형 참을 수 있는, 견딜 수 있는

## 0007

**forbid**\*

forbade-forbidden
-forbidding
[fərbíd]

동 금지하다; 못 하게 하다 (↔ permit 허락하다)

It is **forbidden** for public officials to use their power for personal gain.
공무원들이 개인적인 이익을 위해 자신의 권력을 사용하는 것은 <sup>6</sup>_____ 있다.

## 0008

**control**\*\*

controlled-controlled
-controlling
[kəntróul]

동 1. 통제하다  2. 지배하다  3. 조절하다  명 1. 통제  2. 지배

Parents should **control** their child in public places.
부모들은 공공장소에서 자신의 아이를 <sup>7</sup>_____ 한다.

The country was **controlled** by an army.
그 나라는 군대에 의해 <sup>8</sup>_____.

Human skin **controls** body temperature through sweating.
사람의 피부는 땀을 통해 체온을 <sup>9</sup>_____.

- **under control** 1. 통제되는  2. 지배되는

<sup>1</sup> 따라간다  <sup>2</sup> 따라야  <sup>3</sup> 이해할  <sup>4</sup> 견뎠다  <sup>5</sup> 지속되었다  <sup>6</sup> 금지되어  <sup>7</sup> 통제해야  <sup>8</sup> 지배되었다  <sup>9</sup> 조절한다

0009

# focus **

[fóukəs]

동 1. 집중하다, 집중시키다 2. 초점을 맞추다  명 1. 집중 2. 초점

Lack of sleep makes it hard to **focus** on learning.
수면 부족은 학업에 <sup>1</sup>_____ 것을 어렵게 한다.

The camera **focuses** on the actor's face.
카메라는 배우의 얼굴에 <sup>2</sup>_____.

Keep your **focus** on the positives instead of negatives.
부정적인 것 대신 긍정적인 것에 <sup>3</sup>_____해라.

◆ **focus on** 1. ~에 집중하다 2. ~에 초점을 맞추다

---

0010

# concentrate *

발음주의, 강세주의 [kάnsəntrèit]

동 1. 집중하다, 집중시키다 2. 농축하다  명 농축물

You should **concentrate** on your studying to pass the exam.
시험을 통과하기 위해서 너는 공부에 <sup>4</sup>_____ 한다.

**concentrated** syrup
<sup>5</sup>_____ 시럽

◆ **concentrate on** ~에 집중하다

• concentration  명 1. 집중 2. 농도

---

0011

# determine **

[ditə́ːrmin]

동 1. 결정하다(= decide)  2. 결심하다  3. 알아내다, 밝히다(= discover)

This test **determines** what course is right for you.
그 시험은 너에게 어떤 강의가 알맞은지 <sup>6</sup>_____.

She **determined** to try again until she succeeded.
그녀는 성공할 때까지 다시 해보기로 <sup>7</sup>_____.

After months of investigation, he **determined** the cause of the crash.
수개월의 조사 끝에, 그는 그 충돌 사고의 원인을 <sup>8</sup>_____.

• determined  형 굳게 결심한, 단호한
• determination  명 1. 결정 2. 결심

<sup>1</sup> 집중하는  <sup>2</sup> 초점을 맞춘다  <sup>3</sup> 집중  <sup>4</sup> 집중해야  <sup>5</sup> 농축  <sup>6</sup> 결정한다  <sup>7</sup> 결심했다  <sup>8</sup> 알아냈다

### 0012

# conclude *

[kənklúːd]

동 1. 결론을 내리다 2. 끝내다, 끝나다(= come to an end)

The report **concluded** that food shortages could not easily be solved.
그 보고서는 식량 부족이 쉽게 해결될 수 없다고 [1]_____.

The principal **concluded** his speech by thanking the teachers.
교장 선생님은 선생님들에게 감사를 표하며 연설을 [2]_____.

◆ **in conclusion** 1. 결론적으로 2. 끝으로

• conclusion  명 1. 결론 2. 결말

---

### 0013

# fit **

fit/fitted-fit/fitted-fitting
[fit]

동 1. (모양, 크기가) 맞다 2. 어울리다, 적합하다(= suit, match)
형 1. 어울리는, 적합한(= suitable) 2. (운동으로 몸이) 건강한

The key doesn't **fit** this lock.
그 열쇠는 이 자물쇠에 [3]_____ 않는다.

Try to find a job that **fits** your interests and skills.
너의 흥미와 기술에 [4]_____ 직업을 찾도록 노력해라.

She is **fit** enough to finish a marathon.
그녀는 마라톤을 완주할 만큼 [5]_____.

---

### 0014

# belong **

강세주의 [bilɔ́ːŋ]

동 (~의) 것이다, 소유이다; (~에) 속하다

This bag **belongs** to me, and that watch **belongs** to my sister.
이 가방은 나의 [6]_____, 저 시계는 우리 언니의 _____.

◆ **belong to** ~의 것[소유]이다; ~에 속하다

◆ **a sense of belonging** 소속감

---

### 0015

# occur *

occurred-occurred
-occurring
강세주의 [əkə́ːr]

동 1. 발생하다, 일어나다(= happen) 2. (생각이) 떠오르다 3. (~에) 존재하다

We were surprised because an unexpected event **occurred**.
우리는 예상치 못한 사건이 [7]_____ 놀랐다.

A great idea just **occurred** to me.
나에게 방금 좋은 생각이 [8]_____.

Vitamin C **occurs** naturally in apples.
사과에는 비타민 C가 자연적으로 [9]_____.

• occurrence  명 발생; 발생하는 것

---

1 결론을 내렸다  2 끝내셨다  3 맞지  4 적합한  5 건강하다  6 것이고, 것이다  7 발생해서  8 떠올랐다  9 존재한다

**0016**

## notice**

[nóutis]

동 1. 알아차리다 2. 주목하다 3. 통지하다
명 1. 주의, 주목 2. 통지(서); 게시(물)

I didn't **notice** that a car was coming.
나는 차가 오는 것을 ¹_____ 못했다.

She got **noticed** with her new dress.
그녀는 새로운 드레스로 ²_____.

**Notices** about the school trip were sent to parents.
수학여행에 대한 ³_____가 부모님들에게 발송되었다.

• noticeable 형 눈에 띄는, 뚜렷한(= distinct)(↔ unnoticeable 눈에 띄지 않는)

---

**0017**

## inform*

[infɔ́ːrm]

동 알리다, 통지하다(= notify)

We are pleased to **inform** you that you are the winner.
귀하께서 우승자가 되셨음을 ⁴_____ 드리게 되어 기쁩니다.

• **inform A of[about] B** A에게 B를 알리다
• information 명 정보, 지식
• informative 형 유익한, 유용한 정보를 주는
• informed 형 잘 아는; 박식한

---

**0018**

## suppose*

[səpóuz]

동 1. (사실이라고) 가정하다 2. (~일 것이라고) 생각하다, 추측하다

Let's **suppose** that you could have anything you wanted.
네가 원하는 것은 무엇이든지 가질 수 있다고 ⁵_____ 보자.

Learning Spanish was not as difficult as I had **supposed**.
스페인어를 배우는 것은 내가 ⁶_____ 것만큼 어렵진 않았다.

• **be supposed to-v** v하기로 되어 있다
• supposedly 부 추측건대, 아마도

---

**0019**

## pretend*

[priténd]

동 (~인) 척하다; (사실이 아닌 것을) 주장하다

She was very tired, but she **pretended** to enjoy the party.
그녀는 매우 피곤했지만, 파티를 즐기는 ⁷_____.

• **pretend to-v** v하는 척하다

---

1 알아차리지  2 주목받았다  3 통지서  4 알려  5 가정해  6 생각했던  7 척했다

0020
# suggest **

[sədʒést]

통 1. 제안하다(= propose)  2. 암시하다, 시사하다(= imply)

My mom **suggested** that we go jogging together every night.

우리 엄마는 매일 밤 함께 조깅을 하러 가자고 [1]_____.

His shaking legs **suggest** that he is nervous.

떨리는 다리는 그가 초조하다는 것을 [2]_____.

• suggestion  명 1. 제안(= proposal)  2. 암시, 시사(= implication)

> **어법 Plus**  suggest 뒤에 오는 that절의 동사 시제
>
> '제안, 요구, 주장' 등을 의미하는 동사 뒤에 계속되는 that절의 내용이 당위성(~해야 한다)을 의미할 때, that절에서 조동사 should를 생략하는 것이 일반적이어서 동사가 기본 형태로 남아있게 되지요.
> My mom suggested that we **(should) go** jogging together every night.
>
> 하지만 suggest가 '암시하다'의 뜻일 때는 조동사 should가 쓰이지 않는다는 것에 주의해야 해요. 이때 동사는 해당 문맥의 시제에 맞게 적절히 표현된답니다.
> All the evidence suggests that he **stole** the money.
> (모든 증거가 그가 돈을 훔쳤다는 것을 암시한다.)

0021
# develop **

[divéləp]

통 1. 발달시키다, 발전하다  2. 개발하다  3. (필름을) 현상하다

This class is intended to **develop** your writing skill.

이 수업은 작문 기술을 [3]_____ 위한 것이다.

Scientists have **developed** a new method to slow aging.

과학자들이 노화를 늦추는 새로운 방법을 [4]_____.

My vacation pictures will be **developed** tomorrow.

나의 휴가 사진들은 내일 [5]_____ 것이다.

◆ **developing country** 개발 도상국
◆ **developed country** 선진국

• development  명 1. 발달, 발전  2. 개발

0022
# locate *

[lóukeit]

통 1. (~의) 위치를 찾아내다  2. (특정 장소에) 위치하다

Could you help me **locate** this restaurant on the map?

지도에 있는 이 식당의 [6]_____ 것을 도와줄 수 있나요?

Many IT companies are **located** in Silicon Valley.

많은 IT 기업들이 실리콘 밸리에 [7]_____.

◆ **be located in[on]** ~에 위치하다

• location  명 위치; 장소

[1] 제안하셨다  [2] 암시한다  [3] 발달[발전]시키기  [4] 개발했다  [5] 현상될  [6] 위치를 찾는  [7] 위치한다

## 0023

# separate**

발음주의, 강세주의

동 [sépərèit] 형 [sépərət]

동 1. 분리하다(↔ combine 결합하다)  2. 헤어지게 하다   형 분리된; 개개의

You can **separate** the yolk from an egg with this tool.
이 도구로 달걀에서 노른자를 ¹_____ 수 있다.

The twins were **separated** and grew up in different cities.
그 쌍둥이는 ²_____ 다른 도시에서 자랐다.

two **separate** buildings
두 개의 ³_____ 빌딩

◆ **separate A from B** B에서 A를 분리하다

• separation  명 1. 분리  2. 헤어짐; 별거
• separable  형 분리할 수 있는(↔ inseparable 분리할 수 없는; 떨어질 수 없는)

---

## 0024

# disappear*

[dìsəpíər]

동 사라지다, 없어지다(= vanish)(↔ appear 나타나다)

She started to run and soon **disappeared** from my sight.
그녀는 달려가기 시작했고 곧 내 시야에서 ⁴_____.

If you get regular treatment, your symptoms will **disappear** soon.
정기적인 치료를 받으면 너의 증상들은 곧 ⁵_____ 것이다.

• disappearance  명 사라짐(↔ appearance 나타남; 출현)

---

## 0025

# suffer*

[sʌ́fər]

동 1. 고통을 받다  2. (손해 등을) 겪다, 당하다

People who **suffer** from depression need to receive proper counseling.
우울증으로 ⁶_____ 사람들은 적절한 상담을 받을 필요가 있다.

Many companies **suffered** huge financial losses during the pandemic.
전염병이 유행하는 동안 많은 기업이 막대한 재정적 손실을 ⁷_____.

◆ **suffer from** ~로 고통받다

---

## 0026

# require*

[rikwáiər]

동 필요로 하다; 요구하다

This project **requires** considerable investment to proceed as planned.
이 프로젝트는 계획대로 진행하기 위해 상당한 투자를 ⁸_____.

All workers were **required** to wear a safety helmet.
모든 근로자는 안전모 착용을 ⁹_____.

• requirement  명 필요(조건)

¹분리할  ²헤어져서  ³분리된  ⁴사라졌다  ⁵사라질  ⁶고통을 받는  ⁷겪었다  ⁸필요로 한다  ⁹요구받았다

0027
# prevent **

[privént]

동 1. 막다, 방해하다 (= hinder)  2. 예방하다

The storm **prevented** me from going to school.
폭풍우는 내가 등교하는 것을 <sup>1</sup>_____.

When you come back home, wash your hands to **prevent** disease.
집에 돌아오면 질병을 <sup>2</sup>_____ 위해 손을 씻어라.

◆ **prevent A from v-ing** A가 v하는 것을 막다[예방하다]

- prevention  명 예방
- preventive / preventative  형 예방을 위한

---

0028
# motivate *

[móutəvèit]

동 1. 동기를 부여하다  2. (행동 등의) 이유가 되다

A great teacher **motivates** students to do their best.
훌륭한 교사는 학생들이 최선을 다하도록 <sup>3</sup>_____.

No one knows what **motivated** the crime.
아무도 무엇이 그 범죄의 <sup>4</sup>_____ 모른다.

- motivation  명 동기 (부여)
- motive  명 1. 동기  2. 이유

---

0029
# socialize

[sóuʃəlàiz]

동 (사람들과) 어울리다, 친하게 지내다; 사회화시키다

It is easy for Robin to **socialize** with people at the parties.
Robin에게는 파티에서 만난 사람들과 <sup>5</sup>_____ 것이 쉬운 일이다.

- socialization  명 사회화

---

0030
# gather *

[gǽðər]

동 모이다, 모으다

A crowd **gathered** in the main square to listen to his speech.
군중이 그의 연설을 듣기 위해 중앙 광장에 <sup>6</sup>_____.

- gathering  명 1. 모임  2. 수집

1 막았다  2 예방하기  3 동기를 부여한다  4 이유가 되었는지  5 어울리는  6 모였다

---

**0031**

**recognize**\*\*

강세주의 [rékəgnàiz]

동 1. 알아보다, 분간하다 2. (존재, 사실을) 인정하다 (= acknowledge)

She didn't **recognize** me at first because of my new haircut.
그녀는 나의 새로운 머리 모양 때문에 처음엔 나를 [1]_____ 못했다.

Finally, she **recognized** her mistakes.
마침내 그녀는 자신의 실수를 [2]_____.

• recognition 명 1. 알아봄, 분간 2. 인정

---

**0032**

**remind**\*\*

[rimáind]

동 생각나게 하다, 상기시키다

This song **reminds** me of my middle school days.
이 노래는 나에게 중학교 시절을 [3]_____.

◆ **remind A of B** A에게 B를 생각나게 하다

• reminder 명 생각나게 하는 것

---

**0033**

**negotiate**\*

발음주의 [nigóuʃièit]

동 협상하다, 교섭하다

They are **negotiating** with their employer for a wage increase.
그들은 임금 인상을 두고 고용주와 [4]_____ 있다.

• negotiation 명 협상
• negotiator 명 협상자

---

**0034**

**approve**\*

[əprúːv]

동 승인하다; 찬성하다 (↔ disapprove 승인하지 않다; 찬성하지 않다)

The board **approved** the hiring of new staff members.
이사회는 새 직원을 채용할 것을 [5]_____.

◆ **approve of** ~을 승인하다; ~에 찬성하다

• approval 명 승인; 찬성 (↔ disapproval 거부; 동의하지 않음)

---

[1] 알아보지 [2] 인정했다 [3] 생각나게 한다 [4] 협상하고 [5] 승인했다

0035

# declare*

[dikléər]

동 1. 선언하다, 공표하다; 단언하다 2. (세관 등에) 신고하다

The government has **declared** war against terror.
정부가 테러와의 전쟁을 <sup>1</sup>_____.

All income should be **declared**.
모든 소득은 반드시 <sup>2</sup>_____ 한다.

- declaration  명 1. 선언, 공표 (= announcement) 2. (세관) 신고

---

0036

# contrast*

강세주의
동 [kəntrǽst] 명 [kʌ́ntræst]

동 대조하다; 대조[차이]를 보이다   명 대조, 차이 (= difference)

The book **contrasted** the lives of women a hundred years ago with the lives of women today.
그 책은 100년 전 여성의 삶과 현대 여성의 삶을 <sup>3</sup>_____.

In **contrast** to last year, the weather is too hot.
지난해와 <sup>4</sup>_____, 날씨가 너무 덥다.

- **contrast A with B**  A와 B를 대조하다
- **in[by] contrast**  대조적으로

---

0037

# avoid**

[əvɔ́id]

동 피하다, 회피하다; 막다, 예방하다

When you are lying, you always **avoid** eye contact with me.
거짓말할 때 너는 항상 나와 눈 마주치는 걸 <sup>5</sup>_____.

- avoidance  명 회피; 방지
- avoidable  형 피할 수 있는; 막을 수 있는

---

0038

# postpone

강세주의 [poustpóun]

동 미루다, 연기하다 (= delay, put off)

Do you know why our client **postponed** the meeting?
왜 우리 의뢰인이 미팅을 <sup>6</sup>_____ 아세요?

---

## 0039
### confuse*
[kənfjúːz]

(동) 1. 혼동하다 2. 혼란스럽게 하다; 당황하게 하다

People often **confuse** butterflies with moths because they look similar.
사람들은 나비와 나방이 비슷하게 생겨서 종종 그 둘을 <sup>1</sup>_____.

The rules **confused** me at first, but I quickly learned them while playing.
규칙들이 처음엔 나를 <sup>2</sup>_____, 나는 놀이를 하는 동안 그것들을 빠르게 배웠다.

- confusion (명) 1. 혼동 2. 혼란; 당혹
- confused (형) 혼란스러워하는; 당황한
- confusable (형) 혼동되는, 혼동하기 쉬운

## 0040
### defeat*
[difíːt]

(동) 이기다, 패배시키다 (= beat)  (명) 패배

The boxer **defeated** his rival in the final round.
그 복싱선수는 결승전에서 그의 경쟁자를 <sup>3</sup>_____.

It was very hard for me to admit **defeat**.
나는 <sup>4</sup>_____를 인정하기가 매우 힘들었다.

## 0041
### destroy**
[distrɔ́i]

(동) 파괴하다; 파멸시키다

One third of tropical rainforests have been **destroyed** in the last 50 years.
지난 50년간 열대 우림의 삼분의 일이 <sup>5</sup>_____.

- destruction (명) 파괴; 파멸
- destructive (형) 파괴적인

## 0042
### collapse*
[kəlǽps]

(동) 1. (의식을 잃고) 쓰러지다 2. 붕괴되다 (= fall down)  (명) 붕괴

The old lady **collapsed** with shock when she heard the news.
노부인은 그 소식을 듣고 충격으로 <sup>6</sup>_____.

The building **collapsed** in an earthquake.
그 건물은 지진으로 <sup>7</sup>_____.

<sup>1</sup> 혼동한다  <sup>2</sup> 혼란스럽게 했지만  <sup>3</sup> 이겼다  <sup>4</sup> 패배  <sup>5</sup> 파괴되었다  <sup>6</sup> 쓰러졌다  <sup>7</sup> 붕괴되었다

## 0043
# involve**
[inválv]

동 1. 포함하다, 수반하다(= entail)  2. (사건 등에) 연루시키다, 관련시키다

The course **involves** lots of writing work.
그 강의는 많은 작문 과제를 ¹_____.

He was **involved** in a serious crime.
그는 심각한 범죄에 ²_____.

+ **be involved in** 1. ~에 연루되다  2. ~에 열중하다

• involvement   명 1. 포함  2. 연루, 관련  3. 열중, 몰두

---

## 0044
# claim*
[kleim]

동 1. (~이 사실이라고) 주장하다(= assert)  2. (권리, 재산 등을) 요구하다
명 1. 주장  2. 요구; (요구할) 권리

She **claimed** that she was telling the truth.
그녀는 자신이 진실을 말하고 있다고 ³_____.

I did complain and **claimed** some money back.
나는 정말로 항의했고 돈을 일부 돌려달라고 ⁴_____.

+ **have a claim on** ~에 대한 권리가 있다

---

## 0045
# demand**
[dimǽnd]

동 요구하다   명 1. 요구, 요청  2. 수요(↔ supply 공급)

The customer **demanded** an apology for poor service.
그 손님은 형편없는 서비스에 대한 사과를 ⁵_____.

supply and **demand**
⁶_____와 공급

+ **in demand** 수요가 많은

• demanding   형 힘든, 큰 노력이 필요한

> **아하!** 우리말과 순서가 다른 영어 표현
>
> 우리말에서는 '수요와 공급'이라고 하지만 영어는 supply and demand라고 하는 것처럼 영어와 우리말에는 나열 순서가 서로 다른 표현들이 있어요.
> **north, south, east, and west** 동서남북
> **ladies and gentlemen** 신사숙녀 여러분
> **food, clothing, and shelter** 의식주
> **rock, paper, scissors / rock, scissors, paper** 가위바위보
> **profit and loss** 손익
> **back and forth** 앞뒤

¹ 포함한다  ² 연루되었다  ³ 주장했다  ⁴ 요구했다  ⁵ 요구했다  ⁶ 수요

# refund

강세주의
동 [rifʌ́nd] 명 [ríːfʌnd]

동 환불하다   명 환불(금)

We will **refund** it if you come back within 7 days.
7일 이내에 다시 오시면 <sup>1</sup>_____ 드립니다.

◆ **get a refund** 환불받다

---

# tend *

[tend]

동 1. (~하는) 경향이 있다, ~하기 쉽다  2. 돌보다, 보살피다

Unlike my brother, I **tend** to gain weight easily.
내 남동생과 달리 나는 쉽게 살이 찌는 <sup>2</sup>_____.

She **tended** the injured cats and dogs.
그녀는 다친 고양이와 개들을 <sup>3</sup>_____.

◆ **tend to-v** v하는 경향이 있다

• tendency  명 경향, 추세 (= trend)

---

# recommend **

강세주의 [rèkəménd]

동 추천하다; 권고하다, 권장하다 (= advise)

Please **recommend** the best dish in this restaurant.
이 레스토랑에서 가장 괜찮은 요리를 <sup>4</sup>_____ 주세요.

• recommendation  명 추천(서); 권고

---

# respond *

[rispánd]

동 1. 대답하다, 응답하다 (= reply)  2. 반응하다

My teacher asked a question in class, but no one **responded**.
수업 중에 선생님이 질문 하나를 하셨는데 누구도 <sup>5</sup>_____ 않았다.

I don't know how I should **respond** to the news.
나는 그 소식에 어떻게 <sup>6</sup>_____ 할지 모르겠다.

◆ **respond to** 1. ~에 대답하다  2. ~에 반응하다

• response  명 1. 대답, 응답  2. 반응
• responsive  형 즉각 반응하는

---

<sup>1</sup> 환불해  <sup>2</sup> 경향이 있다  <sup>3</sup> 돌보았다  <sup>4</sup> 추천해  <sup>5</sup> 대답하지  <sup>6</sup> 반응해야

## 0050

# refer*

referred-referred-referring
[rifɔ́ːr]

동 1. 언급하다 2. 가리키다, 나타내다 3. 참조하다, 참고하다

If you **refer** to the matter again, she will get mad.
네가 그 일에 대해 다시 ¹_____ 그녀는 화낼 것이다.

The UK was once **referred** to as the British Empire.
영국은 한때 대영제국으로 ²_____.

The term 'Aussie' **refers** to a person from Australia.
'Aussie'라는 말은 호주 사람을 ³_____.

For additional information, please **refer** to our school website.
추가 정보는 학교 홈페이지를 ⁴_____ 바랍니다.

• **refer to A as B** A를 B라고 부르다

• reference 명 1. 언급 2. 참조

## 0051

# react**

[riǽkt]

동 반응하다, 반응을 보이다 (= respond)

Conservative people are highly likely to **react** negatively to change.
보수적인 사람들은 변화에 부정적으로 ⁵_____ 가능성이 크다.

• **react to** ~에 반응하다

• reaction 명 반응
• reactive 형 반응을 보이는

## 0052

# reinforce*

[rìːinfɔ́ːrs]

동 강화하다, 보강하다 (= strengthen)

You can **reinforce** your dog's good behaviors by giving rewards.
보상을 줌으로써 개의 좋은 행동을 ⁶_____ 수 있다.

• reinforcement 명 강화, 보강

## 0053

# export

강세주의
동 [ikspɔ́ːrt] 명 [ékspɔːrt]

동 수출하다 (↔ import 수입하다) 명 수출(품) (↔ import 수입(품))

Middle Eastern countries **export** oil to many countries.
중동 국가들은 많은 나라에 석유를 ⁷_____.

Coffee is one of Brazil's major **exports**.
커피는 브라질의 주요 ⁸_____ 중 하나이다.

¹ 언급하면  ² 불렸다  ³ 가리킨다  ⁴ 참고하시기  ⁵ 반응할  ⁶ 강화할  ⁷ 수출한다  ⁸ 수출품들

# trace*

[treis]

[동] 추적하다(= track)　[명] 자취, 흔적(= trail)

We can **trace** a stolen car using the GPS.
우리는 GPS를 이용해 도난 차량을 <sup>1</sup>_____ 수 있다.

Police found no **trace** of the escaped prisoner.
경찰은 탈옥수에 대한 어떤 <sup>2</sup>_____도 찾지 못했다.

# retire*

강세주의 [ritáiər]

[동] 은퇴하다, 퇴직하다; 물러나다

After the professor **retired** from the college, he worked as a writer.
그 교수는 대학에서 <sup>3</sup>_____ 후 작가로 일했다.

 • **retire from** ~에서 은퇴하다

 • retirement 　[명] 은퇴, 퇴직

> **뉘앙스 感잡기**　'그만두다'를 나타내는 여러 가지 어휘
>
> **quit**　자신의 의지로 일을 도중에 그만두는 것
> **retire**　주로 정년, 건강상의 문제로 일을 완전히 그만두는 것
> **resign**　특히 공직에 있는 사람이 스스로 맡고 있던 일이나 지위 등을 정식으로 내놓고 사직하는 것. 어떤
> 　　　　　과실이나 건강상의 이유가 많음
> **dismiss**　고용주가 직원을 해고할 때 일반적으로 사용
> **fire**　직원의 부정(不正)이나 무능 등을 이유로 강제로 해고할 때 사용

# organize**

[5:rɡənàiz]

[동] 1. (행사 등을) 준비하다　2. 정리하다, 체계화하다　3. (단체를) 조직하다

The student council successfully **organized** the Halloween party.
학생회는 핼러윈 파티를 성공적으로 <sup>4</sup>_____.

My pictures are **organized** into folders by year.
내 사진들은 폴더에 연도별로 <sup>5</sup>_____ 있다.

He **organized** a union to improve the rights of workers.
그는 노동자들의 권리를 향상하기 위한 조합을 <sup>6</sup>_____.

 • organized　[형] 1. 정리된　2. 조직화된
 • organization　[명] 1. 조직, 단체　2. 준비, 구성　3. 구조

<sup>1</sup> 추적할　<sup>2</sup> 흔적　<sup>3</sup> 은퇴한　<sup>4</sup> 준비했다　<sup>5</sup> 정리되어　<sup>6</sup> 조직했다

## 0057

### construct**

강세주의 [kənstrʌ́kt]

동 1. 건설하다 (= build)  2. 구성하다

This bridge was **constructed** in 1892, so it will soon be rebuilt.
이 다리는 1892년에 [1]_____, 곧 재건될 것이다.

You should **construct** a logical argument to persuade others.
타인을 설득하기 위해서는 논리적인 주장을 [2]_____ 한다.

The documentary is **constructed** from interviews with the victims of war.
그 다큐멘터리는 전쟁 피해자들과의 인터뷰들로 [3]_____ 있다.

- construction    명 1. 건축, 건설; 건물  2. 구조
- constructive    형 (의견, 사고방식 등이) 건설적인 (= useful, helpful)

---

## 0058

### advertise

강세주의 [ǽdvərtàiz]

동 광고하다

If the product is targeted at young adults, we'd better **advertise** it on social media.
그 제품이 청년들을 겨냥한다면 소셜 미디어에 [4]_____ 것이 좋겠다.

- advertisement    명 광고

---

## 0059

### offend*

[əfénd]

동 1. 불쾌하게 하다  2. (도덕 등에) 어긋나다; 위반하다

Sometimes, what we say as a joke may **offend** others.
때때로 우리가 농담으로 하는 말이 다른 사람들을 [5]_____ 수 있다.

His action **offended** against common sense.
그의 행동은 상식에 [6]_____.

- offense / offence    명 1. 불쾌하게 하는 것, 모욕  2. 범법; 범죄  3. 공격
- offensive    형 1. 불쾌한, 모욕적인 (= insulting)  2. 공격적인 (= aggressive)

---

## 0060

### encounter*

[inkáuntər]

동 1. 우연히 만나다 (= come[run] across)  2. (위험 등에) 직면하다 (= face)
명 (우연한) 만남

If you **encounter** a snake while hiking, do not approach it.
만약 등산 중에 뱀을 [7]_____ 되면, 다가가지 마라.

I **encountered** an unexpected problem at work.
나는 일하면서 예상치 못한 문제에 [8]_____.

---

1 건설되어서  2 구성해야  3 구성되어  4 광고하는  5 불쾌하게 할  6 어긋났다  7 우연히 만나게  8 직면했다

---

**0061**

## structure*
[strʌ́ktʃər]

명 1. 구조; 조직, 기구  2. 구조물, 건축물   동 조직하다, 구조화하다

A family is the most basic unit of social **structure**.
가족은 사회 ¹_____의 가장 기본적인 단위이다.

The street is lined with steel and glass **structures**.
그 길에는 강철과 유리 ²_____이 늘어서 있다.

• structural   형 구조상의, 구조적인

---

**0062**

## category*
[kǽtəgɔ̀ːri]

명 범주, 카테고리, 부문

A prize medal will be given to the winners in each **category**.
우승 메달은 각 ³_____의 우승자들에게 수여될 것이다.

• categorize   동 (범주로) 분류하다

---

**0063**

## sort*
[sɔːrt]

명 종류(= type, kind); 분류   동 분류하다

We saw all **sorts** of animals in the park.
우리는 모든 ⁴_____의 동물들을 공원에서 보았다.

She **sorted** the books into alphabetical order.
그녀는 책들을 알파벳순으로 ⁵_____.

◆ sort of  1. 일종의  2. 어느 정도, 다소

---

**0064**

## quality**
[kwɑ́ləti]

명 1. 질(質)  2. 고급, 양질  3. 특성(= characteristic); 자질
형 고급의, 양질의

Keeping in good health is central to the **quality** of life.
건강을 유지하는 것은 삶의 ⁶_____에 핵심이다.

a **quality** of steel
강철의 ⁷_____

This store sells **quality** furniture at low prices.
이 상점은 ⁸_____ 가구를 저렴한 가격에 판다.

1 구조  2 구조물  3 부문  4 종류  5 분류했다  6 질  7 특성  8 고급

**0065**

# quantity *

[kwántəti]

명 1. 양, 수량 2. 다량, 다수

Huge **quantities** of oil were spilling into the sea.
엄청난 <sup>1</sup>_____의 기름이 바다로 유출되고 있었다.

It's a lot cheaper if you buy things in **quantity**.
물건을 <sup>2</sup>_____으로 사면 훨씬 더 싸다.

• **in quantity** 다량으로, 많이

---

**0066**

# reason **

[ríːzən]

명 1. 이유; 근거 2. 이성, 판단력   동 추론하다

We'd like to know the **reason** why she didn't come.
우리는 그녀가 오지 않은 <sup>3</sup>_____를 알고 싶다.

His decision is usually based on feeling, not **reason**.
그의 결정은 보통 <sup>4</sup>_____이 아닌 감정에 기초한다.

• reasoning   명 추론, 추리
• reasonable   형 합리적인, 타당한

---

**0067**

# period *

[píːəriəd]

명 1. 기간, 시기; 시대 2. 마침표

The **period** between Christmas and New Year's Day is very busy.
크리스마스와 설날 사이의 <sup>5</sup>_____은 매우 분주하다.

I forgot to put a **period** at the end of the sentence.
나는 문장 끝에 <sup>6</sup>_____를 찍는 것을 잊었다.

• periodic   형 주기적인, 정기적인
• periodical   명 정기 간행물, 잡지
• periodically   부 주기적으로, 정기적으로

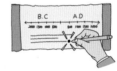

---

**0068**

# occasion *

[əkéiʒən]

명 1. (특정한) 때, 경우 2. (특별한) 행사, 의식

This is an **occasion** for us all to make a new start.
지금이 우리 모두가 새로운 시작을 할 <sup>7</sup>_____이다.

There was a special **occasion** for celebrating graduation.
졸업을 축하하기 위한 특별한 <sup>8</sup>_____가 있었다.

• occasional   형 가끔의, 때때로의
• occasionally   부 가끔, 때때로

1 양  2 다량  3 이유  4 이성  5 기간  6 마침표  7 때  8 행사

# state **
[steit]

명 1. 상태 2. 국가 3. (미국, 호주 등의) 주(州)  동 (격식을 차려) 말하다, 서술하다

We can guess emotional **states** from facial expressions.
우리는 표정에서 감정의 <sup>1</sup>_____를 추측할 수 있다.

a liberal democratic **state**
자유 민주주의 <sup>2</sup>_____

The fifty stars in the American flag represent the fifty **states**.
성조기(미국의 국기) 속 50개의 별은 50개의 <sup>3</sup>_____를 상징한다.

The soccer player **stated** that he would leave the team.
그 축구 선수는 팀을 떠날 것이라고 <sup>4</sup>_____.

* statement 명 성명(서), 진술(서)

---

# circumstance *
[sə́ːrkəmstæns]

명 상황, 환경 (= situation, condition); (일의) 전후 사정

It is impossible under these **circumstances** to meet our deadline.
이러한 <sup>5</sup>_____에서 기한을 맞추는 것은 불가능하다.

* **under[in] no circumstances** 어떤 일이 있어도 결코 ~ 아니다

> **뉘앙스 感잡기** '상황'을 뜻하는 여러 가지 어휘
>
> state '상태, 상황'을 의미하는 가장 일반적인 어휘
> situation 자신을 둘러싼 상황이 어떤지 알고 느끼게 되는 상황이나 처지
> circumstance 어떤 일과 동시에 일어난 상황. 부수적인 사건

---

# device **
[diváis]

명 장치, 기구 (= instrument)

This **device** is able to warm up tiny spaces and doesn't take much time.
이 <sup>6</sup>_____는 작은 공간을 따뜻하게 할 수 있고 많은 시간이 들지 않는다.

* devise 동 고안하다, 발명하다

---

1 상태  2 국가  3 주  4 말했다  5 상황  6 장치

**0072**

# goods *

[gudz]

명 상품, 제품

The store sells a variety of electrical **goods**.
그 가게는 다양한 전자 [1]_____을 판매한다.

> **Voca Plus** '상품, 제품'을 나타내는 여러 가지 어휘
>
> **product** 판매를 위해 보통 공장에서 대량으로 생산하는 제품
> **merchandise** 특히 상점에서 판매되는 물건이나 상품
> **commodity** 밀가루, 쌀과 같은 기본적인 원자재가 될 수 있는 상품

---

**0073**

# industry *

[índəstri]

명 1. 산업, 공업  2. 근면, 부지런함

The tourist **industry** is the center of the economy in Thailand.
관광 [2]_____은 태국 경제의 중심이다.

He believes that honesty and **industry** lead to success.
그는 정직과 [3]_____이 성공으로 이어진다고 믿는다.

- **industrial** 형 산업의, 공업의
- **industrious** 형 근면한, 부지런한

---

**0074**

# labor / labour *

[léibər]

명 노동(력)   동 (부지런히) 일하다

The demand for skilled **labor** in the building industry is high.
건설업계에서 숙련된 [4]_____에 대한 수요가 높다.

The farmers **laboured** all day in the field without a break.
농부들은 들판에서 쉬지 않고 온종일 [5]_____.

- **laborer / labourer** 명 노동자, 인부

---

**0075**

# factor *

[fǽktər]

명 요인, 요소

Poor planning was the main **factor** of the failure.
부실한 계획은 실패의 주요한 [6]_____이었다.

---

1 제품  2 산업  3 근면  4 노동력  5 (부지런히) 일했다  6 요인

0076
# theory*
[θíːəri]

명 이론, 학설

Scientists have different **theories** to explain the death of the dinosaurs.
과학자들은 공룡의 죽음을 설명하는 서로 다른 ¹_____을 가지고 있다.

* theoretical　형 이론(상)의, 이론적인

0077
# context*
[kántekst]

명 문맥, 맥락

Knowing a word means you're able to use it in **context**.
단어를 안다는 것은 그것을 ²_____에 맞게 사용할 수 있다는 것을 의미한다.

* contextual　형 문맥상의, 전후 사정과 관련된
* contextually　부 문맥상으로, 전후 관계로

0078
# impact*
강세주의
명 [ímpækt]　동 [impǽkt]

명 1. 영향(력), 효과(= effect)  2. 충격, 충돌　동 영향을 주다

A great book can have a huge **impact** on our spirit and life.
훌륭한 책은 우리의 정신과 삶에 커다란 ³_____을 미칠 수 있다.

A bomb exploded on **impact** when it hit the ground.
폭탄이 땅에 부딪혔을 때 ⁴_____으로 폭발했다.

* **have an impact on** ~에 영향을 미치다

0079
# climate*
[kláimit]

명 1. 기후  2. 분위기, 풍조

These trees only grow in cold **climates**.
이 나무들은 추운 ⁵_____에서만 자란다.

The work of the artist shows the social **climate** of that time.
그 예술가의 작품은 그 당시의 사회적 ⁶_____를 보여준다.

1 이론  2 문맥  3 영향  4 충격  5 기후  6 분위기

**0080**

# crisis *

[kráisis]

몡 위기; 중대한 기로

Several solutions were proposed to solve the financial **crisis**.
금융 ¹_____를 해결하기 위해 여러 해결책이 제안되었다.

◆ **economic crisis** 경제 위기

---

**0081**

# nature **

[néitʃər]

몡 1. 자연 2. 본성, 천성; 본질

I appreciated the beauty of **nature** from the mountain peak.
나는 산 정상에서 ²_____의 아름다움을 감상했다.

It is human **nature** to seek pleasure and avoid pain.
즐거움을 추구하고 고통을 피하는 것은 인간의 ³_____이다.

◆ **by nature** 선천적으로; 본래
◆ **in nature** 1. 사실상, 현실적으로 2. 더할 나위 없이
• **natural** 휑 1. 자연의, 천연의 2. 타고난, 천성의
• **naturally** 핌 자연스럽게, 당연히

---

**0082**

# decade *

[dékeid]

몡 10년, 10년간

Some rare flowers take a **decade** to bloom.
어떤 희귀한 꽃들은 피어나는 데 ⁴_____이 걸린다.

◆ **for several decades** 수십 년간

---

**0083**

# symptom

[símptəm]

몡 1. 증상 2. 징후, 조짐(= sign)

Early **symptoms** of malaria can include shaking chills, headache, muscle aches, and tiredness.
말라리아의 초기 ⁵_____은 오한, 두통, 근육통 그리고 피로감을 포함할 수 있다.

---

¹ 위기  ² 자연  ³ 본성  ⁴ 10년  ⁵ 증상

0084

# priority

[praiɔ́ːrəti]

명 우선 사항, 더 중요한 것; (시간, 순서가) 먼저임

List your tasks in order of **priority** and finish them one by one.
네가 할 일을 ¹_____순위에 따라 나열하고 차례차례 마무리해라.

◆ **top[first] priority** 최우선 사항

- **prior** 형 우선하는, (~보다) 중요한; 사전의, 이전의
- **prioritize** 동 우선순위를 매기다

---

0085

# minority

[minɔ́ːrəti]

명 1. 소수; 소수파 2. 소수 민족, 소수 집단

Only a **minority** of people found the movie enjoyable.
오직 ²_____의 사람들만이 그 영화가 재미있다고 여겼다.

**Minorities** often face prejudice because of their ethnic background.
³_____은 그들의 민족적 배경 때문에 종종 편견을 마주한다.

- **minor** 형 작은; 중요하지 않은; 소수(파)의 명 1. 미성년자 2. 부전공

---

0086

# purpose**

[pɔ́ːrpəs]

명 목적(= aim); 의도(= intention)

Sharing a common **purpose** in a company improves teamwork.
회사에서 공동의 ⁴_____을 공유하는 것은 팀워크를 향상시킨다.

◆ **on purpose** 고의로, 일부러

- **purposely** 부 고의로, 일부러(= intentionally)
- **purposeful** 형 목적의식이 있는; 결단력 있는
- **purposeless** 형 목적이 없는; 무의미한

---

0087

# resolution

[rèzəlúːʃən]

명 1. 결심, 결의(안) 2. (문제의) 해결

My New Year's **resolution** is to get more exercise.
나의 새해 ⁵_____은 운동을 더 하는 것이다.

We need to find a speedy **resolution** to the dispute.
우리는 그 분쟁에 대한 신속한 ⁶_____이 필요하다.

- **resolute** 형 굳게 결심한, 확고한(= determined)

## 0088

# scent

[sent]

명 냄새, 향기

The dog would follow a familiar **scent**.
그 개는 친숙한 <sup>1</sup>_____를 따라가곤 했다.

> **Voca Plus**　'냄새'를 나타내는 여러 가지 어휘
>
> **perfume**　향기; 향수(를 뿌리다)
> **fragrance**　향기; 향수
> **smell**　냄새, 향기; 악취; (특정한) 냄새[향기]가 나다
> **odor**　냄새, (특히) 악취
> **aroma**　(기분 좋은) 향기, 방향(芳香)

## 0089

# favor / favour*

[féivər]

명 1. 호의, 친절　2. 지지, 찬성
동 1. 호의를 보이다　2. 지지하다, 찬성하다

Someday you will be paid back for a **favor** done long ago.
언젠가 너는 오래전에 베푼 <sup>2</sup>_____에 대한 보답을 받을 것이다.

My ideas have gained **favor** with my classmates.
내 아이디어들은 우리 반 친구들의 <sup>3</sup>_____를 받았다.

◆ **do A a favor**　A에게 호의를 베풀다
◆ **in favor of**　~에 찬성하여

• **favorable / favourable**　형 호의적인; 유리한(↔ unfavorable / unfavourable 호의적이지 않은; 불리한)

## 0090

# fever

[fíːvər]

명 1. 열, 발열　2. 열기

A high **fever** can cause damage to vital organs.
높은 <sup>4</sup>_____은 중요한 장기에 손상을 입힐 수 있다.

election **fever**
선거 <sup>5</sup>_____

1 냄새　2 호의　3 지지　4 열　5 열기

# 문장의 핵심이 되는 기본 명사 2

---

0091

**symbol** \*\*

[símbəl]

〔명〕 1. 상징(물) 2. 기호, 부호 (= sign)

A heart shape is the **symbol** of love.
하트 모양은 사랑의 <sup>1</sup>_____이다.

"Fe" is the **symbol** for iron.
'Fe'는 철을 나타내는 <sup>2</sup>_____이다.

- • symbolic 〔형〕 상징하는, 상징적인
- • symbolize 〔동〕 상징하다

---

0092

**freedom** \*

[frí:dəm]

〔명〕 자유, 자유로운 상태

My school gives students **freedom** of choice about what to learn.
우리 학교는 학생들에게 무엇을 배울지에 대한 선택의 <sup>3</sup>_____를 준다.

---

0093

**rest** \*\*

[rest]

〔명〕 1. (어떤 것의) 나머지 2. 휴식 〔동〕 쉬다, 휴식을 취하다

He lived in the country for the **rest** of his life.
그는 <sup>4</sup>_____ 생애 동안 시골에서 살았다.

You'd better stop driving and take a little **rest**.
너는 운전을 그만하고 약간의 <sup>5</sup>_____을 취하는 게 좋겠다.

We **rested** for a while under the shade.
우리는 그늘에서 잠시 <sup>6</sup>_____.

- ✦ **take[have] a rest** 휴식을 취하다

---

0094

**award** \*

[əwɔ́:rd]

〔명〕 상(금) 〔동〕 수여하다, 주다

The **award** is given to the best student every year.
그 <sup>7</sup>_____은 매년 최우수 학생에게 수여된다.

- ✦ **win an award** 상을 타다, 입상하다

---

1 상징  2 기호  3 자유  4 나머지  5 휴식  6 휴식을 취했다  7 상

0095
# reward*
[riwɔ́ːrd]

몡 보상(금)  동 보상하다

The winner gets a large **reward**.
우승자는 큰 <sup>1</sup>_____을 받는다.

If you keep trying, you will be **rewarded** one day.
계속해서 노력한다면, 너는 언젠가 <sup>2</sup>_____ 것이다.

* rewarding  혱 가치 있는, 보람 있는

---

0096
# instance*
[ínstəns]

몡 경우, 사례(= case)

In most **instances** the disease can be controlled by medicine.
대부분의 <sup>3</sup>_____에 그 질병은 약으로 억제될 수 있다.

* **for instance** 예를 들어

---

0097
# sequence*
[síːkwəns]

몡 1. (일련의) 연속(= series)  2. 순서, 차례(= order)

Romantic movies usually have a common **sequence** of events.
로맨스 영화에는 보통 공통된 <sup>4</sup>_____ 사건들이 있다.

Write down the numbers in **sequence**.
<sup>5</sup>_____대로 숫자를 적어라.

* **a sequence of** 일련의(= a series of)

---

0098
# vision
[víʒən]

몡 1. 시력; 시야(= sight)  2. 선견지명, 통찰력

I have worse **vision** in my left eye than in my right.
나는 오른쪽 눈보다 왼쪽 눈의 <sup>6</sup>_____이 더 안 좋다.

Many companies require a leader with **vision**.
많은 회사가 <sup>7</sup>_____을 가진 지도자를 필요로 한다.

1 보상  2 보상받을  3 경우  4 연속  5 순서  6 시력  7 선견지명

## 0099

**expert** *

[ékspə:rt]

명 전문가  형 전문가의, 전문적인; 능숙한, 숙련된(= skillful)

He is an **expert** in computers.
그는 컴퓨터 ¹_____이다.

an **expert** mechanic
² _____ 정비공

• expertise  명 전문 지식, 전문 기술

> **Voca Plus**  '전문가'를 나타내는 여러 가지 어휘
>
> **expert**  넓은 의미로서의 지식, 기술, 경험 등이 많은 사람
> **specialist**  의학과 같이 전문적인 분야에 종사하는 사람
> **master**  오랜 기간 숙달된 사람. 거장, 명인

## 0100

**potential** *

[pəténʃəl]

명 잠재력, 가능성(= possibility)  형 잠재적인; 가능성 있는

He showed his full **potential** in the marathon in Berlin and broke the world record.
그는 베를린의 마라톤 경주에서 자신의 ³_____을 최대한 발휘했고 세계 기록을 깼다.

CEOs must care about both existing and **potential** customers.
CEO들은 기존 고객과 ⁴_____ 고객 모두에게 신경을 써야 한다.

• potentially  부 잠재적으로, 어쩌면

## 0101

**risk** **

[risk]

명 위험(성)(= danger); 모험  동 위태롭게 하다

Motorcycle accidents carry a relatively high **risk** of death.
오토바이 사고는 상대적으로 높은 사망 ⁵_____을 수반한다.

Some journalists **risk** their lives to report the truth.
어떤 기자들은 진실을 알리기 위해 자신의 생명을 ⁶_____.

◆ **at the risk of** ~의 위험을 무릅쓰고
◆ **take the risk of** ~하는 위험을 무릅쓰다

• risky  형 위험한

---

¹ 전문가  ² 숙련된  ³ 잠재력  ⁴ 잠재적인  ⁵ 위험  ⁶ 위태롭게 하다

## 0102

# expense*

[ikspéns]

명 비용, 지출; 경비 (= cost)

We can go on holiday at very little **expense**.

우리는 아주 적은 $^1$_____으로 휴가를 보낼 수 있다.

◆ **at the expense of** ~의 비용으로; ~의 희생으로

---

## 0103

# crash**

[kræʃ]

명 충돌 (= collision); 추락   동 충돌하다; (비행기가) 추락하다

Airbags protect drivers from injury in car **crashes**.

에어백은 자동차 $^2$_____로 인한 부상으로부터 운전자를 보호한다.

The plane **crashed** into the field.

그 비행기는 들판에 $^3$_____.

◆ **crash against** ~에 충돌하다[부딪치다]

---

## 0104

# victim*

[víktim]

명 (전쟁, 사고 등의) 피해자, 희생자

**victims** of the earthquake

지진 $^4$_____

---

## 0105

# fault**

[fɔːlt]

명 1. 잘못 (= mistake)  2. (과실의) 책임  3. 단점, 결점; 결함

It's your own **fault** you missed the chance.

그 기회를 놓친 것은 너 자신의 $^5$_____이다.

The driver drove too fast and was at **fault** for the accident.

그 운전자는 과속했고 그 사고에 $^6$_____이 있었다.

We discussed the book's strengths and **faults**.

우리는 그 책의 장점과 $^7$_____에 대해 토론했다.

- **faulty**  형 1. 잘못된  2. 흠이 있는, 불완전한
- **faultless**  형 흠잡을 데 없는

> **Voca Plus**  '단점'을 나타내는 여러 가지 어휘
>
> fault가 '단점'을 의미하는 가장 일반적인 어휘이고, drawback은 주로 상황이나 계획, 상품의 단점을 말할 때 사용돼요. 그밖에 shortcoming, defect, demerit, disadvantage는 사람이나 사물에 모두 사용되며, 어떤 것을 덜 유용하고 덜 완벽하게 하는 결점이나 불리한 점을 의미한답니다.

1 비용  2 충돌  3 추락했다  4 피해자들  5 잘못  6 책임  7 단점

## 0106

# boundary*

[báundəri]

명 1. 경계(선)(= border) 2. 한계, 한도(= limit)

The tree forms the **boundary** between my house and my neighbor's.
그 나무는 우리 집과 이웃집 사이의 <sup>1</sup>_____를 형성한다.

the **boundaries** of our imagination
상상력의 <sup>2</sup>_____

---

## 0107

# depth

[depθ]

명 깊이; 심도

The average **depth** of the Indian Ocean is about 3,000 meters.
인도양의 평균 <sup>3</sup>_____는 약 3,000미터이다.

The pool is 12 feet in **depth**.
그 수영장은 12피트 <sup>4</sup>_____이다.

◆ **in depth** 깊이, 깊게; 심도 있게

• **deepen** 동 깊어지다, 깊어지게 하나

---

## 0108

# surface**

발음주의 [sə́:rfis]

명 1. 표면; 수면, 지면 2. 겉, 외관
동 1. (수면으로) 떠오르다(= emerge) 2. (겉으로) 드러나다, 표면화되다

The **surface** of the road was slippery due to the heavy snow.
도로의 <sup>5</sup>_____이 폭설로 인해 미끄러웠다.

The hidden evidence began to **surface**.
숨겨진 증거가 <sup>6</sup>_____ 시작했다.

◆ **on the surface** 겉보기에는, 표면상으로는

---

## 0109

# row*

[rou]

명 (늘어서 있는) 줄, 열   동 (배를 노로) 젓다

Family photos were hung on the wall in a **row**.
가족사진들이 벽에 <sup>7</sup>_____을 지어 걸려 있었다.

Children were **rowing** boats up and down the river.
아이들이 강을 오르락내리락하며 배를 <sup>8</sup>_____ 있었다.

◆ **in a row** 1. 일렬로 2. 잇따라; 연이어

---

0110
# horror *

[hɔ́ːrər]

명 공포(감)

The crowd watched in **horror** as the fire grew.
사람들은 ¹_____에 질린 채 불이 번져가는 것을 지켜보았다.

- horrify  동 소름 끼치게 하다, 무섭게 하다
- horrible  형 소름 끼치는, 무서운

0111
# curiosity

강세주의 [kjùəriásəti]

명 호기심

My brother's natural **curiosity** led him to ask more questions.
내 남동생의 타고난 ²_____이 그가 질문을 더 많이 하게 했다.

0112
# novel *

발음주의 [nával]

명 (장편) 소설   형 새로운, 신기한

I like the **novels** of Jane Austen the most.
나는 Jane Austen의 ³_____을 가장 좋아한다.

You need a **novel** way to approach the issue.
너는 그 문제에 접근할 ⁴_____ 방법이 필요하다.

- novelist  명 소설가, 작가
- novelty  명 새로움, 신기함; 새로운 것

0113
# delight *

[diláit]

명 기쁨, 즐거움(= pleasure)   동 기쁘게 하다

It was such an unexpected **delight** to see her standing there.
그녀가 그곳에 서 있는 것을 본 것은 예상치 못한 ⁵_____이었다.

- ◆ **with delight**  즐겁게, 기꺼이
- ◆ **to one's delight**  기쁘게도

- delighted  형 기뻐하는
- delightful  형 기쁨을 주는; 매우 기쁜

**0114**

# sympathy*

[símpəθi]

명 1. 동정, 연민 2. 동조, 지지

The judges had no **sympathy** for the criminal.
판사들은 그 범죄자를 [1]_____하지 않았다.

Mom had **sympathy** for my opinion.
엄마는 내 의견에 [2]_____하셨다.

- sympathetic   형 1. 동정하는, 연민하는 2. 동조하는, 지지하는
- sympathize   동 1. 동정하다, 연민하다 2. 동감하다, 지지하다

---

**0115**

# loyalty

[lɔ́iəlti]

명 충실, 충성; 충성심

He declared his **loyalty** to the new king.
그는 새 왕에 대한 [3]_____을 표명했다.

- loyal   형 충실한, 충성스러운(↔ disloyal 불충한)

---

**0116**

# welfare*

[wélfɛər]

명 행복, 안녕(安寧)(= well-being); 복지

Doctors should pay attention to the health and **welfare** of their patients.
의사들은 환자들의 건강과 [4]_____에 주의를 기울여야 한다.

---

**0117**

# policy*

발음주의 [pɑ́ləsi]

명 1. 정책, 방침 2. 방책, 수단

a housing **policy**
주택 [5]_____

Honesty is the best **policy**.
정직함이 최선의 [6]_____이다.

---

**0118**

# neighborhood

[néibərhùd]

명 근처, 인근; 이웃 사람들

They walked around the **neighborhood** every day.
그들은 매일 [7]_____를 산책했다.

- neighbor   명 이웃

---

1 동정 2 동조 3 충성심 4 안녕 5 정책 6 방책 7 근처

0119

# companion *

[kəmpǽnjən]

명 1. 친구(= friend); 동료  2. 동반자; 동행

She is a pleasant **companion** who cheers me up.
그녀는 나를 기운 나게 해주는 유쾌한 <sup>1</sup>_____이다.

a travel **companion**
여행의 <sup>2</sup>_____

---

0120

# opponent

[əpóunənt]

명 (대회 등의) **상대; 반대자**

The champion knocked his **opponent** out in the first round.
그 챔피언은 1라운드에서 <sup>3</sup>_____를 쓰러뜨렸다.

0121

## available **

[əvéiləbl]

형 1. 이용할 수 있는, 구할 수 있는
　　2. (만날) 시간이 있는 (↔ unavailable 1. 이용할 수 없는 2. 부재의, 만날 수 없는)

Wireless Internet is **available** at the cafe.
무선 인터넷은 카페에서 1_____.

Will you be **available** this afternoon?
오늘 오후에 2_____?

• availability 　명 유용성; (이용) 가능성

> **뉘앙스 感잡기**　available vs. usable
> '이용할 수 있는'의 의미로는 둘 다 쓸 수 있지만, '구할 수 있는'의 의미로는 available만 쓸 수 있어요.

---

0122

## practical **

[prǽktikəl]

형 실용적인; 현실적인 (↔ impractical 비현실적인)

This book shows various **practical** ways to save money.
이 책은 돈을 절약할 수 있는 여러 가지 3_____ 방법을 제시한다.

• practically 　부 사실상; 현실적으로

---

0123

## average **

[ǽvəridʒ]

형 1. 평균의 2. 보통의, 일반적인 (= normal)　명 1. 평균 2. 보통

| REPORT CARD | |
|---|---|
| Korean | 70 |
| English | 90 |
| Math | 80 |
| Average | 80 |

The **average** age of the town is over fifty.
그 마을의 4_____ 연령은 50세가 넘는다.

The restaurant's food was **average**, but its service was good.
그 식당의 음식은 5_____이었지만 서비스는 좋았다.

On **average**, dogs sleep between twelve and fourteen hours per day.
6_____적으로, 개들은 하루에 12시간에서 14시간을 잔다.

✦ **on average** 평균적으로; 보통

---

1 이용할 수 있다　2 시간이 있니　3 실용적인　4 평균　5 보통　6 평균

### 0124
## alike *
[əláik]

형 비슷한  부 비슷하게; 동등하게

John and his dad are **alike** in their appearance.
John과 그의 아버지는 생김새가 <sup>1</sup>_____.

Treat everyone **alike**.
모두를 <sup>2</sup>_____ 대해라.

### 0125
## previous *
[príːviəs]

형 이전의 (= earlier)

The **previous** owner of this house planted the tree.
이 집의 <sup>3</sup>_____ 주인이 그 나무를 심었다.

• previously  부 이전에, 미리

### 0126
## former *
[fɔ́ːrmər]

형 1. 예전의, 과거의  2. (둘 중에) 먼저의, 전자의 (↔ latter 후자의)
명 ((the -)) 전자 (↔ the latter 후자)

The **former** name of Seoul was Hanyang.
서울의 <sup>4</sup>_____ 이름은 한양이었다.

the **former** president
<sup>5</sup>_____ 대통령

Of the two options, the **former** is the most widely accepted.
그 두 가지 선택권 중에, <sup>6</sup>_____ 가 가장 널리 인정된다.

> 어법 Plus  former와 latter의 쓰임
> the former는 앞에서 언급된 두 개의 대상 중 먼저 언급된 것을, the latter는 뒤에 언급된 것을 가리켜요.
> 한편, 한 개의 대상을 반으로 나눠 앞의 절반과 뒤의 절반을 각기 가리킬 때도 former와 latter를 사용한
> 답니다.
> I liked **the latter** part of the book. 난 그 책의 **후반**부가 좋았어.

### 0127
## absent *
[ǽbsənt]

형 1. 결석한; 없는, 부재의 (↔ present 출석한; 있는, 존재하는)  2. 멍한

Her daughter was **absent** from school yesterday because of a cold.
그녀의 딸은 어제 감기로 인해 학교에 <sup>7</sup>_____.

The boy had an **absent** look on his face.
그 소년은 <sup>8</sup>_____ 표정을 지었다.

• **in the absence of** ~이 없을 때, ~이 없어서
• absence  명 결석; 없음, 부재 (↔ presence 출석; 있음, 존재)
• absently  부 멍하니

<sup>1</sup> 비슷하다 <sup>2</sup> 동등하게 <sup>3</sup> 이전 <sup>4</sup> 예전[옛] <sup>5</sup> 전 <sup>6</sup> 전자 <sup>7</sup> 결석했다 <sup>8</sup> 멍한

## familiar **

[fəmíljər]

형 익숙한, 친숙한(↔ unfamiliar 익숙하지 않은)

We usually feel at ease in **familiar** surroundings.
우리는 보통 <sup>1</sup>_____ 환경에서 편안함을 느낀다.

◆ **familiar with** ~에 익숙한, ~에 친숙한

• familiarity  명 익숙함, 친숙함

---

## obvious *

철자주의 [ábviəs]

형 분명한, 명백한(= clear)

It was **obvious** from her tone that she didn't like me.
그녀의 말투에서 볼 때 그녀가 나를 좋아하지 않는 것이 <sup>2</sup>_____.

Longer droughts are **obvious** evidence of climate change.
길이진 가뭄은 기후 변화의 <sup>3</sup>_____ 증거이다.

• obviously  부 분명히, 명백히(= clearly)

---

## exact *

발음주의 [igzǽkt]

형 정확한(= accurate); 정밀한(= precise)

The bus runs on an **exact** schedule.
그 버스는 <sup>4</sup>_____ 운행 시간표대로 운행한다.

• exactly  부 정확히, 틀림없이

---

## aware *

[əwéər]

형 알고 있는, 알아차린(↔ unaware 알지 못하는, 알아채지 못한)

I was **aware** that something was wrong but had no solution.
나는 무언가 잘못되었다는 걸 <sup>5</sup>_____, 해결책이 없었다.

◆ **be[become] aware of** ~을 알다, ~을 알아차리다

• awareness  명 인식, 자각

<sup>1</sup> 익숙한  <sup>2</sup> 분명했다  <sup>3</sup> 명백한  <sup>4</sup> 정확한  <sup>5</sup> 알고 있었지만

0132

## notable

[nóutəbl]

형 1. 주목할 만한, 눈에 띄는　2. 유명한

The large fireplace is a **notable** feature of our house.
커다란 벽난로가 우리 집의 <sup>1</sup>_____ 특징이다.

The beach is **notable** for its beautiful sunset.
그 해변은 아름다운 일몰로 <sup>2</sup>_____.

◆ **be notable for** ~로 유명하다

---

0133

## odd *

[ɑd]

형 1. **이상한**(= unusual)　2. **홀수의**(↔ even 짝수의)　3. **짝이 맞지 않는**

My dog's behavior was **odd**, so I thought someone might be outside.
우리 강아지의 행동이 <sup>3</sup>_____, 나는 누군가가 밖에 있을지도 모른다고 생각했다.

The singing contest is held on **odd** years.
그 노래 경연 대회는 <sup>4</sup>_____ 해마다 개최된다.

My son is wearing **odd** shoes.
내 아들은 <sup>5</sup>_____ 신발을 신고 있다.

---

0134

## due **

발음주의 [djuː]

형 1. ~로 인한, ~ 때문에　2. ~하기로 예정된　3. (돈을) 지불해야 하는

The flight was delayed **due** to a snowstorm.
그 비행기는 눈보라 <sup>6</sup>_____ 지연되었다.

The game is **due** to start in 10 minutes.
경기가 10분 후에 시작할 <sup>7</sup>_____.

The money I borrowed from the bank is **due** today.
내가 은행에서 빌린 돈은 오늘까지 <sup>8</sup>_____.

◆ **due to** ~ 때문에
◆ **be due to-v** v할 예정이다

---

0135

## annual *

[ǽnjuəl]

형 1. 연례의, 매년의　2. 연간의, 한 해의

Busan International Film Festival has been an **annual** event since 1996.
부산 국제 영화제는 1996년부터 이어진 <sup>9</sup>_____ 행사이다.

The **annual** rainfall in California is very low.
캘리포니아의 <sup>10</sup>_____ 강우량은 매우 적다.

• **annually** 부 일 년에 한 번, 매년

---

1 눈에 띄는　2 유명하다　3 이상해서　4 홀수　5 짝이 맞지 않는　6 때문에　7 예정이다　8 지불해야 한다　9 연례　10 연간

# urgent*

[ə́ːrdʒənt]

형 긴급한; 다급한, 절박한

It was a very **urgent** situation when our school was on fire.
우리 학교에 화재가 발생했을 때는 굉장히 ¹_____ 상황이었다.

• urgency 명 긴급(한 일)

---

# likely**

[láikli]

형 ~할 것 같은(↔ unlikely ~할 것 같지 않은); 가능성 있는

It is **likely** to rain soon.
곧 비가 올 ²_____.

the most **likely** candidate for prime minister
가장 ³_____ 국무총리 후보

◆ **be likely to-v** v할 것 같다

• likelihood 명 가능성

---

# capable*

[kéipəbl]

형 1. ~할 수 있는(↔ incapable ~하지 못하는)  2. 유능한(= competent)

My aunt is **capable** of cooking many different kinds of soup.
우리 이모는 여러 종류의 수프를 요리⁴_____.

Jay is a very **capable** engineer.
Jay는 아주 ⁵_____ 엔지니어이다.

◆ **be capable of v-ing** v할 수 있다(= be able to-v)

• capability 명 능력, 역량

---

# eager*

[íːgər]

형 간절히 바라는; 열성적인

Kids are **eager** to get presents from Santa Claus.
아이들은 산타클로스로부터 선물을 받기를 ⁶_____.

◆ **be eager to-v** v하기를 간절히 바라다

• eagerly 부 간절히, 열심히
• eagerness 명 열의, 열망

¹ 긴급한  ² 것 같다  ³ 가능성 있는  ⁴ 할 수 있다  ⁵ 유능한  ⁶ 간절히 바란다

0140

# firm *

[fəːrm]

형 1. 딱딱한, 단단한  2. 단호한, 확고한(= determined)  명 회사

I don't prefer a **firm** mattress.
나는 <sup>1</sup>_____ 매트리스를 선호하지 않는다.

Parents must be **firm** with their children's mistakes.
부모는 자식의 잘못에 <sup>2</sup>_____ 한다.

Clara started her first job at a small **firm**.
Clara는 자신의 첫 직업을 작은 <sup>3</sup>_____에서 시작했다.

- firmly   부 단호히, 확고히

---

0141

# stable **

[stéibl]

형 안정된(↔ unstable 불안정한); 차분한

Children need to be raised in a **stable** environment.
아이들은 <sup>4</sup>_____ 환경에서 양육되어야 한다.

- stability   명 안정(감)(↔ instability 불안정)
- stabilize   동 안정되다, 안정시키다

---

0142

# mature *

발음주의 [mətʃúər]

형 성숙한; 다 자란, (과일 등이) 익은(↔ immature 미숙한; 다 자라지 못한)

It was very **mature** of him to apologize first.
먼저 사과하는 것을 보니 그는 매우 <sup>5</sup>_____.

The grapes are almost **mature**.
포도가 거의 <sup>6</sup>_____.

- maturity   명 성숙; 완전한 발달

---

0143

# mortal *

[mɔ́ːrtl]

형 1. 영원히 살 수 없는(↔ immortal 죽지 않는; 불멸의)  2. 치명적인

All living creatures, including humans, are **mortal**.
인간을 포함해 모든 살아있는 생물은 <sup>7</sup>_____.

- mortality   명 죽음을 피할 수 없음(↔ immortality 불사, 불멸); 사망자 수, 사망률

---

1 딱딱한  2 단호해야  3 회사  4 안정된  5 성숙했다  6 익었다  7 영원히 살 수 없다

## 0144

**deadly**

[dédli]

혱 1. 치명적인(= fatal)  2. 완전한; 극도의

His injury was nearly **deadly**, but he recovered fully..

그의 부상은 거의 <sup>1</sup>_____, 그는 완전히 회복했다.

a **deadly** silence

<sup>2</sup>_____ 침묵

## 0145

**strict** \*\*

[strikt]

혱 엄격한; 엄밀한(= accurate)

Airlines put **strict** limits on the weight of luggage.

항공사들은 수하물 무게에 <sup>3</sup>_____ 제한을 둔다.

- strictly 튀 엄격히; 엄밀히
- strictness 몡 엄격함, 가혹함

## 0146

**grateful** \*

[gréitfəl]

혱 감사하는, 고맙게 여기는(= thankful)

She was **grateful** to him for helping her sister.

그녀는 자신의 여동생을 도와준 것에 대해 그에게 <sup>4</sup>_____.

- **grateful for** ~에 대해 감사하는

## 0147

**intimate** \*

발음주의 [íntimət]

혱 친밀한, 절친한(= close)

Olivia and her classmates became **intimate** friends.

Olivia와 동급생들은 <sup>5</sup>_____ 친구가 되었다.

- intimately 튀 친밀하게
- intimacy 몡 친밀(함)(= closeness)

## 0148

**terrific** \*

강세주의 [tərífik]

혱 1. 아주 좋은, 훌륭한  2. (양, 정도가) 엄청난

I always feel **terrific** after working out.

나는 운동을 한 후에 항상 기분이 <sup>6</sup>_____.

at a **terrific** speed

<sup>7</sup>_____ 속도로

<sup>1</sup> 치명적이었지만  <sup>2</sup> 완전한  <sup>3</sup> 엄격한  <sup>4</sup> 감사했다  <sup>5</sup> 절친한  <sup>6</sup> 아주 좋다  <sup>7</sup> 엄청난

0149
# incredible*

[inkrédəbl]

형 믿을 수 없는, 놀라운 (= unbelievable)

He told an **incredible** story of survival in the desert.
그는 사막에서 살아남은 <sup>1</sup>_____ 이야기를 했다.

• incredibly  부 믿을 수 없을 정도로, 놀랍게도

---

0150
# fancy**

[fǽnsi]

형 1. 화려한, 장식이 많은  2. 값비싼; 일류의   명 공상 (= fantasy)

The **fancy** dress was made from waste paper.
그 <sup>2</sup>_____ 드레스는 폐지로 만들어졌다.

I don't usually visit **fancy** restaurants.
나는 평소에 <sup>3</sup>_____ 레스토랑에 가지 않는다.

It was just the **fancy** of a young man.
그것은 단지 젊은이의 <sup>4</sup>_____ 이었다.

## 독해력을 키워주는 필수 형용사 2

0151

# entire**

[intáiər]

[형] 전체의 (= whole); 완전한, 온전한

The **entire** village was destroyed by a strong earthquake.
강한 지진으로 마을 ¹_____가 파괴되었다.

He bought an **entire** set of blocks for his child.
그는 자신의 아이를 위해 ²_____ 블록 세트 하나를 구입했다.

• **entirely** [부] 전적으로, 완전히 (= completely)

---

0152

# broad*

[brɔːd]

[형] 1. (폭)넓은  2. 전반적인, 대체적인

a **broad** river
³_____ 강

The writer had **broad** experience with history.
그 작가는 역사에 대해 ⁴_____ 경험을 가졌다.

They made a **broad** agreement on a vacation plan.
그들은 휴가 계획에 대해 ⁵_____ 합의를 했다.

• **broadly** [부] 1. 폭넓게, 널리  2. 대체로
• **broaden** [동] 넓히다, 넓어지다

---

0153

# brief*

[briːf]

[형] 1. (시간이) 짧은, 잠시 동안의 (= short)  2. (말, 글이) 간단한

She only worked there for a **brief** period of time.
그녀는 그곳에서 ⁶_____ 기간 동안만 일했다.

The teacher gave me a **brief** explanation of my question.
선생님은 내 질문에 대해 ⁷_____ 설명을 해주셨다.

◆ **in brief** 간단히 말해서

• **briefly** [부] 1. 짧게, 잠시  2. 간단히

---

1 전체  2 완전한  3 넓은  4 폭넓은  5 전반적인  6 짧은  7 간단한

## 0154
### temporary *
강세주의 [témpərèri]

형 일시적인, 순간의; 임시의 (↔ permanent 영구적인; 상설의, 종신의)

Eating spicy food can cause **temporary** stomach pain.
매운 음식을 먹는 것은 ¹_____ 복통을 유발할 수 있다.

He had to hire some **temporary** workers to meet the deadline.
그는 마감일을 맞추기 위해 ²_____ 직원을 몇 명 고용해야 했다.

• temporarily    분 일시적으로 (↔ permanently 영구적으로)

## 0155
### frequent *
[fríːkwənt]

형 자주 일어나는, 빈번한

She is a **frequent** visitor to this hotel.
그녀는 이 호텔에 ³_____ 손님이다.

• frequently    분 자주, 흔히
• frequency    명 1. 빈도, 잦음 2. (소리, 전자파 등의) 진동수, 주파수

## 0156
### random *
[rǽndəm]

형 무작위의, 임의로 하는

The teacher had his students present their research in a **random** order.
선생님은 ⁴_____ 순서로 학생들이 조사한 것을 발표하게 하셨다.

◆ **at random** 무작위로, 임의로

## 0157
### infinite
[ínfənət]

형 무한한, 무한정의 (↔ finite 유한한, 한정된)

Creativity is **infinite** and without borders.
창의력은 ⁵_____ 한계가 없다.

• infinitely    분 무한히; 대단히

---

## 0158

# initial*

[iníʃəl]

[형] 처음의(= first)　[명] (이름 등의) 머리글자, 첫 글자

My **initial** reaction to his suggestion was excitement.
그의 제안에 대한 나의 <sup>1</sup>_____ 반응은 흥분이었다.

Your name is Minji Kim, so your **initials** are MK.
너의 이름이 김민지이므로 <sup>2</sup>_____ 는 MK이다.

---

## 0159

# valuable**

[vǽljuːəbəl]

[형] 1. 소중한, 귀중한(= priceless)　2. 값비싼

Kids can get **valuable** experience from having animal companions.
아이들은 반려동물을 키움으로써 <sup>3</sup>_____ 경험을 얻을 수 있다.

a **valuable** necklace
<sup>4</sup>_____ 목걸이

- valuables　[명] 귀중품
- valueless　[형] 가치 없는

---

## 0160

# cautious

발음주의 [kɔ́ːʃəs]

[형] 조심하는, 신중한(= careful)

I'm trying to be **cautious** so that I don't make the same mistake again.
나는 같은 실수를 다시 하지 않도록 <sup>5</sup>_____ 노력하고 있다.

- cautiously　[부] 조심스럽게, 신중하게

---

## 0161

# consistent*

[kənsístənt]

[형] 1. 일관된, 한결같은　2. 일치하는(↔ inconsistent 1. 일관성 없는 2. 일치하지 않는)

Tori is always **consistent** in her behaviors.
Tori는 자신의 행동에 있어서 언제나 <sup>6</sup>_____.

This finding is **consistent** with previous survey results.
이 결과는 이전의 설문 결과와 <sup>7</sup>_____.

- **be consistent with** ~와 일치하다, ~와 일맥상통하다
- consistency　[명] 일관성, 한결같음

<sup>1</sup> 처음의　<sup>2</sup> 머리글자　<sup>3</sup> 소중한　<sup>4</sup> 값비싼　<sup>5</sup> 조심하려고　<sup>6</sup> 한결같다　<sup>7</sup> 일치한다

### 0162
## efficient *
[ifíʃənt]

형 효율적인, 능률적인(↔ inefficient 비효율적인)

Smaller cars are more **efficient** when burning fuel.
작은 차일수록 연료 소비에 있어 더 ¹_____.

• efficiency  명 효율성, 능률(↔ inefficiency 비능률)

### 0163
## suitable **
발음주의 [súːtəbəl]

형 적합한, 어울리는(↔ unsuitable 적합하지 않은, 어울리지 않는)

Ashley chose a **suitable** topic for her research.
Ashley는 자신의 연구에 ²_____ 주제를 골랐다.

• suit  동 적합하다, 어울리다   명 정장; 옷 (한 벌)

### 0164
## absolute *
[ǽbsəlùːt]

형 1. 완전한(= complete)  2. 절대적인

Her last movie was an **absolute** success.
그녀의 지난번 영화는 ³_____ 성공이었다.

Kings used to have **absolute** power over their people.
왕들은 국민들에 대해 ⁴_____ 권력을 가지곤 했다.

• absolutely  부 1. 완전히, 전적으로  2. 절대로

### 0165
## adequate *
발음주의 [ǽdikwət]

형 충분한, 적절한(= sufficient)(↔ inadequate 불충분한)

The house was small, but it was **adequate** to live alone in.
그 집은 작았지만 혼자 살기에는 ⁵_____.

◆ adequate to-v  v하기에 충분한

### 0166
## intermediate *
[ìntərmíːdiət]

형 1. 중간의  2. 중급의   명 중급자

The development of the new drug is now at an **intermediate** stage.
새로운 약의 개발은 이제 ⁶_____ 단계에 있다.

You'd better take an **intermediate** class, not an advanced one.
너는 고급 수업이 아니라 ⁷_____ 수업을 듣는 게 좋겠다.

---

¹ 효율적이다  ² 적합한  ³ 완전한  ⁴ 절대적인  ⁵ 충분했다  ⁶ 중간  ⁷ 중급

# precious*

[préʃəs]

[형] 1. 귀중한, 값비싼 2. 소중한

This ring has several **precious** jewels, so it should be handled carefully.
이 반지는 여러 $^1$_____ 보석들이 박혀 있어서, 조심히 다뤄져야 한다.

Traveling with my best friends is my most **precious** memory.
가장 친한 친구들과의 여행은 나의 가장 $^2$_____ 기억이다.

---

0168

# major**

[méidʒər]

[형] 주된, 중요한(↔ minor 작은. 중요하지 않은)　[명] 전공　[동] 전공하다

The tourism industry is a **major** source of income in Italy.
관광 산업은 이탈리아의 $^3$_____ 수입원이다.

My **major** is psychology.
나의 $^4$_____ 은 심리학이다.

She **majored** in English and minored in politics in college.
그녀는 대학에서 영어를 $^5$_____ 정치학을 부전공했다.

◆ **major in** ~을 전공하다

---

0169 .

# corporate*

발음주의 [kɔ́ːrpərət]

[형] 1. 기업의, 회사의; 법인의 2. 공동의

Our **corporate** headquarters are located in Paris.
우리 $^6$_____ 본사는 파리에 있다.

**corporate** responsibility
$^7$_____ 책임

● corporation　[명] 기업, 회사; 법인

---

0170

# private*

[práivət]

[형] 개인 소유의; 사적인(↔ public 공공의; 공적인)

It's **private** land, so you can't park here without permission.
여기는 $^8$_____ 땅이기 때문에 허가 없이 주차하실 수 없습니다.

● privacy　[명] 혼자 있는 상태; 사생활

1 값비싼　2 소중한　3 주된　4 전공　5 전공했고　6 회사의　7 공동의　8 개인 소유의

0171

# urban*

[ə́ːrbən]

형 도시의 (↔ rural 시골의, 지방의)

Heavy traffic is one of the most common **urban** issues.
많은 교통량은 가장 흔한 ¹_____ 문제점들 중 하나이다.

---

0172

# contrary*

[kántreri]

형 (~와는) 반대되는 (= opposite)   명 반대

**Contrary** to popular belief, wild monkeys don't like bananas.
일반적인 생각과는 ²_____, 야생 원숭이들은 바나나를 좋아하지 않는다.

If you have a **contrary** opinion, state it clearly.
³_____ 의견을 가지고 있다면, 그것을 분명하게 말하라.

I thought she was angry. But, on the **contrary**, she was calm.
난 그녀가 화났을 것이라고 생각했다. 그러나 그와는 ⁴_____로, 그녀는 침착했다.

◆ **contrary to** ~와는 반대로
◆ **on the contrary** 그와는 반대로

---

0173

# single*

[síŋgl]

형 1. 단 하나의; 1인용의  2. 독신인; 미혼의 (↔ married 기혼의)

A **single** flower remained after the heavy rain.
폭우 뒤에 꽃 ⁵_____ 송이만이 남아 있었다.

The apartments are good for **single** people living alone.
그 아파트는 혼자 사는 ⁶_____ 사람들에게 좋다.

◆ **singular** 형 1. 단수형의  2. 남다른, 뛰어난  명 《문법》 단수형

---

0174

# solo*

[sóulou]

형 1. 혼자서 하는, 단독의  2. 독주의   명 독주(곡), 독창(곡)

That was her first **solo** drive.
그것은 그녀가 처음으로 ⁷_____ 운전이었다.

A famous pianist will hold a **solo** concert here next month.
한 유명 피아니스트가 다음 달에 이곳에서 ⁸_____회를 개최할 것이다.

---

¹ 도시의  ² 반대로  ³ 반대되는  ⁴ 반대  ⁵ 한  ⁶ 독신인  ⁷ 혼자서 하는  ⁸ 독주

0175

## equal **

[í:kwəl]

[형] 1. 동일한  2. 평등한(↔ unequal 1. 같지 않은  2. 불공평한)
[명] 대등한 것[사람]  [동] 같다, 필적하다

My mom cut the cake into small pieces of **equal** size.
엄마는 케이크를 <sup>1</sup>_____ 크기의 작은 조각들로 자르셨다.

**equal** rights
<sup>2</sup>_____ 권리

Few people can **equal** her in that field.
그 분야에서 그녀에게 <sup>3</sup>_____ 수 있는 사람은 거의 없다.

- **equally**  [부] 1. 똑같이  2. 균등하게(↔ unequally 1. 같지 않게  2. 불공평하게)
- **equality**  [명] 평등(↔ inequality 불평등)

---

0176

## conservative

[kənsə́ːrvətiv]

[형] 보수적인; 보수주의의

Wilson is so **conservative** that he rarely accepts any change.
Wilson씨는 너무 <sup>4</sup>_____ 어떠한 변화도 좀처럼 받아들이지 않는다.

The **conservative** and liberal parties have opposing views.
<sup>5</sup>_____ 당과 진보당은 상반된 견해를 가지고 있다.

- **conserve**  [동] 보존[유지]하다, 보호하다; (자원 등을) 아껴 쓰다
- **conservation**  [명] 보존, 보호; 절약

---

0177

## classic *

[klǽsik]

[형] 1. 일류의, 최고의  2. 전형적인  3. (스타일이) 고전적인, 유행을 안 타는
[명] 1. 고전, 명작  2. 전형적인 것

*The Great Gatsby* is one of the most **classic** pieces of American literature.
'위대한 개츠비'는 미국 문학 <sup>6</sup>_____ 작품 중 하나이다.

She was showing **classic** symptoms of food poisoning.
그녀는 식중독의 <sup>7</sup>_____ 증상을 보이고 있었다.

Wear **classic** clothes which feel good and look good.
감촉도 좋고 보기에도 좋은 <sup>8</sup>_____ 옷을 입어라.

- **classical**  [형] 1. 고전적인, 고전주의의  2. 《음악》 클래식의

---

<sup>1</sup> 동일한  <sup>2</sup> 평등한  <sup>3</sup> 필적할  <sup>4</sup> 보수적이어서  <sup>5</sup> 보수  <sup>6</sup> 최고의  <sup>7</sup> 전형적인  <sup>8</sup> 유행을 안 타는

0178
# typical *
발음주의 [típikəl]

형 전형적인, 대표적인

If you dress like this, you will look like a **typical** tourist.
옷을 이렇게 입으면, 너는 <sup>1</sup>_____ 관광객처럼 보일 거야.

• typically  분 전형적으로

---

0179
# unique *
[juːníːk]

형 1. 독특한; 유일무이한  2. 고유의, 특유의

Her **unique** style of writing attracted many readers.
그녀의 <sup>2</sup>_____ 글쓰기 기법은 많은 독자를 끌어들였다.

A zebra has a **unique** pattern of black stripes on its body.
얼룩말은 몸에 <sup>3</sup>_____ 검은색 줄무늬가 있다.

---

0180
# particular **
[pərtíkjulər]

형 1. 특정한 (= specific)  2. 특별한, 각별한

Alex only wears a **particular** brand of clothes.
Alex는 <sup>4</sup>_____ 브랜드의 옷만 입는다.

He recommended **particular** attention to fires caused by dry weather.
그는 건조한 날씨로 인한 화재에 <sup>5</sup>_____ 주의를 기울일 것을 권고했다.

◆ **in particular** 특히, 특별히

• particularly  분 특히, 특별히

---

1 전형적인  2 독특한  3 고유의  4 특정한  5 특별한

# 02

—

# 기본어휘편 2

의미와 품사에 유의해야 할 독해 필수 어휘

*How to infer the meanings of words*
*from their context*

---

0181

**behave** *

[bihéiv]

동 1. 행동하다(= act)  2. 예의 바르게 행동하다(↔ misbehave 버릇없이 굴다)

Don't **behave** like a child.
아이처럼 ¹_____ 마라.

My father is always telling me to **behave** when I go out.
우리 아버지는 항상 나에게 밖에 나가면 ²_____ 말씀하신다.

• behavior / behaviour  명 행동, 품행

---

0182

**approach** **

[əpróutʃ]

동 다가오다[가다], 접근하다(= come near)   명 접근(법)

We saw the train **approaching** and hurried to the platform.
우리는 기차가 ³_____ 있는 것을 보고 승강장으로 서둘러 갔다.

Curiosity makes us try new **approaches** to solving problems.
호기심은 우리가 문제를 해결하는 데 새로운 ⁴_____ 을 시도해 보도록 만든다.

---

0183

**transfer** *

transferred-transferred-
transferring

강세주의

동 [trænsfɔ́ːr]
명 [trǽnsfəːr]

동 1. 이동하다(= move, shift); 전학하다  2. 환승하다, 갈아타다
명 1. 이동; 전학  2. 환승

We should **transfer** to another classroom for music class.
우리는 음악 시간에 다른 교실로 ⁵_____ 한다.

You should **transfer** to line number 4 at Dongdaemun Station.
너는 동대문역에서 4호선으로 ⁶_____ 한다.

---

0184

**sink** *

sank-sunk
[siŋk]

동 가라앉다, 가라앉히다   명 싱크대, 개수대

The boat **sank** to the bottom of the sea.
그 보트는 바다 밑으로 ⁷_____.

a kitchen **sink**
부엌 ⁸_____

---

¹ 행동하지  ² 예의 바르게 행동하라고  ³ 다가오고  ⁴ 접근법  ⁵ 이동해야  ⁶ 환승해야  ⁷ 가라앉았다  ⁸ 싱크대

0185

# swing *

swung-swung

[swiŋ]

통 (앞뒤, 좌우로) **흔들다, 흔들리다**   명 1. **흔들림** 2. **그네**

She was sitting in the chair and **swinging** her legs.

그녀는 의자에 앉아 다리를 ¹_____ 있었다.

There are two **swings** on the playground.

놀이터에 ²_____ 두 개가 있다.

---

0186

# bounce *

[bauns]

통 **튀어 오르다, 튀다; 뛰어 오르다**

The ball **bounced** into the air.

공이 공중으로 ³_____.

---

0187

# burst *

burst-burst

[bəːrst]

통 1. **터지다, 파열하다** (= explode)   2. **갑자기 ~하다**   명 **파열, 폭발**

Water pipes under the sink **burst** and water covered the floor.

싱크대 아래의 수도관이 ⁴_____ 물이 바닥을 뒤덮었다.

As soon as Jane saw her mom, she **burst** into tears.

Jane은 엄마를 보자마자 눈물을 ⁵_____.

◆ **burst into** 갑자기 ~하다; (눈물 등을) 갑자기 터뜨리다

---

0188

# slip *

slipped-slipped-slipping

[slip]

통 **미끄러지다** (= slide)   명 1. **미끄러짐** 2. **(작은) 실수** (= small mistake)

A little girl **slipped** on the ice.

한 어린 소녀가 얼음 위에서 ⁶_____.

The singer performed very well without making a single **slip**.

그 가수는 ⁷_____ 하나 없이 굉장히 공연을 잘했다.

◆ **slippery** 형 **미끄러운**

---

0189

# drag *

dragged-dragged-dragging

[dræg]

통 **(질질) 끌다, 끌리다**   명 **끌기**

He was **dragging** his leg because of the injury.

그는 부상 때문에 다리를 ⁸_____ 있었다.

---

1 흔들고  2 그네  3 튀어 올랐다  4 터지고  5 갑자기 터트렸다  6 미끄러졌다  7 (작은) 실수  8 (질질) 끌고

## 0190

# bend *

bent-bent
[bend]

동 굽히다, 구부러지다

**Bend** your knees when you lift heavy things.
무거운 것을 들어 올릴 때는 무릎을 <sup>1</sup> _____ .

---

## 0191

# attach *

[ətǽtʃ]

동 붙이다, 첨부하다

My boyfriend **attached** his picture to a letter and sent it to me.
내 남자친구는 자신의 사진을 편지에 <sup>2</sup> _____ 나에게 보냈다.

◆ **attach A to B** A를 B에 붙이다

◆ **attached to** ~에 붙여진[부착된]; ~에 애착[애정]을 가진

◆ attachment 명 1. 부착(물); 첨부 파일 2. 애착, 애정 (= affection)

---

## 0192

# capture *

[kǽptʃər]

동 1. 붙잡다 (= catch) 2. (관심을) 사로잡다 3. (사진 등으로) 담아내다; 캡처하다
명 1. 포획 2. 캡처

The police **captured** the thief.
경찰은 그 도둑을 <sup>3</sup> _____ .

The singer **captured** the interest of teenagers.
그 가수는 십 대들의 관심을 <sup>4</sup> _____ .

All of today's events were **captured** on my camera.
오늘의 모든 행사는 내 카메라에 <sup>5</sup> _____ 있었다.

---

## 0193

# pack *

[pæk]

동 (짐을) 싸다 (↔ unpack (짐을) 풀다); (물건을) 포장하다
명 포장 꾸러미 (= package, bundle); 배낭

I **packed** my clothes in a suitcase for the trip.
나는 여행을 위해 여행 가방에 옷을 <sup>6</sup> _____ .

Can you **pack** the remaining food?
남은 음식을 <sup>7</sup> _____ 줄 수 있니?

---

## 0194

# wrap **

wrapped-wrapped-wrapping
[ræp]

동 포장하다, 싸다 (↔ unwrap (포장 등을) 풀다)    명 포장지

Could you **wrap** up this gift for me?
이 선물 좀 <sup>8</sup> _____ 주시겠어요?

<sup>1</sup> 굽혀라  <sup>2</sup> 붙여서  <sup>3</sup> 붙잡았다  <sup>4</sup> 사로잡았다  <sup>5</sup> 담겨  <sup>6</sup> 쌌다  <sup>7</sup> 포장해  <sup>8</sup> 포장해

0195

## fold *

[fould]

동 1. (종이나 천 등을) 접다(↔ unfold 펴다, 펼치다)  2. 감싸다

He **folded** the paper in half and put it in his bag.
그는 그 종이를 반으로 <sup>1</sup>_____ 자신의 가방에 넣었다.

She **folded** a handkerchief around her neck.
그녀는 손수건으로 자신의 목을 <sup>2</sup>_____.

• folder  명 폴더, 서류철

0196

## twist *

[twist]

동 1. 비틀다, 구부리다(↔ straighten 똑바르게 하다)  2. (사실을) 왜곡하다
명 1. 비틀기  2. (예상 밖의) 전개, 전환

He **twisted** the wire into the shape of a star.
그가 철사를 <sup>3</sup>_____ 별 모양으로 만들었다.

I can't believe her, because she always **twists** other people's words.
그녀는 항상 다른 사람의 말을 <sup>4</sup>_____ 때문에 나는 그녀를 믿을 수 없다.

an unexpected **twist** in the story
이야기 속 예상치 못한 <sup>5</sup>_____

0197

## spill *

spilt/spilled-spilt/spilled
[spil]

동 쏟다, 흘리다  명 엎지름; 유출(물)

I **spilt** milk on my desk by mistake.
나는 실수로 책상에 우유를 <sup>6</sup>_____.

0198

## peel *

[pi:l]

동 (껍질을) 벗기다  명 (과일, 채소의) 껍질

Be careful when you **peel** potatoes with a knife.
칼로 감자의 껍질을 <sup>7</sup>_____ 때는 조심해라.

0199

## blend *

[blend]

동 1. 섞다, 혼합하다(= mix, combine)  2. 섞이다  명 혼합(물)

To make a milkshake, **blend** some milk with ice cream.
밀크셰이크를 만들려면 우유와 아이스크림을 <sup>8</sup>_____.

• **blend A with B** A와 B를 섞다

1 접어 2 감쌌다 3 구부려 4 왜곡하기 5 전개 6 쏟았다 7 벗길 8 섞어라

## 0200

**dye**

dyed-dyed-dyeing
발음주의 [dai]

동 **염색하다** 명 **염료**

I want to **dye** my hair during the summer vacation.
나는 여름 방학 동안에 머리를 <sup>1</sup>_____ 싶다.

---

## 0201

**toss** *

[tɔːs]

동 (가볍게) **던지다** (= throw)

She **tossed** the ball to me over the net.
그녀는 네트 너머로 나에게 공을 <sup>2</sup>_____.

---

## 0202

**bury** **

발음주의 [béri]

동 **묻다, 매장하다**

He **buried** the treasure under the tree.
그는 나무 아래에 보물을 <sup>3</sup>_____.

---

## 0203

**trap** *

trapped-trapped-trapping
[træp]

동 1. **덫으로 잡다, 함정에 빠뜨리다** 2. (위험한 장소에) **가두다** 명 **덫, 함정**

They tried to **trap** a mouse, but it was too fast.
그들은 쥐를 <sup>4</sup>_____ 애썼으나, 그것은 너무 빨랐다.

They were **trapped** in the elevator for hours.
그들은 몇 시간 동안 엘리베이터에 <sup>5</sup>_____ 있었다.

◆ **be trapped in** 1. ~에 빠지다 2. ~에 갇히다

---

## 0204

**convey** *

[kənvéi]

동 1. **운반하다, 수송하다** (= transport) 2. **전달하다**

Please **convey** this luggage to the station on time.
이 짐을 예정한 시간에 역까지 <sup>6</sup>_____ 주세요.

The painting **conveys** a feeling of joy.
그 그림은 기쁨의 감정을 <sup>7</sup>_____.

---

## 0205

**load** *

[loud]

동 (짐을) **싣다** (↔ unload (짐을) 내리다) 명 **짐, 화물** (= cargo)

Could you help me to **load** the car with a refrigerator?
차에 냉장고를 <sup>8</sup>_____ 것 좀 도와주시겠어요?

◆ **load A with B** A에 B를 싣다

<sup>1</sup> 염색하고 <sup>2</sup> 던졌다 <sup>3</sup> 묻었다 <sup>4</sup> 덫으로 잡으려고 <sup>5</sup> 갇혀 <sup>6</sup> 운반해 <sup>7</sup> 전달한다 <sup>8</sup> 싣는

0206

## scratch *

[skrætʃ]

동 긁다; 할퀴다   명 긁힌 자국; 찰과상

Don't **scratch** your face with your dirty hand.

더러운 손으로 얼굴을 <sup>1</sup>_____ 마라.

---

0207

## yell *

[jel]

동 소리치다, 외치다   명 외침 (= shout)

I **yelled** to my friend across the street.

나는 길 건너의 친구에게 <sup>2</sup>_____.

---

0208

## yawn

발음주의 [jɔːn]

동 하품하다   명 하품

**Yawning** is usually caused by sleepiness or tiredness.

<sup>3</sup>_____은 보통 졸음이나 피로에 의해 나온다.

---

0209

## bang *

[bæŋ]

동 (쾅 소리가 나게) 치다, 닫다   명 (쾅 하는) 소리 (= bump)

He **banged** the table with anger.

그는 화가 나서 탁자를 <sup>4</sup>_____.

> **Voca Plus**  '소리'와 관련된 여러 가지 어휘
>
> bark  (개가) 짖다
> beep  (전자 기기가) 삐 소리를 내다
> buzz  윙윙거리다
> chime  (초인종 소리가) 울리다
> clatter  달가닥하는 소리를 내다

---

0210

## install *

[instɔ́ːl]

동 설치하다, 설비하다

My school **installed** new locks on all the doors of the classrooms.

우리 학교는 모든 교실 문에 새 자물쇠를 <sup>5</sup>_____.

• installation   명 설치, 설비; 장치 (= equipment)

<sup>1</sup> 긁지  <sup>2</sup> 소리쳤다  <sup>3</sup> 하품  <sup>4</sup> 쾅 소리가 나게 쳤다  <sup>5</sup> 설치했다

# 상태·인지와 관련된 동사

### ❶ 상태, 상황 등을 나타내는 동사

---

0211

## surround *

[səráund]

동 둘러싸다, 에워싸다

The famous actor was **surrounded** by his fans.
그 유명 배우는 자신의 팬들에게 ¹_____ 있었다.

• surrounding  형 주위의, 인근의
• surroundings  명 (주변) 환경 (= environment)

---

0212

## resemble *

[rizémbl]

동 닮다, 유사하다

She closely **resembles** her father.
그녀는 자신의 아버지를 매우 ²_____.

• resemblance  명 닮음, 유사함 (= similarity)

---

0213

## consist *

[kənsíst]

동 1. (~로) 이루어져 있다, 구성되다 (= be made up) 2. (~에) 있다, 존재하다

Today's breakfast **consists** of cereal, fruit, and orange juice.
오늘 아침 식사는 시리얼, 과일, 그리고 오렌지 주스로 ³_____.

Success **consists** in not giving up.
성공은 포기하지 않는 데 ⁴_____.

◆ consist of  ~로 이루어져 있다, ~로 구성되다
◆ consist in  ~에 있다

---

0214

## decline *

[dikláin]

동 1. 감소하다 (= decrease, diminish) 2. 거절하다 (= refuse)  명 감소

The number of people getting married has **declined**.
결혼하는 사람의 수가 ⁵_____ 왔다.

I invited Minji to my birthday party, but she **declined**.
나는 민지를 생일 파티에 초대했지만, 그녀는 ⁶_____.

The **decline** in physical activity is one of the causes of obesity.
신체 활동의 ⁷_____는 비만의 원인들 중 하나이다.

¹ 둘러싸여  ² 닮았다  ³ 이루어져 있다  ⁴ 있다  ⁵ 감소해  ⁶ 거절했다  ⁷ 감소

0215

# shorten

[ʃɔ́ːrtən]

동 줄이다, 짧아지다(↔ lengthen 늘이다, 길어지다)

My school doesn't allow students to **shorten** skirts.

우리 학교는 학생들이 치마를 <sup>1</sup>_____ 것을 허용하지 않는다.

---

0216

# debate **

[dibéit]

동 토론하다; 논쟁하다(= discuss)  명 토론; 논쟁

The students **debated** the lesson of the story for an hour.

학생들은 그 이야기의 교훈에 대해 한 시간 동안 <sup>2</sup>_____.

Participating in **debates** helps students develop critical thinking skills.

<sup>3</sup>_____에 참여하는 것은 학생들이 비판적 사고 능력을 키우는 것을 돕는다.

◆ **open to debate** 논쟁의 여지가 있는
◆ **a matter for[of] debate** 논쟁의 여지가 있는 문제

---

0217

# handle **

[hǽndl]

동 다루다, 처리하다(= deal with)  명 손잡이

She learned how to **handle** difficult customers.

그녀는 까다로운 손님들을 <sup>4</sup>_____ 법을 배웠다.

a door **handle**

문 <sup>5</sup>_____

---

0218

# shift *

[ʃift]

동 1. 바꾸다, 바뀌다 2. (장소를) 이동하다  명 1. 변화 2. 교대 근무 (시간)

We tried to **shift** public opinion about the issue, but we couldn't.

우리는 그 문제에 대한 여론을 <sup>6</sup>_____ 노력했지만, 그럴 수 없었다.

I **shifted** my seat near the window.

나는 창가로 자리를 <sup>7</sup>_____.

He works the night **shift** as a part-timer.

그는 파트타임 직원으로 야간 <sup>8</sup>_____를 한다.

> **뉘앙스 感 잡기** '변화'를 나타내는 여러 가지 어휘
>
> **change** (시간이 지남에 따라) 상태, 상황이 완전히 바뀌다
> **alter** 핵심은 유지한 채 일부분이 바뀌다
> **vary** 사물, 사람이 상황에 따라 달라지다
> **shift** 위치나 방향(성), 또는 견해, 태도가 바뀌다

<sup>1</sup> 줄이는 <sup>2</sup> 토론했다 <sup>3</sup> 토론 <sup>4</sup> 다루는 <sup>5</sup> 손잡이 <sup>6</sup> 바꾸려고 <sup>7</sup> 이동했다 <sup>8</sup> 교대 근무

**0219**

## guarantee *
발음주의, 강세주의 [gǽrəntíː]

[동] 1. 보장하다, 장담하다  2. 품질 보증을 하다
[명] 1. 보장(= assurance)  2. 보증서(= warranty)

I **guarantee** that he will arrive in time.
나는 그가 제시간에 도착할 것이라 [1]_____.

This refrigerator is **guaranteed** for two years.
이 냉장고는 2년간 [2]_____.

There's no **guarantee** that our new strategy will work.
우리의 새로운 전략이 효과가 있으리라는 [3]_____은 없다.

---

**0220**

## resist
[rizíst]

[동] 1. 저항하다, 반대하다  2. (하고 싶은 것을 하지 않고) 참다, 견디다
3. (손상 등에) 잘 견디다, 강하다

Students strongly **resisted** changing the class time.
학생들은 수업 시간을 변경하는 것에 대해 강력히 [4]_____.

I couldn't **resist** eating the chocolate cake.
나는 초콜릿 케이크를 먹는 것을 [5]_____ 수 없었다.

Firefighters' uniforms are made to **resist** heat.
소방관 제복은 열에 [6]_____ 수 있도록 만들어진다.

- • resistance  [명] 저항(력), 반대
- • resistant  [형] 1. 저항하는, 반대하는  2. ~에 잘 견디는, ~에 강한

---

**0221**

## recover *
[rikʌ́vər]

[동] (건강 등을) 회복하다; (손실 등을) 되찾다

I had a bad cold last week, but I'm **recovering** now.
나는 지난주에 독감에 걸렸지만, 지금은 [7]_____ 중이다.

- • recovery  [명] 회복; 되찾음

---

**0222**

## maintain *
[meintéin]

[동] 1. 유지하다, 지속하다  2. 주장하다(= insist)

This winter coat will help you **maintain** your body warmth.
이 겨울용 외투가 네 체온을 [8]_____ 데 도움이 될 것이다.

The man **maintained** that he had done nothing illegal.
그 남자는 그가 불법적인 일을 하지 않았다고 [9]_____.

- • maintenance  [명] 1. 유지, 지속  2. (보수) 관리

[1] 보장한다  [2] 품질 보증이 된다  [3] 보장  [4] 반대했다  [5] 참을  [6] 잘 견딜  [7] 회복하는  [8] 유지하는  [9] 주장했다

0223

# deserve **

[dizə́:rv]

동 (마땅히) ~을 받을 만하다; 가치가 있다 (= be worthy of)

You studied hard, so you **deserve** a reward.
너는 열심히 공부했으니 보상[1]_____.

◆ **deserve to-v** (마땅히) v할 만하다, v할 가치가 있다

---

0224

# bet **

bet-bet-betting

[bet]

동 1. (내기 등에) 돈을 걸다  2. 틀림없다, 분명하다   명 내기

People **bet** on the result of the game.
사람들이 그 경기의 결과에 [2]_____.

I **bet** that we're too late.
우리가 너무 늦은 게 [3]_____.

---

0225

# monitor

[mánətər]

동 관찰하다; 감독하다, 감시하다   명 화면, 모니터

The teacher carefully **monitored** students' behavior.
그 선생님은 학생들의 행동을 주의 깊게 [4]_____.

a computer **monitor**
컴퓨터 [5]_____

---

0226

# ruin *

[rúːin]

동 망치다; 파괴하다 (= destroy, devastate)   명 1. 유적, 폐허  2. 붕괴

The bad weather **ruined** our school trip.
악천후가 우리의 수학여행을 [6]_____.

the **ruins** of an ancient temple
고대 사원의 [7]_____

◆ **in ruins** 폐허가 된

---

0227

# cheat

[tʃiːt]

동 (시험 등에서) 부정행위를 하다; 속이다, 사기 치다

He has been caught **cheating** on the test.
그는 시험에서 [8]_____ 잡혔다.

---

[1] 을 받을 만하다  [2] 돈을 건다[걸었다]  [3] 분명하다  [4] 관찰했다  [5] 화면[모니터]  [6] 망쳤다  [7] 유적  [8] 부정행위를 하다가

0228

## calculate *

[kǽlkjəlèit]

동 1. 계산하다  2. 추정하다, 추산하다

We need to **calculate** how much we spent today.
우리는 오늘 얼마를 썼는지 ¹_____ 한다.

It's difficult to **calculate** my team's possibility of winning.
우리 팀의 우승 가능성을 ²_____ 것은 어렵다.

- **calculation**  명 1. 계산  2. 추정
- **calculator**  명 계산기

---

0229

## estimate *

발음주의, 강세주의
동 [éstəmèit] 명 [éstəmət]

동 추정하다, 추산하다   명 추정, 추산

Experts **estimate** the value of this painting at 1 million dollars.
전문가들은 이 그림의 가치를 백만 달러로 ³_____.

- **estimation**  명 (가치 등의) 추정치, 시세; 판단, 견해

---

0230

## evaluate *

[ivǽljuèit]

동 (가치, 품질 등을) 평가하다, 감정하다

The teacher made students **evaluate** each other's work.
그 선생님은 학생들이 서로의 작품을 ⁴_____ 했다.

- **evaluation**  명 평가, 감정

> **뉘앙스 感 잡기**  estimate vs. evaluate
>
> 둘 다 무언가의 가치 따위를 평가하는 것을 의미하지만, estimate는 정확한 계산 없이 어림하여 가치를 추정하는 것을 뜻해요. evaluate는 보다 신중한 과정을 거쳐 평가하는 것을 뜻하고, 특히 금전적 가치보다도 상대적이거나 내적인 가치를 평가할 때 쓰인답니다.

¹ 계산해야  ² 추정하는  ³ 추산한다  ⁴ 평가하도록

## 0231

# highlight
[háilàit]

⑧ 강조하다 (= emphasize)　명 (사건, 이야기 등의) **주요 부분, 하이라이트**

He **highlighted** the importance of interaction.
그는 상호 작용의 중요성을 ¹_____.

The art museum was the **highlight** of our trip.
그 미술관은 우리 여행의 ²_____였다.

---

## 0232

# confirm *
[kənfə́ːrm]

⑧ 1. (예약, 약속 등을) 확인하다, 확정하다　2. 사실임을 보여주다

Please **confirm** our hotel reservation.
호텔 예약 좀 ³_____ 주세요.

The study **confirms** the result of an earlier experiment.
그 연구는 이전의 실험 결과가 ⁴_____.

• confirmation　명 1. 확인, 확정　2. 확증

---

## 0233

# satisfy **
[sǽtisfài]

⑧ **만족시키다** (↔ dissatisfy 불만을 느끼게 하다)

The restaurant's food **satisfied** all of my family.
그 식당의 음식은 우리 가족 모두를 ⁵_____.

◆ **be satisfied with** ~에 만족하다

• satisfied　형 만족하는 (↔ dissatisfied 불만스러워하는)
• satisfactory　형 만족스러운 (↔ unsatisfactory 만족스럽지 못한)
• satisfaction　명 만족(감) (↔ dissatisfaction 불만)

---

## 0234

# bother **
발음주의 [bɑ́ðər]

⑧ 1. **귀찮게 하다**　2. 신경 쓰다, 일부러 ~하다

I was trying to study, but my brother **bothered** me.
나는 공부를 하려 했지만, 내 남동생이 나를 ⁶_____.

Some young people don't **bother** to vote.
일부 젊은 사람들은 투표하는 것을 ⁷_____ 않는다.

• bothersome　형 귀찮은, 성가신

---

¹ 강조했다　² 하이라이트　³ 확인해　⁴ 사실임을 보여준다　⁵ 만족시켰다　⁶ 귀찮게 했다　⁷ 신경 쓰지

## 0235

### terrify
[térəfài]

동 (몹시) 무섭게 하다, 겁먹게 하다(= scare)

The thought of being alone **terrifies** me.
혼자라는 생각이 나를 ¹_____.

- terrifying 형 무섭게 하는, 겁나게 하는(= scaring)
- terrified 형 무서워하는, 겁이 난(= scared)

## 0236

### disappoint **
[dìsəpɔ́int]

동 실망시키다, 낙담시키다

Her decision to cancel the play **disappointed** her fans.
연극을 취소하려는 그녀의 결정은 그녀의 팬들을 ²_____.

- disappointment 명 실망, 낙담
- disappointed 형 실망한, 낙담한

## 0237

### regret **
regretted-regretted-
regretting
[rigrét]

동 1. 후회하다 2. 유감으로 생각하다  명 1. 후회 2. 유감

When I saw the exam questions, I **regretted** not studying harder.
시험 문제들을 보고 나는 더 열심히 공부하지 않은 걸 ³_____.

We **regret** that we cannot accept your offer.
당신의 제안을 받아들이지 못해 ⁴_____.

- ◆ regret v-ing v한 것을 후회하다
- ◆ regret to say that ~라고 말하게 되어 유감이다
- regretful 형 1. 후회하는 2. 유감스러운

## 0238

### admire *
[ædmáiər]

동 1. 존경하다; 칭찬하다 2. 감탄하다

The couple **admired** each other very much.
그 두 사람은 서로를 매우 ⁵_____.

We looked out the window and **admired** the view.
우리는 창밖을 내다보며 그 경관에 ⁶_____.

- admiration 명 1. 존경; 칭찬 2. 감탄
- admirable 형 1. 칭찬할 만한 2. 감탄할 만한

¹ 무섭게 한다  ² 실망시켰다  ³ 후회했다  ⁴ 유감으로 생각합니다  ⁵ 존경했다  ⁶ 감탄했다

**0239**

# adore

[ədɔ́ːr]

동 매우 좋아하다, 사랑하다

She **adores** and cherishes her husband.
그녀는 남편을 ¹_____ 소중히 여긴다.

• adorable  형 사랑스러운

---

**0240**

# blame\*\*

[bleim]

동 탓하다, (~의) 책임으로 보다   명 탓, 책임

People often **blame** others for their mistakes.
사람들은 종종 자신의 실수에 대해 다른 이를 ²_____.

I'll take the **blame** if something goes wrong.
뭔가 잘못되면 내가 ³_____을 질게.

◆ **blame A for B**  B에 대해 A를 탓하다, B를 A의 책임으로 보다

## Unit 09 다양한 문맥에서 두루 쓰이는 명사

---

**0241**

**community** **
[kəmjúːnəti]

명 (공통의 특징을 가진) **공동체; 지역 사회, 주민**

A festival is a great way for the **community** to come together.
축제는 ¹_____가 하나로 모이는 좋은 방법이다.

• communal 형 1. 공동체의 2. 공동의, 공용의

---

**0242**

**material** **
발음주의 [mətíəriəl]

명 1. **재료, 원료**(= substance) 2. (책 등의) **소재, 자료**
형 1. **물질의, 물리적인** 2. **물질적인, 세속적인**

Bricks were used as the main building **material** for the community center.
벽돌이 지역 주민회관의 주요 건축 ²_____로 사용되났.

The writer used her childhood as **material** for this book.
그 작가는 자신의 어린 시절을 이 책의 ³_____로 사용했다.

Don't define success by **material** wealth.
성공을 ⁴_____ 부유함으로 규정하지 마라.

---

**0243**

**region** *
[ríːdʒən]

명 1. **지역, 지방**(= area) 2. (신체의) **부분**

Some birds return to a warm **region** every winter.
몇몇 새들은 매년 겨울에 따뜻한 ⁵_____으로 돌아온다.

The bones in the chest **region** are called ribs.
가슴 ⁶_____에 있는 뼈는 갈비뼈라고 불린다.

• regional 형 지역의, 지방의

---

**0244**

**edge** *
발음주의 [edʒ]

명 1. **가장자리, 모서리** 2. (칼 등의) **날**(= blade) 3. **우위, 유리함**

I hit my head on the **edge** of the table.
나는 탁자 ⁷_____에 머리를 부딪쳤다.

a knife with a sharp **edge**
예리한 ⁸_____을 가진 칼

◆ **on the edge of** ~의 가장자리[모서리]에; 막 ~하려는 참에
◆ **have the edge over** ~보다 우세하다

---

¹ 공동체  ² 재료  ³ 소재  ⁴ 물질적인  ⁵ 지역  ⁶ 부분  ⁷ 모서리  ⁸ 날

## 0245
# length
[leŋkθ]

명 1. 길이  2. 시간, 기간

Whale sharks can grow to 12 meters or more in **length**.
고래상어는 <sup>1</sup>_____가 12미터 이상 자랄 수 있다.

The **length** of each class is 50 minutes.
각 수업 <sup>2</sup>_____은 50분이다.

◆ **at length** 길게, 상세히; 한참 있다가

• lengthen  동 늘이다, 길어지다

## 0246
# plenty *
[plénti]

명 많음, 풍부함; 풍부한 양

Remember to drink **plenty** of water after you exercise.
운동 후에 <sup>3</sup>_____ 물을 마시는 것을 기억하라.

◆ **plenty of** 많은, 풍부한(= lots of)

• plentiful  형 많은, 풍부한

## 0247
# room **
[ruːm]

명 1. 방, -실(室)  2. 공간, 자리 (= space)  3. 여지

My mom always tells me to keep my **room** clean.
우리 엄마는 항상 나에게 내 <sup>4</sup>_____을 깨끗이 하라고 말씀하신다.

Children need enough **room** to run and play.
아이들은 뛰어놀 수 있는 충분한 <sup>5</sup>_____이 필요하다.

There is no **room** for doubt about his innocence.
그의 무죄에 대해 의심의 <sup>6</sup>_____가 없다.

## 0248
# accident **
[ǽksidənt]

명 1. (자동차) 사고  2. 우연, 우연한 일

A serious **accident** was caused by icy roads.
심각한 <sup>7</sup>_____가 빙판길로 인해 발생했다.

Many great inventions are created by **accident**.
많은 위대한 발명품들은 <sup>8</sup>_____ 만들어진다.

◆ **by accident** 우연히, 뜻밖에(= by chance)

• accidental  형 우연한, 뜻밖의
• accidentally  부 우연히, 뜻밖에

---

<sup>1</sup> 길이  <sup>2</sup> 시간  <sup>3</sup> 많은  <sup>4</sup> 방  <sup>5</sup> 공간  <sup>6</sup> 여지  <sup>7</sup> 사고  <sup>8</sup> 우연히

## 0249

# share **

[ʃɛər]

명 1. 몫 2. 주식; 지분　동 1. 함께 쓰다, 공유하다 2. 나누다

You should do your **share** of housework before playing games.
너는 게임을 하기 전에 네 <sup>1</sup>_____의 집안일을 해야 한다.

The company's **shares** have risen by eight percent.
그 회사의 <sup>2</sup>_____은 8퍼센트 올랐다.

My friend lost her book, so I had to **share** with her.
내 친구가 자신의 책을 잃어버려서 나는 그녀와 <sup>3</sup>_____ 했다.

My sister and I **shared** the last piece of the cake.
내 여동생과 나는 케이크의 마지막 조각을 <sup>4</sup>_____.

## 0250

# capital *

[kǽpətl]

명 1. (나라의) 수도 2. 대문자 3. 자본(금); 자산
형 1. 주요한 2. 대문자의 3. 자본의 4. 사형의

Washington D.C. is the **capital** of the United States.
워싱턴 D.C.는 미국의 <sup>5</sup>_____이다.

In English, sentences should begin with **capitals**.
영어에서 문장은 <sup>6</sup>_____로 시작해야 한다.

He invested a large amount of **capital** into starting a new business.
그는 새로운 사업을 시작하는 데 많은 양의 <sup>7</sup>_____을 투자했다.

a **capital** sentence
<sup>8</sup>_____ 선고

## 0251

# citizen *

[sítəzən]

명 시민; 국민

Schools have to teach students to be good **citizens**.
학교는 학생들을 좋은 <sup>9</sup>_____이 되도록 가르쳐야 한다.

* citizenship　명 시민권; 시민의 신분[자질]

<sup>1</sup> 몫　<sup>2</sup> 주식　<sup>3</sup> 함께 써야　<sup>4</sup> 나누었다　<sup>5</sup> 수도　<sup>6</sup> 대문자　<sup>7</sup> 자본　<sup>8</sup> 사형　<sup>9</sup> 시민

**0252**

# acquaintance

철자주의 [əkwéintəns]

명 1. 지인, 아는 사람; 친분  2. 지식

Jason is an old **acquaintance** from my childhood.
Jason은 어려서부터 알고 지낸 오랜 <sup>1</sup>_____이다.

This course is for students who have little **acquaintance** with math.
이 강의는 수학에 대한 <sup>2</sup>_____이 거의 없는 학생들을 위한 것이다.

- **acquaint** 동 알리다; 익히 알게 하다
- **acquainted** 형 알고 있는

---

**0253**

# colleague *

[káːliːg]

명 (직업상의) **동료** (= coworker)

I asked for some advice from my friends and **colleagues**.
나는 내 친구들과 <sup>3</sup>_____에게 조언을 구했다.

---

**0254**

# company **

[kʌ́mpəni]

명 1. 회사  2. 친구; 일행  3. 함께 있음, 동반

The **company** invested lots of money for their new product.
그 <sup>4</sup>_____는 자사의 신제품을 위해 많은 돈을 투자했다.

A man is known by the **company** he keeps.
어울리는 <sup>5</sup>_____를 보면 그가 어떤 사람인지를 안다.

I always enjoy her **company**.
나는 그녀와 <sup>6</sup>_____이 언제나 즐겁다.

- **keep company with** ~와 친해지다, ~와 어울리다

---

**0255**

# branch *

[bræntʃ]

명 1. 나뭇가지  2. 분점, 지사

The bird sat on the **branch** of an apple tree.
그 새는 사과나무의 <sup>7</sup>_____에 앉아 있었다.

The store has **branches** in over 30 cities.
그 가게는 30개가 넘는 도시에 <sup>8</sup>_____이 있다.

**0256**

# function **
[fʌ́ŋkʃən]

[명] 기능, 작용; 역할   [동] 1. 기능하다  2. (기계가) 작동하다

The **function** of the heart is to pump blood through the body.
심장의 1_____은 온몸에 혈액을 보내는 것이다.

My laptop doesn't **function** well because it overheats.
내 노트북은 과열되어 잘 2_____ 않는다.

• functional   [형] 1. 기능상의  2. 실용적인  3. 작동되는

---

**0257**

# option *
[ápʃən]

[명] 1. 선택(권)  2. (제품, 기기 등의) 옵션, 선택 사양

You have the **option** of staying home or coming with us.
너는 집에 머무르거나 우리와 함께 갈 수 있는 3_____ 이 있다.

This PC model comes with various **options**.
이 PC 모델은 다양한 4_____ 과 함께 나온다.

• optional   [형] 선택적인, 선택 가능한

---

**0258**

# tag *
tagged-tagged-tagging
[tæg]

[명] 꼬리표(= label); 가격표   [동] 꼬리표를 붙이다

The price of the clothes is written on the **tag**.
그 옷의 가격은 5_____ 에 쓰여 있다.

No one would want to be **tagged** as an ignorant person.
누구도 무지한 사람으로 6_____ 를 원하지 않을 것이다.

---

**0259**

# license /
# licence *
[láisəns]

[명] 면허(증), 자격(증); 허가   [동] (공식적으로) 허가하다(= permit)

The police officer asked the woman if he could see her driver's **license**.
경찰관은 그 여성에게 운전 7_____ 을 보여줄 수 있는지 물었다.

The new medicine has been **licensed** by the government.
그 신약은 정부에 의해 8_____.

---

1 기능  2 작동하지  3 선택권  4 옵션  5 가격표  6 꼬리표 붙여지기  7 면허증  8 허가받았다

### 0260
# route **
발음주의 [ruːt, raut]

몡 길(= road, way); 노선; 항로

The fastest **route** to the school passes through the town center.
학교로 가는 가장 빠른 <sup>1</sup>_____은 마을 중심부를 지나가는 것이다.

---

### 0261
# peak *
[piːk]

몡 1. (산의) 꼭대기 2. 절정, 최고조   혱 절정의, 최고조의   동 절정에 달하다

The **peak** of the mountain rises above the clouds.
그 산의 <sup>2</sup>_____가 구름 위로 솟아 있다.

The cold weather will reach its **peak** this weekend.
추위가 이번 주말에 <sup>3</sup>_____에 달할 것이다.

I wanted to be in **peak** condition when I took the exam.
나는 시험을 볼 때 <sup>4</sup>_____ 컨디션이길 바랐다.

---

### 0262
# curve *
[kəːrv]

몡 곡선, 커브   동 곡선을 이루다

A pattern of straight lines and **curves** is drawn in the picture.
직선과 <sup>5</sup>_____으로 된 무늬가 그림에 그려져 있다.

---

### 0263
# dozen *
[dʌ́zən]

몡 1. 12개 2. 다수; 상당히 많음

The supermarket sells eggs by the **dozen**, not one by one.
그 슈퍼마켓은 달걀을 하나씩이 아니라 <sup>6</sup>_____씩 판다.

**Dozens** of people held their hands up to ask questions.
<sup>7</sup>_____ 사람들이 질문을 하기 위해 손을 들었다.

⁕ **dozens of** 많은, 수십의

---

1 길  2 꼭대기  3 절정  4 최고의  5 곡선  6 12개  7 많은

### 0264
# entry*
[éntri]

명 1. 입장, 들어감 2. 참가(자); 출품(작)

Last **entry** to the museum is at 8 p.m.
그 박물관의 마지막 ¹_____은 오후 8시이다.

The contest attracted **entries** from all over the country.
그 대회는 전국 각지로부터 ²_____을 끌어모았다.

---

### 0265
# fee**
[fiː]

명 1. 요금, 회비 2. (전문 서비스에 대한) **수수료**

The park entrance **fee** has gone up to $15.
공원 입장 ³_____이 15달러로 올랐다.

a **fee** for exchanging money
환전 ⁴_____

> **Voca Plus** '요금'을 나타내는 여러 가지 표현
>
> **cost** 무언가를 사거나 만들거나 유지하는 등에 필요한 비용이나 요금
> **price** 물건의 가격
> **charge** 서비스에 대한 요금, 사용료
> **rate** 단위당 매겨지는 요금, 사용료
> **rent** 주택의 임대료, 월세 등
> **rental** 차나 가구 등을 빌려 쓰는 비용
> **toll** 도로, 배, 다리 등의 이용료, 통행료

---

### 0266
# drug*
[drʌg]

명 1. 약(품) 2. (불법적인) **약물, 마약**

A new **drug** was used to treat people with hair loss.
탈모가 있는 사람들을 치료하기 위해 새로운 ⁵_____이 사용되었다.

The man went to jail because of **drug** use.
그 남자는 ⁶_____ 복용 때문에 감옥에 갔다.

---

### 0267
# poison*
[pɔ́izən]

명 독(약)   동 1. 독살하다 2. 오염시키다

Some mushrooms contain deadly **poison**.
일부 버섯은 치명적인 ⁷_____을 가지고 있다.

The river was **poisoned** by chemical waste from the factory.
그 강은 공장에서 나오는 화학 폐기물에 의해 ⁸_____.

• poisonous 형 독이 있는, 유독한

¹입장 ²참가자들 ³요금 ⁴수수료 ⁵약 ⁶마약 ⁷독 ⁸오염되었다

## 0268
# dirt

[dəːrt]

명 1. 먼지, 때  2. 흙(= soil, earth)

His face and hands were black with **dirt**.
그의 얼굴과 손은 <sup>1</sup>_____로 까맸다.

A group of children were playing in the **dirt**.
한 무리의 아이들이 <sup>2</sup>_____에서 놀고 있었다.

> **Voca Plus**  '흙' 또는 '땅'을 나타내는 여러 가지 어휘
>
> **soil**  흙, 토양
> **mud**  진흙, 진창
> **clay**  점토, 찰흙
> **earth**  (주로 정원에 있는) 흙; 땅, 지면
> **dirt**  (특히 다져지지 않은) 흙
> **ground**  땅, 토양
> **land**  (특정 유형, 용도의) 땅

## 0269
# element *

[éləmənt]

명 1. (구성) 요소(= factor), 성분  2. 원소

The three **elements** of music are rhythm, melody, and harmony.
음악의 세 가지 <sup>3</sup>_____는 리듬, 멜로디, 그리고 화성이다.

The symbol of the **element** calcium is "Ca."
칼슘의 <sup>4</sup>_____ 기호는 'Ca'이다.

## 0270
# balance **

[bǽləns]

명 1. 균형 (상태)(↔ imbalance 불균형)  2. 잔고, 잔액  3. 저울

She lost her **balance** and fell when she was playing tennis.
그녀는 테니스를 치다가 <sup>5</sup>_____을 잃고 넘어졌다.

He went to the ATM machine to check his **balance**.
그는 자신의 <sup>6</sup>_____를 확인하기 위해 ATM 기계에 갔다.

The fruit seller weighed the bananas on a **balance**.
그 과일 장수는 <sup>7</sup>_____로 바나나의 무게를 달아 보았다.

> **Voca Plus**  'balance'를 이용한 여러 가지 관용어구
>
> **lose one's balance**  (몸이나 마음의) 균형을 잃다
> **keep one's balance**  (몸이나 마음의) 균형을 유지하다
> **recover[regain] one's balance**  (몸이나 마음의) 균형을 되찾다
> **off balance**  (몸이나 마음의) 균형을 잃은
> **throw someone off balance**  ~가 (몸이나 마음의) 균형을 잃게 하다; ~가 평정을 잃게 만들다
> **sense of balance**  균형 감각

1 때  2 흙  3 요소  4 원소  5 균형  6 잔고  7 저울

# 여러 가지 상태·태도를 알려주는 형용사

❶ 상태, 현상 등을 나타내는 형용사

---

0271

## wild**

[waild]

형 1. 야생의  2. 거친, 사나운

The field was filled with grass and **wild** flowers.
그 들판은 풀과 <sup>1</sup>_____ 꽃들로 가득했다.

The waves in the ocean are so **wild** in winter.
겨울에 바다의 파도는 무척 <sup>2</sup>_____.

---

0272

## sharp*

[ʃɑːrp]

형 1. 날카로운, 예리한  2. (변화의 정도가) 급격한   부 정각에

The knife isn't **sharp** enough to cut the melon.
그 칼은 멜론을 자를 만큼 충분히 <sup>3</sup>_____ 않다.

a **sharp** drop in prices
가격의 <sup>4</sup>_____ 하락

The interview will start at seven o'clock **sharp**.
그 인터뷰는 7시 <sup>5</sup>_____ 시작될 것이다.

---

0273

## tense*

[tens]

형 1. (사람이) 긴장한  2. (상황 등이) 긴박한

He looked very **tense** before the final.
그는 결승전을 앞두고 매우 <sup>6</sup>_____ 것처럼 보였다.

The situation became **tense** when the bomb was discovered.
폭탄이 발견되자 상황이 <sup>7</sup>_____졌다.

• tension  명 긴장 (상태), 긴장감

---

0274

## abstract*

강세주의
형 [ǽbstrækt] 동 [æbstrǽkt]

형 추상적인 (↔ concrete 구체적인)  동 1. 추출하다  2. 요약하다

Beauty itself is an **abstract** concept.
아름다움 그 자체는 <sup>8</sup>_____ 개념이다.

She **abstracted** her experiences and thoughts into a book.
그녀는 자신의 경험과 생각을 책으로 <sup>9</sup>_____.

---

<sup>1</sup> 야생  <sup>2</sup> 거칠다  <sup>3</sup> 날카롭지  <sup>4</sup> 급격한  <sup>5</sup> 정각에  <sup>6</sup> 긴장한  <sup>7</sup> 긴박해  <sup>8</sup> 추상적인  <sup>9</sup> 요약했다

## 0275

# diverse*

[divə́ːrs, daivə́ːrs]

형 다양한, 가지각색의

I want to travel abroad and experience **diverse** cultures.
나는 해외여행을 가서 <sup>1</sup>_____ 문화를 경험하고 싶다.

- diversity  명 다양성
- diversify  동 다양화하다

---

## 0276

# enormous*

[inɔ́ːrməs]

형 거대한, 엄청난 (= huge)

Elephants are among the most **enormous** animals in the world.
코끼리는 세상에서 가장 <sup>2</sup>_____ 동물 중 하나이다.

---

## 0277

# grand**

[grænd]

형 1. 웅장한, 장대한 (= magnificent)  2. 원대한

Their wedding was a **grand** ceremony.
그들의 결혼식은 <sup>3</sup>_____ 예식이었다.

---

## 0278

# maximum*

[mǽksəməm]

형 최대의, 최고의 (↔ minimum 최소의, 최저의)  명 최대, 최고 (↔ minimum 최소, 최저)

The **maximum** number of people the hall can accommodate is 500.
그 홀이 수용할 수 있는 <sup>4</sup>_____ 인원수는 500명이다.

- maximize  동 극대화하다 (↔ minimize 최소화하다)

---

## 0279

# convenient*

철자주의 [kənvíːnjənt]

형 편리한 (↔ inconvenient 불편한)

The new mart became a **convenient** place to shop near my home.
우리 집 근처의 새로운 마트는 쇼핑하기에 <sup>5</sup>_____ 장소가 되었다.

- convenience  명 편리; 편리한 것 (↔ inconvenience 불편; 불편한 것); 편의 시설

---

## 0280

# mobile*

발음주의 [móubəl]

형 이동하는, 유동적인 (↔ immobile 정지된)

**Mobile** health clinics provide healthcare services to those in remote areas.
<sup>6</sup>_____ 식 진료소는 외딴 지역에 있는 사람들에게 의료 서비스를 제공한다.

- mobility  명 이동성, 유동성

<sup>1</sup> 다양한  <sup>2</sup> 거대한  <sup>3</sup> 웅장한  <sup>4</sup> 최대  <sup>5</sup> 편리한  <sup>6</sup> 이동

**0281**

# neat*

[niːt]

[형] 정돈된, 단정한(= tidy, orderly); 깔끔한

The kitchen was **neat** and clean.
부엌은 ¹_____ 깨끗했다.

---

**0282**

# blank*

[blæŋk]

[형] 1. (글자 등이 없는) 빈  2. 멍한, 무표정한  [명] 빈칸

Please write your name in the **blank** space.
²_____ 공간에 이름을 쓰세요.

When I greeted him, he just gave me a **blank** look.
내가 인사했을 때, 그는 나에게 그저 ³_____ 시선만 보냈다.

---

**0283**

# compact

[kəmpǽkt]

[형] 1. 소형의  2. (공간이) 작은; 조밀한, 촘촘한  [동] 꽉 채우다, 압축하다

Jenny bought a **compact** camera for her trip to Canada.
Jenny는 캐나다 여행을 위해 ⁴_____ 카메라를 구입했다.

His apartment was **compact** but comfortable.
그의 아파트는 ⁵_____ 편안했다.

The machine **compacts** trash so that it takes up less space.
그 기계는 공간을 덜 차지하도록 쓰레기를 ⁶_____.

---

**0284**

# awesome*

발음주의 [ɔ́ːsəm]

[형] 경탄할 만한(= astonishing); 엄청난

I was overwhelmed by the **awesome** views of the Grand Canyon.
나는 그랜드 캐니언의 ⁷_____ 경관에 압도되었다.

---

**0285**

# costly

발음주의 [kɔ́stli]

[형] 1. 비용이 많이 드는, 값비싼(= expensive)  2. 대가가 큰

Traveling to Europe is a **costly** decision.
유럽으로 여행 가는 것은 ⁸_____ 결정이다.

Telling a lie can be a **costly** mistake.
거짓말을 하는 것은 ⁹_____ 실수가 될 수 있다.

• cost [명] 값, 비용  [동] (값, 비용이) 들다

---

¹ 정돈되고  ² 빈  ³ 멍한  ⁴ 소형  ⁵ 작지만  ⁶ 압축한다  ⁷ 경탄할 만한  ⁸ 비용이 많이 드는  ⁹ 대가가 큰

**0286**

# chilly

[tʃíli]

[형] 1. 쌀쌀한, 추운  2. 쌀쌀맞은(= unfriendly)

a **chilly** breeze
¹_____ 바람

She pointed out her friend's faults in a **chilly** manner.
그녀는 친구의 실수를 ²_____ 방식으로 지적했다.

• chill  [명] 냉기, 한기  [동] 아주 춥게 만들다

---

**0287**

# dumb

발음주의 [dʌm]

[형] 바보 같은, 멍청한(= stupid)

Some inventions were considered **dumb** at first.
어떤 발명품들은 처음에는 ³_____ 것으로 간주되었다.

---

**0288**

# delicate*

발음주의 [délikət]

[형] 1. 정교한, 섬세한  2. 연약한, 여린(= fragile)

The spaceship contains many **delicate** pieces of equipment.
우주선에는 장비의 많은 ⁴_____ 부품들이 있다.

Children have **delicate** skin.
어린이들은 ⁵_____ 피부를 가지고 있다.

• delicacy  [명] 1. 정교함, 섬세함  2. 연약함

---

**②** 태도, 성향 등을 나타내는 형용사

---

**0289**

# active**

[ǽktiv]

[형] 적극적인; 활동적인(↔ inactive 소극적인; 활동하지 않는)

Danny was an **active** participant in the school festival.
Danny는 학교 축제에서 ⁶_____ 참가자였다.

• activity  [명] 활동; 활기

---

**0290**

# lively

[láivli]

[형] 활발한, 활기 넘치는

Ben was outgoing and **lively** when he was young.
Ben은 어릴 때 사교적이고 ⁷_____.

---

1 쌀쌀한  2 쌀쌀맞은  3 바보 같은  4 정교한  5 연약한  6 적극적인  7 활발했다

### 0291
## energetic
[ènərdʒétik]

형 활동적인, 활기에 찬

He's an **energetic** man who loves exercise.
그는 운동을 매우 좋아하는 ¹_____ 사람이다.

### 0292
## dynamic*
[dainǽmik]

형 활발한; 역동적인

Phil has such a **dynamic** personality.
Phil은 매우 ²_____ 성격이다.

• dynamics 명 1. 활력 2. 원동력

### 0293
## desperate*
[déspərət]

형 1. 간절히 원하는; 필사적인 2. 절망적인; 자포자기인

She was **desperate** for a cup of coffee.
그녀는 커피 한 잔을 ³_____.

The prisoner was in a **desperate** situation.
그 죄수는 ⁴_____ 상황에 있었다.

### 0294
## cruel*
[krúːəl]

형 잔인한, 잔혹한

Many people think hunting animals is **cruel**.
많은 사람이 동물을 사냥하는 것이 ⁵_____ 생각한다.

• cruelty 명 잔인함; 잔인한 행위

### 0295
## timid
[tímid]

형 소심한; 겁이 많은

**Timid** people are likely to spend lots of time making decisions.
⁶_____ 사람들은 결정하는 데 많은 시간을 들이기 쉽다.

### 0296
## sentimental
강세주의 [sèntəméntl]

형 감정적인; 감상적인

Alex is very **sentimental** and easily moved.
Alex는 매우 ⁷_____ 쉽게 감동한다.

• sentiment 명 감정, 정서; 감상

¹활동적인 ²활발한 ³간절히 원했다 ⁴절망적인 ⁵잔인하다고 ⁶소심한 ⁷감정적이고

## 0297
# thoughtful
[θɔ́ːtfəl]

[형] 1. 사려 깊은; 배려심 있는 (= considerate)  2. 생각에 잠긴

Children tend to be more **thoughtful** if they have an animal companion.
반려동물을 기르면 아이들은 더 <sup>1</sup>_____ 경향이 있다.

She had a **thoughtful** look all evening.
그녀는 저녁 내내 <sup>2</sup>_____ 얼굴이었다.

## 0298
# tender*
[téndər]

[형] 1. 다정한, 상냥한  2. (음식이) 연한, 부드러운  3. 연약한

Mom always cheered me up with **tender** words.
엄마는 항상 <sup>3</sup>_____ 말로 나를 격려해 주셨다.

This steak is extremely **tender**.
이 스테이크는 아주 <sup>4</sup>_____.

• tenderly  [부] 다정하게, 상냥하게

## 0299
# casual*
[kǽʒuəl]

[형] 1. 태평스러운; 무심한  2. 평상시의  3. 우연한   [명] 평상복

I'm worried because she has a **casual** attitude toward her studies.
나는 그녀가 공부에 <sup>5</sup>_____ 태도를 갖고 있어서 걱정이다.

Alice wears **casual** clothes on weekends.
Alice는 주말이면 <sup>6</sup>_____ 복을 입는다.

• casually  [부] 1. 무심코  2. 우연히

## 0300
# dependent
[dipéndənt]

[형] 1. 의존하는, 의지하는 (= reliant)(↔ independent 독립적인)  2. (~에) 좌우되는

Kids tend to be **dependent** on smartphones these days.
요즘 아이들이 스마트폰에 <sup>7</sup>_____ 경향이 있다.

The cost of fruit is **dependent** on the weather.
과일의 가격은 날씨에 <sup>8</sup>_____.

• dependence  [명] 의존, 의지 (= reliance)(↔ independence 독립)

1 사려 깊은  2 생각에 잠긴  3 다정한  4 연하다  5 무심한  6 평상  7 의존하는  8 좌우된다

### • Unit •
# 11
## 의미를 더 명확히 해주는 기본 부사·전치사

---

### ❶ 강조를 나타내는 부사

---

0301

## just **
[dʒʌst]

[부] 1. 딱, 꼭 2. 막, 방금 3. 단지　[형] 공정한(↔ unjust 불공평한, 부당한)

This ring is **just** my size.
이 반지는 내게 ¹_____ 맞는 사이즈이다.

I've **just** heard the news.
나는 그 소식을 ²_____ 들었어.

My brother learned how to swim **just** for his health.
내 남동생은 ³_____ 자신의 건강을 위해 수영을 배웠다.

The teacher made a **just** decision for every student.
그 선생님은 모든 학생에게 ⁴_____ 결정을 내리셨다.

---

0302

## rather **
[rǽðər]

[부] 1. 상당히, 꽤 2. 오히려

Jane looks **rather** like her mom.
Jane은 자신의 어머니를 ⁵_____ 닮았다.

His laugh wasn't bright, but **rather** gloomy.
그의 웃음은 밝다기보다는 ⁶_____ 음울했다.

◦ **A rather than B** B라기보다는 A

---

0303

## definitely
[défənitli]

[부] 분명히, 확실히(= certainly, surely)

She will **definitely** pass the exam.
그녀는 ⁷_____ 시험에 합격할 것이다.

◦ definite [형] 분명한, 확실한

---

0304

## indeed *
[indíːd]

[부] 1. 정말로, 확실히 2. 사실, 실은(= actually)

The old man looked angry **indeed**.
그 노인은 ⁸_____ 화가 나 보였다.

He didn't object to our proposal. **Indeed**, he gave it lots of support.
그는 우리의 제안에 반대하지 않았다. ⁹_____, 그는 그 제안에 대해 많은 지지를 보냈다.

¹딱  ²방금  ³단지  ⁴공정한  ⁵상당히  ⁶오히려  ⁷분명히  ⁸정말로  ⁹사실

## 0305

**overall** *

[òuvərɔ́ːl]

[부] 전반적으로, 종합적으로   [형] 전반적인, 종합적인

In the survey, customers rated the food as good **overall**.
설문 조사에서 고객들은 그 음식이 <sup>1</sup>_____ 좋다고 평가했다.

His **overall** grades were great.
그의 <sup>2</sup>_____ 성적은 훌륭했다.

## 0306

**simply** **

[símpli]

[부] 1. 그냥, 그저 (단순히) (= only)  2. 쉽게, 간단히  3. 간소하게

The reason she didn't come was **simply** because she needed sleep.
그녀가 오지 않은 이유는 <sup>3</sup>_____ 더 자고 싶어서였다.

He taught math as **simply** as possible.
그는 수학을 가능한 한 <sup>4</sup>_____ 가르쳤다.

The rooms are **simply** decorated.
그 방들은 <sup>5</sup>_____ 장식되어 있다.

## 0307

**merely**

[míərli]

[부] 단지, 그저 (= only, simply)

I work to get a sense of achievement, not **merely** for money.
나는 <sup>6</sup>_____ 돈을 위해서가 아니라 성취감을 얻기 위해 일한다.

• mere  [형] 단순한, 단지 ~에 불과한

## 0308

**extremely** **

[ikstríːmli]

[부] 극도로, 몹시

Food safety is an **extremely** important health matter.
식품 안전은 <sup>7</sup>_____ 중요한 건강 문제이다.

• extreme  [형] 극도의; 극단적인  [명] 극도

## 0309

**badly**

[bǽdli]

[부] 1. 서투르게 (= poorly); 나쁘게  2. 몹시, 대단히

They spoke Spanish very **badly**.
그들은 스페인어를 너무 <sup>8</sup>_____ 말했다.

That car is **badly** in need of repair.
저 차는 수리가 <sup>9</sup>_____ 필요하다.

1 전반적으로  2 종합적인  3 그냥  4 쉽게  5 간소하게  6 단지  7 극도로  8 서투르게  9 몹시

**0310**

# somehow
[sʌ́mhàu]

부 1. 어떻게든 2. 왠지, 웬일인지

We will finish the task **somehow**.
우리는 ¹_____ 그 과제를 끝낼 것이다.

**Somehow**, I feel tired today.
²_____ 오늘은 피곤하다.

---

**0311**

# somewhat *
[sʌ́mhwʌ̀t]

부 다소, 약간

This lecture can be **somewhat** challenging for beginners.
이 강의는 초보자에게는 ³_____ 힘들 수 있다.

---

**0312**

# altogether *
[ɔ̀ːltəɡéðər]

부 1. 완전히 (= completely) 2. 총, 모두 합쳐

I didn't **altogether** believe her story.
나는 그녀의 이야기를 ⁴_____ 믿지는 않았다.

The cost for groceries was 68,000 won **altogether**.
식료품의 비용은 ⁵_____ 68,000원이었다.

---

**0313**

# highly **
[háili]

부 1. 매우 2. (수준, 양 등이) 고도로, 많이

He is a **highly** successful businessman.
그는 ⁶_____ 성공한 사업가이다.

a **highly** trained doctor
⁷_____ 훈련받은 의사

◆ **speak highly of** ~을 크게 칭찬하다

---

**0314**

# increasingly
[inkríːsiŋli]

부 점점 더, 갈수록 더 (= more and more)

Sea level has been **increasingly** rising in recent decades.
최근 수십 년간 해수면은 ⁸_____ 상승하고 있다.

---

**0315**

# apparently
[əpǽrəntli]

부 보아하니, 듣자하니

The man is **apparently** about fifty years of age.
그 남자는 ⁹_____ 약 50세 정도이다.

◆ apparent 형 눈에 보이는; 분명한, 명백한 (= obvious)

1 어떻게든  2 왠지  3 다소  4 완전히  5 총  6 매우  7 고도로  8 점점 더  9 보아하니

0316

# basically

[béisikli]

부 근본적으로, 기본적으로(= essentially); 무엇보다도

The film was **basically** about the violence of the war.
그 영화는 <sup>1</sup>_____ 전쟁의 폭력에 대한 것이었다.

**Basically**, most of the critics complained about the film.
<sup>2</sup>_____, 대부분의 비평가들은 그 영화에 대해 불평했다.

---

0317

# necessarily

철자주의 [nèsəsérəli]

부 필연적으로; 반드시(↔ unnecessarily 불필요하게)

Being lazy **necessarily** makes people unhappy.
게으른 것은 <sup>3</sup>_____ 사람을 불행하게 만든다.

Being rich does not **necessarily** mean being happy.
부유한 것이 <sup>4</sup>_____ 행복한 것을 의미하지는 않는다.

◆ **not necessarily** 반드시 ~은 아닌

---

0318

# roughly

[rʌ́fli]

부 1. 거칠게  2. 대략

She threw her backpack **roughly** to the floor.
그녀는 자신의 배낭을 바닥으로 <sup>5</sup>_____ 던졌다.

They all arrived at **roughly** 10 a.m.
그들 모두가 <sup>6</sup>_____ 오전 10시에 도착했다.

• rough  형 1. (표면 등이) 거친; 난폭한  2. 대강의, 대충의

---

0319

# luckily

[lʌ́kili]

부 다행히, 운 좋게(↔ unluckily 불행하게도, 공교롭게도)

**Luckily**, the train had not left yet.
<sup>7</sup>_____, 기차가 아직 떠나지 않았다.

---

0320

# fortunately**

[fɔ́ːrtʃənətli]

부 다행스럽게도, 운 좋게도(↔ unfortunately 불행하게도, 유감스럽게도)

**Fortunately** she wasn't burned when she spilled the hot water.
그녀가 뜨거운 물을 엎질렀을 때 <sup>8</sup>_____ 그녀는 화상을 입지 않았다.

• fortunate  형 다행한, 운 좋은(↔ unfortunate 불행한, 운이 없는)

---

1 근본적으로  2 무엇보다도  3 필연적으로  4 반드시  5 거칠게  6 대략  7 다행히  8 다행스럽게도

**0321**

# frankly *

[frǽŋkli]

부 솔직히, 솔직히 말하면

His grandmother expressed her anger **frankly**.
그의 할머니는 자신의 노여움을 ¹_____ 표현하셨다.

* **frank** 형 솔직한

---

**❷ 시간, 공간을 나타내는 부사, 전치사**

---

**0322**

# nowadays *

[náuədèiz]

부 요즈음에는, 오늘날에는

Most teenagers prefer using smartphones to computers **nowadays**.
대부분의 십 대들이 ²_____ 컴퓨터보다 스마트폰을 사용하는 것을 선호한다.

---

**0323**

# overnight *

[òuvərnáit]

부 1. 밤새 2. 하룻밤 사이에, 갑자기  형 1. 야간의 2. 하룻밤 사이의

He studied **overnight** for his science exam.
그는 과학 시험을 위해 ³_____ 공부했다.

Don't expect something to get done **overnight**.
무엇이든 ⁴_____ 이루어지길 기대하지 마라.

an **overnight** flight
⁵_____ 비행

---

**0324**

# throughout **

[θruːáut]

전 1. 두루, 도처에 2. ~ 내내, ~ 동안 죽

She has traveled **throughout** Africa.
그녀는 아프리카를 ⁶_____ 여행했다.

**Throughout** this week, I focused on studying.
이번 주 ⁷_____ 나는 공부에 집중했다.

---

**0325**

# forth *

[fɔːrθ]

부 앞으로; (안에서) 밖으로

His arms swung back and **forth** when he walked.
걸을 때 그의 팔이 ⁸_____뒤로 흔들렸다.

* **back and forth** 앞뒤로

---

1 솔직히  2 요즈음에는  3 밤새  4 하룻밤 사이에  5 야간  6 두루  7 내내  8 앞

### 0326
## aside*
[əsáid]

부 1. 한쪽으로; 조금 떨어져  2. (나중에 쓰려고) 따로

Students stepped **aside** so the teacher could pass.
선생님이 지나가실 수 있도록 학생들은 <sup>1</sup>_____ 비켜섰다.

I put some money **aside** for my trip.
나는 여행을 위해 약간의 돈을 <sup>2</sup>_____ 떼어 두었다.

◆ **aside from** ~ 외에는, ~을 제외하고

### 0327
## upstairs
[ʌ̀pstέərz]

부 위층으로, 위층에서 (↔ downstairs 아래층으로[에서])
명 위층 (↔ downstairs 아래층)

He went **upstairs** to take a nap.
그는 낮잠을 자기 위해 <sup>3</sup>_____ 올라갔다.

### 0328
## underneath
[ʌ̀ndərníːθ]

전 (특히 가려져) ~의 아래에 (= beneath)   부 아래에

He hid the gift for his child **underneath** the bed.
그는 자신의 아이를 위한 선물을 침대 <sup>4</sup>_____ 숨겼다.

### 0329
## downward(s)
[dáunwərd(z)]

부 아래쪽으로, 아래를 향하여 (↔ upward(s) 위쪽으로)   형 하향의 (↔ upward 상승의)

Water always flows **downwards**.
물은 항상 <sup>5</sup>_____ 흐른다.

### 0330
## nationwide
[nὲiɔnwáid]

부 전국적으로   형 전국적인

The number of students has been decreasing **nationwide**.
학생들의 수가 <sup>6</sup>_____ 감소하고 있다.

The incident got **nationwide** attention immediately.
그 사건은 즉시 <sup>7</sup>_____ 관심을 얻었다.

---

1 한쪽으로  2 따로  3 위층으로  4 아래에  5 아래쪽으로  6 전국적으로  7 전국적인

· Unit ·
**12**

# 문장 전체 의미를 좌우하는
# 기본 부사·전치사·접속사

### ❶ 문장의 앞뒤 의미를 연결하는 부사, 전치사

---

0331

## besides

[bisáidz]

🔠 게다가, 뿐만 아니라   🔟 ~ 외에

The concert was great. **Besides**, the tickets didn't cost much.
그 공연은 훌륭했다. ¹_____, 입장권은 가격이 비싸지 않았다.

**Besides** reading, I also enjoy outdoor sports.
책을 읽는 것 ²_____, 나는 야외 스포츠도 즐긴다.

---

0332

## furthermore*

[fə́ːrðərmɔ̀ːr]

🔠 뿐만 아니라, 더욱이 (= besides, moreover, in addition)

He is a singer. **Furthermore**, he is an actor.
그는 가수이다. ³_____, 배우이기도 하다.

---

0333

## additionally

[ədíʃənəli]

🔠 게다가 (= besides, furthermore, moreover, in addition)

He ate healthy food. **Additionally**, he exercised every day.
그는 건강에 좋은 음식을 섭취했다. ⁴_____, 그는 매일 운동했다.

---

0334

## likewise*

[láikwàiz]

🔠 똑같이, 마찬가지로 (= similarly)

The sky is gray; the surface of the lake **likewise**.
하늘이 회색빛이고 호수의 수면도 ⁵_____ 회색빛이다.

> **Voca Plus**   '비교, 대조'에 사용되는 여러 가지 표현
>
> **in comparison with** ~와 비교하면
> **similarly** 유사하게, 마찬가지로
> **in contrast to** ~와는 대조적으로 (= as opposed to)
> **on the contrary** 그와 반대로
> **on the other hand** 반면에

---

1 게다가 2 외에 3 뿐만 아니라 4 게다가 5 똑같이

**0335**

# meanwhile*

[míːnwàil]

부 1. 그 동안에, 그 사이에(= in the meantime)  2. 한편

Peel the potatoes. **Meanwhile**, I'll boil the water.

감자 껍질을 벗겨. ¹_____ 나는 물을 끓일게.

Stress can damage your health. Exercise, **meanwhile**, can reduce the effects of stress.

스트레스는 건강에 해를 입힐 수 있다. ²_____, 운동은 스트레스의 영향을 줄일 수 있다.

---

❷ 논리관계를 나타내는 부사, 전치사, 접속사

---

**0336**

# accordingly

[əkɔ́ːrdiŋli]

부 그에 따라서, 그래서

You broke the rules and will be punished **accordingly**.

너는 규칙을 어겼고 ³_____ 처벌을 받을 것이다.

---

**0337**

# despite**

[dispáit]

전 ~에도 불구하고(= in spite of)

**Despite** the bad weather, many people came to watch the game.

궂은 날씨⁴_____, 많은 사람들이 그 경기를 보러 왔다.

---

**0338**

# except**

[iksépt]

전접 ~을 제외하고는, ~ 외에는(= but)

The store will be open every day **except** Sundays.

그 가게는 일요일⁵_____ 매일 문을 열 것이다.

◦ **except for** ~을 제외하고는

- exception   명 예외
- exceptional   형 예외적인

---

**0339**

# per**

[pər]

전 ~당, ~마다

The tickets are $25 **per** person.

티켓은 1인⁶_____ 25달러이다.

---

**0340**

# unlike**

[ʌnláik]

전 ~와 달리; ~와 다른   형 다른, 같지 않은

**Unlike** most birds, penguins cannot fly.

대부분의 새들⁷_____, 펭귄은 날지 못한다.

1 그 동안에  2 한편  3 그에 따라서  4 에도 불구하고  5 를 제외하고는  6 당  7 과 달리

## regardless of

전 ~에 상관없이, ~에 구애받지 않고

Our club welcomes all new members **regardless of** age.
우리 동호회는 나이¹_____ 모든 신입 회원을 환영합니다.

---

## according to

전 1. ~에 따르면  2. ~에 따라

**According to** the news, a huge storm is coming this week.
뉴스²_____, 거대한 폭풍이 이번 주에 올 것이다.

The project is going **according to** plan.
프로젝트는 계획³_____ 진행되고 있다.

---

## owing to

전 ~ 때문에 (= because of)

I could not catch a word of the speech **owing to** the noise.
나는 소음 ⁴_____ 연설을 한마디도 들을 수 없었다.

---

## thanks to

전 ~ 덕분에

**Thanks to** your careful nursing, I got better quickly.
너의 극진한 간호 ⁵_____, 나는 빨리 나았다.

---

## nevertheless **

[nèvərðəlés]

부 그럼에도 불구하고

My grandparents' house was old but **nevertheless** clean.
나의 조부모님 댁은 오래되었지만 ⁶_____ 깨끗했다.

---

## otherwise *

[ʌ́ðərwàiz]

부 1. 그렇지 않으면  2. 그 외에는  3. 다르게, 달리

Wake up, **otherwise** you will be late for school.
일어나, ⁷_____ 너는 학교에 늦을 거야.

I was tired but **otherwise** fine.
나는 피곤했지만 ⁸_____ 괜찮았다.

He claims to be innocent, but the evidence suggests **otherwise**.
그는 결백하다고 주장하지만, 증거는 (그의 주장과) ⁹_____ 시사한다.

---

1 에 상관없이  2 에 따르면  3 에 따라  4 때문에  5 덕분에  6 그럼에도 불구하고  7 그렇지 않으면  8 그 외에는  9 다르게

## 0347

# whereas *

{wɛərǽz}

[접] 반면에, 그러나

**Whereas** knowledge can be learned from books, skills must be learned through practice.
지식은 책으로부터 습득될 수 있는 ¹_____, 기술은 반드시 연습을 통해 습득되어야 한다.

## 0348

# nonetheless *

발음주의 [nʌnðəlés]

[부] 그럼에도 불구하고 (= nevertheless)

The movie was too long but, **nonetheless**, very interesting.
그 영화는 꽤 길었지만, ²_____, 굉장히 흥미로웠다.

## 0349

# thus **

[ðʌs]

[부] 그러므로, 따라서 (= therefore)

She failed the exam. **Thus**, she has to take it again.
그녀는 시험에서 떨어졌다. ³_____ 그녀는 그 시험을 다시 치러야 한다.

## 0350

# now that

[접] ~이므로, ~이기 때문에

**Now that** you've turned 20, you have become an adult.
스무 살이 되었⁴_____, 너는 성인이다.

❸ 시간, 공간을 나타내는 부사, 전치사, 접속사

## 0351

# beyond **

[bijánd]

[전] 1. ~ 너머 2. ~ 이상 3. (능력, 한계 등을) 넘어서는
[부] 1. 건너편에 2. 그 이후에

My school is just **beyond** the bridge.
우리 학교는 바로 저 다리 ⁵_____ 에 있다.

**beyond** expectations
기대 ⁶_____

The job is **beyond** his ability.
그 일은 그의 능력을 ⁷_____.

1 반면에  2 그럼에도 불구하고  3 그러므로  4 으므로  5 너머  6 이상  7 넘어선다

**0352**

# beneath *

[biníːθ]

전 1. 밑에, 아래에  2. (수준 등이) ~보다 못한[낮은]  부 바로 밑에, 아래쪽에

A letter was hidden **beneath** a pile of books.
편지 한 통이 책 더미 ¹_____ 숨겨져 있었다.

He didn't take the job because he thought it was **beneath** him.
그는 그 일이 자신의 수준²_____ 생각해서 그 일을 맡지 않았다.

---

**0353**

# till *

[til]

전접 ~까지 (= until)

The restaurant is open **till** 10 p.m.
그 식당은 오후 10시³_____ 영업한다.

---

**0354**

# afterward(s)

[ǽftərwərd(z)]

부 (그) 후에, 나중에

Let's go to see a movie and have dinner **afterward**.
우리 영화 보러 가자, 그리고 ⁴_____ 저녁을 먹자.

---

**0355**

# thereafter

[ðɛəræftər]

부 그 후에, 그 이래로

They had a serious fight; **thereafter**, they stopped seeing each other.
그들은 심하게 다퉜다. ⁵_____, 그들은 서로 더 이상 만나지 않았다.

> **Voca Plus** '시간'과 관련된 여러 가지 표현
>
> **from now on** 지금부터      **so far** 지금까지
> **in time** 제시간에, 늦지 않고      **right away** 즉시(= in no time)
> **for the time being** 당분간      **after a while** 잠시 후에, 이따가
> **for good** 영원히      **in the end** 마침내, 결국
> **once in a while** 가끔, 때때로(= from time to time, (every) now and then)

---

### ❹ 부정적인 의미를 나타내는 부사

---

**0356**

# hardly **

[háːrdli]

부 거의 ~ 않는

After running the marathon, she could **hardly** speak.
마라톤을 한 후, 그녀는 ⁶_____ 말을 할 수 _____.

1 밑에  2 보다 낮다고  3 까지  4 그 후에  5 그 후에  6 거의, 없었다

0357

# barely**

[béərli]

#### 뷔 거의 ~ 않는; 겨우, 간신히

I could **barely** hear her whisper.

나는 그녀의 속삭임을 <sup>1</sup>_____ 듣지 _____.

---

0358

# scarcely

[skéərsli]

#### 뷔 거의 ~ 않는; 겨우, 간신히

There was **scarcely** any rain last month.

지난달에는 비가 <sup>2</sup>_____ 오지 _____.

- scarce  형 부족한; 드문
- scarcity  명 부족, 결핍(= lack)

---

0359

# rarely

[réərli]

#### 뷔 좀처럼 ~ 않는; 드물게

The actress is **rarely** seen on TV these days.

그 여배우는 요즘음 TV에 <sup>3</sup>_____ 보이지 _____.

- rare  형 1. 드문, 희귀한  2. (고기가) 살짝 익힌

---

0360

# seldom

[séldəm]

#### 뷔 좀처럼 ~ 않는

I **seldom** read books on the weekend.

나는 주말에 <sup>4</sup>_____ 책을 읽지 _____.

> **어법 Plus**  **부정의 의미를 가지는 부사**
>
> 문장에 not, never 등의 부정어가 없더라도 hardly, barely, scarcely, rarely, seldom이 있으면 '부정'의 의미로 해석해야 해요. hardly, barely, scarcely는 가능성이 거의 없음을 나타내고, rarely와 seldom은 빈도가 희박함을 나타낸답니다.
>
> 한편 이 부사들은 일반동사 앞, be동사나 조동사 뒤에 위치해요.
>
> I read **seldom** books on the weekend. (×)

---

<sup>1</sup> 거의, 못했다  <sup>2</sup> 거의, 않았다  <sup>3</sup> 좀처럼, 않는다  <sup>4</sup> 좀처럼, 않는다

# 같은 품사, 다른 의미의 어휘

---

**sense**

sensible vs. sensitive vs. sensory

---

0361

## sensible *

[sénsəbl]

형 **분별력 있는, 현명한** (↔ senseless 무분별한, 어리석은)

**구별 TIP** 센스(sense)를 발휘할 수 있는(-ible) → 분별력 있는, 현명한

It wasn't **sensible** to go out alone so late at night.
너무 늦은 저녁에 혼자 밖에 나간 것은 ¹_____ 않았다.

---

0362

## sensitive **

[sénsətiv]

형 1. **민감한, 예민한** (↔ insensitive 둔감한) 2. **섬세한, 세심한**

**구별 TIP** 1) 다른 이보다 감각(sense)이 발달한 → 민감한, 예민한
　　　　　　2) 여러 곳에서 센스(sense)를 발휘하는 → 섬세한, 세심한

Children are often very **sensitive** to their parent's emotions.
아이들은 보통 부모의 감정에 매우 ²_____.

This work needs **sensitive** and skillful handling.
이 작업은 ³_____ 능숙한 조작이 필요하다.

- sensitivity 명 1. 민감함, 예민함; (예술적) 감수성 2. 세심함
- sensibility 명 (예술적) 감수성; 감정

---

0363

## sensory

[sénsəri]

형 **감각(상)의, 지각의**

**구별 TIP** 감각(sense)과 관련된(-ory) → 감각으로 느끼는, 감각상의

The brain receives **sensory** information such as touch and pain.
뇌는 촉각과 통증 같은 ⁴_____ 정보를 받는다.

---

¹ 현명하지　² 민감하다　³ 섬세하고　⁴ 감각

## history

### historical vs. historic

**0364**

# historical**

[histɔ́(ː)rikəl]

형 역사(상)의, 역사와 관련된

**구별 TIP** history(역사)+-ical형 → 역사의

This novel is based on **historical** facts.

이 소설은 ¹_____ 사실들을 토대로 한다.

**0365**

# historic

[histɔ́(ː)rik]

형 역사적으로 중요한, 역사에 남을 만한

**구별 TIP** '역사적으로 보전될 만한'이라는 뜻의 프랑스어 단어 'historique[istɔrik]'에서 유래

Many **historic** buildings were destroyed by this earthquake.

많은 ²_____ 건물들이 이번 지진으로 파괴되었다.

## succeed

### successful vs. successive

**0366**

# successful**

철자주의 [səksésfəl]

형 성공한, 성공적인 (↔ unsuccessful 실패한)

**구별 TIP** succeed(성공하다) → success(성공)+-ful형 → 성공으로 가득 찬

He was a **successful** businessman before becoming a writer.

그는 작가가 되기 전에는 ³_____ 사업가였다.

**0367**

# successive

철자주의 [səksésiv]

형 연속적인, 잇따른

**구별 TIP** succeed(뒤를 잇다) → succession(연속)+-ive형 → 연속하는

The team has had five **successive** victories this season.

그 팀은 이번 시즌에서 다섯 번의 ⁴_____ 승리를 거두었다.

- **succession** 명 1. 연속, 잇따름 (= series); 연쇄  2. 계승(권)
- **successor** 명 후계자, 상속자

1 역사상의  2 역사적으로 중요한  3 성공한  4 연속적인

## consider
### considerate vs. considerable

0368

**considerate**

[kənsídərət]

형 사려 깊은, 이해심이 있는(= thoughtful)(↔ inconsiderate 사려 깊지 못한)

**구별 TIP** 고려한다는 것(consider)을 보여주는(-ate) → 타인의 처지를 고려하는 마음을 지닌

Danny is **considerate**, and he doesn't mind helping others.
Danny는 ¹_____ 다른 사람들을 돕는 일을 마다하지 않는다.

0369

**considerable** \*\*

[kənsídərəbl]

형 상당한, 많은(= substantial)

**구별 TIP** 고려(consider)할 수 있을(-able) 정도 내에서 많은 양 → (양이) 상당한

A **considerable** amount of time and effort has gone into this exhibition.
이 전시회에 ²_____ 양의 시간과 노력이 들었다.

• **considerably**  부 상당히, 많이

## memory
### memorial vs. memorable

0370

**memorial**

[məmɔ́ːriəl]

형 기념의, 추모의   명 기념비, 기념물

**구별 TIP** memory(기억)+-al 형/명 → 기념의; 기념물

A **memorial** service will be held this Saturday.
³_____ 행사가 이번 토요일에 열릴 것이다.

A **memorial** for victims of the war will be installed.
그 전쟁의 희생자들을 위한 ⁴_____가 세워질 것이다.

0371

**memorable**

[mémərəbl]

형 기억할 만한, 인상적인

**구별 TIP** memory(기억)+-able(~할 수 있는) → 기억할 수 있을 정도로 인상적인

The musical was **memorable** for its beautiful costumes.
그 뮤지컬은 아름다운 의상들 때문에 ⁵_____.

1 사려 깊고  2 상당한  3 추모  4 기념비  5 인상적이었다

**industry**

**industrial** vs. **industrious**

0372

# industrial**

[indʌ́striəl]

[형] 산업의, 공업의

**구별 TIP** industry(산업, 공업)+-al[형] → 산업의, 공업의

Plastic has a wide range of **industrial** uses.
플라스틱은 광범위한 ¹_____ 용도를 가지고 있다.

0373

# industrious

[indʌ́striəs]

[형] 부지런한, 근면한(= diligent, hard-working)

**구별 TIP** 산업(industry)+~스러운(-ous) → '부지런한' 사람이 산업사회의 특징

Bees and ants are **industrious** workers.
벌과 개미는 ²_____ 일꾼들이다.

**compare**

**compar**able vs. **compar**ative

0374

# comparable

발음주의 [kʌ́mpərəbl]

[형] 비슷한, 비교할 만한(↔ incomparable 비할 데가 없는)

**구별 TIP** compare(비교하다)+-able(~할 수 있는) → 비교할 만한

My test scores are **comparable** to the class average.
내 시험 점수는 학급 평균과 ³_____.

0375

# comparative

발음주의 [kəmpǽrətiv]

[형] 비교를 통한, 비교의; 상대적인(= relative)

**구별 TIP** compare(비교하다)+-ative[형] → 비교의

I'm doing a **comparative** study of classical and modern art.
나는 고전 예술과 현대 예술의 ⁴_____ 연구를 하고 있다.

¹ 공업의  ² 부지런한  ³ 비슷하다  ⁴ 비교

## imagine

### imaginary vs. imaginative vs. imaginable

---

**0376**

## imaginary

[imǽdʒənèri]

[형] 가상의, 상상에만 존재하는 (↔ real 진짜의, 실제의)

**구별 TIP** imagine(상상하다)+-ary [형] → 가상의

The unicorn is an **imaginary** creature.
유니콘은 ¹_____ 동물이다.

---

**0377**

## imaginative

[imǽdʒənətiv]

[형] 상상력이 풍부한; 창의적인 (= creative, inventive)

**구별 TIP** 1) 상상력(imagination)을 지닌(-ative) → 상상력이 풍부한
2) 유의어 creative, inventive와 같이 -ive가 붙음

A poem can be described as a "short piece of **imaginative** writing."
시는 '²_____ 짧은 글'이라고 묘사된다.

---

**0378**

## imaginable

[imǽdʒənəbl]

[형] 상상할 수 있는 (↔ unimaginable 상상도 할 수 없는)

**구별 TIP** 상상하다(imagine)+~할 수 있는(-able) → 상상할 수 있는

The store is full of ice cream of every **imaginable** flavor.
그 가게는 ³_____ 모든 맛의 아이스크림으로 가득하다.

---

## respect

### respectable vs. respectful (respective ☞ p.137)

---

**0379**

## respectable

[rispéktəbl]

[형] 존경할 만한, 훌륭한

**구별 TIP** respect(존경)+-able(~할 수 있는) → 존경할 만한

Lucas was the son of poor but **respectable** parents.
Lucas는 가난하지만 ⁴_____ 부모님의 아들이었다.

¹ 가상의  ² 창의적인  ³ 상상할 수 있는  ⁴ 훌륭한

## respectful

[rispéktfəl]

[형] 공손한, 존경심을 보이는, 경의를 표하는(↔ disrespectful 무례한, 경멸하는)

**구별 TIP** 존경(respect)으로 가득 찬(-ful) → 존경심을 보이는

Children should be **respectful** to their elders.
아이들은 어른들에게 <sup>1</sup>_____ 한다.

◆ **be respectful of** ~을 존중하다, ~에게 경의를 표하다

---

**liter (= letter)**

**literal  vs.  literate  vs.  literary**

---

0381

## literal *

[lítərəl]

[형] (의미 등이) 글자 그대로의; 직역의

**구별 TIP** liter(= letter)+-al[형] → 글자 그대로의

The **literal** meaning of Renaissance is "rebirth."
르네상스의 <sup>2</sup>_____ 의미는 '부활'이다.

• **literally** [부] 글자 그대로(= to the letter); 사실상

---

0382

## literate

[lítərət]

[형] 읽고 쓸 줄 아는(↔ illiterate 읽고 쓸 줄 모르는, 문맹의); 교양 있는

**구별 TIP** liter(= letter)+~를 보여주는(-ate) → 글자를 읽고 쓸 줄 아는

Before Hangeul was created, there were not many **literate** people.
한글이 만들어지기 이전에는 <sup>3</sup>_____ 사람들이 많지 않았다.

• **literacy** [명] 읽고 쓸 줄 아는 능력(↔ illiteracy 읽고 쓰지 못함, 문맹)

---

0383

## literary **

[lítərèri]

[형] 문학의, 문학적인

**구별 TIP** literature(문학)+-y[형] → 문학의

Fantasy fiction is one of many **literary** forms.
공상 소설은 많은 <sup>4</sup>_____ 종류 중 하나이다.

---

1 공손해야  2 글자 그대로의  3 읽고 쓸 줄 아는  4 문학의

## society

### social vs. sociable

---

**0384**

# social **

[sóuʃəl]

형 1. 사회의, 사회적인 2. 사교의, 사교와 관련된

**구별 TIP** 1) 사회(society)와 관련된 → 사회의
2) 모임 등의 사회 집단(society)에서 활동을 하는 → 사교의

Poverty is a serious **social** problem.
빈곤은 심각한 <sup>1</sup>_____ 문제이다.

I joined the **social** club to make friends.
나는 친구들을 사귀기 위해 <sup>2</sup>_____ 모임에 가입했다.

• **socialize** 동 1. 사회화시키다 2. (사람들과) 사귀다, 교제하다

---

**0385**

# sociable

[sóuʃəbl]

형 사교적인, 붙임성 있는 (↔ unsociable 비사교적인)

**구별 TIP** 사회(society)에서 여러 사람과 쉽게 잘 어울릴 수 있는(-able) → 붙임성 있는

Anna is a very active and **sociable** child.
Anna는 매우 활동적이고 <sup>3</sup>_____ 아이다.

---

## child

### childish vs. childlike

---

**0386**

# childish

[tʃáildiʃ]

형 유치한, 어린애 같은 (↔ mature 어른스러운)

**구별 TIP** 어른이 아이(child) 같은(-ish) → 부정적인 의미

Getting angry when something doesn't please you is **childish**.
무언가 네 마음에 안 들 때 화를 내는 것은 <sup>4</sup>_____.

---

**0387**

# childlike

[tʃáildlàik]

형 순진한, 천진한, 어린아이다운

**구별 TIP** 아이(child)의 좋은(like) 면을 표현한 것

All my friends have a **childlike** innocence.
내 친구들은 모두 <sup>5</sup>_____ 천진난만함을 가지고 있다.

1 사회  2 사교  3 사교적인  4 유치하다  5 순진한

---

## intellect

### intelligent vs. intelligible vs. intellectual

---

0388

# intelligent*

[intélədʒənt]

형 똑똑한, 총명한; 지능적인

**구별 TIP** 본래부터 지성(intellect)을 가진(-ent) → (사람, 동물이 본래) 똑똑한

Dogs are highly **intelligent** animals.
개는 매우 <sup>1</sup>_____ 동물이다.

- intellect 명 1. 지적 능력, 지성  2. 지성인
- intelligence 명 1. 지능  2. 기밀; 정보

> **뉘앙스 感잡기** '학습 능력, 이해력' 등을 나타내는 여러 가지 어휘
>
> **smart** (빠른 학습, 이해, 판단 등에 있어서) 똑똑한, 영리한
> **intelligent** (지능이나 이해력이 높아) 똑똑한, 총명한
> **resourceful** (지략이 있고 수완이 좋아) 뛰어난
> **clever** (학습이 빠르고 재치가 있어) 영리한, 똑똑한
> **brilliant** (재능이) 뛰어난, 우수한
> **bright** (특히 어린 사람이) 똑똑한

---

0389

# intelligible

[intélədʒəbl]

형 (쉽게) 이해할 수 있는, 명료한

**구별 TIP** 지성(intellect)으로 할 수 있는(-ible) → (지성으로) 이해할 수 있는

The play was remade to be more **intelligible** to modern audiences.
그 연극은 현대 관객들이 더 <sup>2</sup>_____ 있도록 다시 만들어졌다.

---

0390

# intellectual*

[intəléktʃuəl]

형 지적인, 지성의   명 지식인

**구별 TIP** 철자가 비슷한 lecture(강의) 연상 → 교육, 훈련을 통해 지식을 갖춘 → (사람이) 지적인

Physical activities are helpful for children's **intellectual** development.
신체 활동은 아이들의 <sup>3</sup>_____ 발달에 도움이 된다.

---

<sup>1</sup> 똑똑한  <sup>2</sup> 쉽게 이해할 수  <sup>3</sup> 지적

# 품사에 유의해야 할 어휘

❶ 품사가 달라지며 낯선 의미를 갖는 단어

## collect + '-ive' = collective

**0391**

### collect **
[kəlékt]

동 수집하다, 모으다

My grandfather **collects** old cameras as a hobby.
우리 할아버지는 취미로 오래된 카메라를 ¹_____.

---

**0392**

### collective
[kəléktiv]

형 공동의; 집단의, 단체의

**구별 TIP** 사람이나 물건을 모아서(collect) 단체의 성질을 띠게 하는(-ive) → '집단의, 단체의'

Creating a just society is a **collective** responsibility.
공정한 사회를 만드는 것은 ²_____ 책임이다.

## desire + '-able' = desirable

**0393**

### desire *
[dizáiər]

동 바라다, 원하다   명 욕구, 갈망

I **desire** to learn a new language.
나는 새로운 언어를 배우기를 ³_____.

She had no **desire** to go out in the cold weather.
그녀는 추운 날씨에 외출하고 싶은 ⁴_____가 전혀 없었다.

---

**0394**

### desirable
[dizáiərəbl]

형 바람직한, 호감 가는(↔ undesirable 바람직하지 않은, 불쾌한)

**구별 TIP** 어떤 일이나 사물이 바라는 것(desire)을 가능하게(-able) 할 만큼 '바람직한'

It's **desirable** to help one another in times of need.
어려울 때일수록 서로 돕는 것이 ⁵_____.

¹ 수집하신다  ² 공동의  ³ 원한다  ⁴ 욕구  ⁵ 바람직하다

## subject + '-ive' = subjective

0395

# subject **

[sʌ́bdʒikt]

명 1. 주제; 소재 2. 과목 3. 실험 대상

I read books on many different **subjects** to expand my knowledge.
나는 지식을 넓히기 위해 다양한 ¹_____의 책들을 읽는다.

My favorite **subject** is science.
내가 가장 좋아하는 ²_____은 과학이다.

The researchers asked their **subjects** to remember 100 images.
연구원들은 ³_____에게 100개의 이미지를 기억할 것을 요청했다.

0396

# subjective *

[səbdʒéktiv]

형 주관적인; 개인의, 개인적인

**구별 TIP** 개인마다 주제(subject)에 따라 의견이 다른(-ive) → 주관적인

Everyone's opinions tend to be **subjective**.
모든 사람의 의견은 ⁴_____ 경향이 있다.

## respect + '-ive' = respective

0397

# respect **

강세주의 [rispékt]

동 1. 존경[존중]하다 2. (법률 등을) 준수하다  명 1. 존경, 존중 2. 측면

Learn to accept and **respect** other cultures.
다른 문화를 받아들이고 ⁵_____ 것을 배워라.

She always **respects** the school rules.
그녀는 항상 교칙을 ⁶_____.

In all **respects** he's very smart.
모든 ⁷_____에서 그는 매우 똑똑하다.

0398

# respective *

[rispéktiv]

형 각자의, 각각의(= individual)

**구별 TIP** 개인의 다른 점을 존중(respect)하는(-ive) → 각자의

Everyone returned to their **respective** homes.
모든 사람들은 ⁸_____ 집으로 돌아갔다.

• respectively  부 각자, 제각기

1 주제  2 과목  3 실험 대상들  4 주관적인  5 존중하는  6 준수한다  7 측면  8 각자의

0399

# comprehend

[kàmprihénd]

동 이해하다

He didn't fully **comprehend** what his teacher had said.
그는 선생님이 말씀하신 것을 완전히 <sup>1</sup>_____ 못했다.

0400

# comprehensive*

[kàmprihénsiv]

형 포괄적인, 종합적인

**구별 TIP** 사물의 특성을 폭넓게 이해(comprehend)하는(-ive) → 포괄적인

The researchers conducted a **comprehensive** study of wild animals.
그 연구원들은 야생 동물에 대한 <sup>2</sup>_____ 연구를 수행했다.

---

0401

# occupy*

[ákjupài]

동 1. 차지하다; 점령하다  2. (건물, 방 등을) 사용하다, 거주하다

His books **occupy** most of his room.
그의 책들이 방의 대부분을 <sup>3</sup>_____.

We **occupy** an office on the fifth floor.
우리는 5층에 있는 사무실을 <sup>4</sup>_____.

0402

# occupation*

[àkjupéiʃən]

명 1. 직업, 직무 (= job)  2. (건물 등의) 거주, 사용; 점령

**구별 TIP** 개인이 생계를 꾸리기 위해 차지하는(occupy) 것(-tion) → 직업

Her **occupation** is selling shoes.
그녀의 <sup>5</sup>_____ 은 신발 판매직이다.

The building under construction will be ready for **occupation** by next month.
건설 중인 그 건물은 다음 달까지 <sup>6</sup>_____을 위한 준비가 될 것이다.

> **뉘앙스 感잡기**  '직업'을 나타내는 여러 가지 어휘
>
> **job**  '직업'이나 '일'을 뜻하는 가장 일반적인 어휘. 구어체에서 많이 사용
> **occupation**  직업으로 삼고 있는 일의 종류. 서류에서 자주 사용
> **position, post**  직업에서 자신이 맡고 있는 지위
> **profession**  교사, 의사, 변호사처럼 전문적인 교육과 자격이 요구되는 전문직
> **career**  오랫동안 했던 직업이나 그 경력

<sup>1</sup> 이해하지  <sup>2</sup> 종합적인  <sup>3</sup> 차지한다  <sup>4</sup> 사용한다  <sup>5</sup> 직업  <sup>6</sup> 사용

## compete + '-ent' = competent

0403

# compete **

강세주의 [kəmpíːt]

동 경쟁하다, 겨루다; (시합, 경기 등에) **참가하다**

The rookie will **compete** with the world champion in the semifinal.
그 신인 선수는 준결승에서 세계 챔피언과 [1]_____ 것이다.

32 teams will **compete** in the World Cup.
32개 팀이 월드컵에 [2]_____ 것이다.

0404

# competent *

[kámpətənt]

형 능숙한, 유능한(↔ incompetent 무능한)

**구별 TIP** 타인과 경쟁(compete)할(-ent) 실력이 되는 → 유능한

We need a **competent** mechanic to fix the problem.
우리는 그 문제를 해결하기 위해서 [3]_____ 정비사가 필요하다.

---

**❷ 서로 다른 의미의 품사를 갖는 단어**

0405

# intent *

[intént]

명 의도, 목적(= intention)
형 몰두하는, 열중하는; 강한 관심[흥미]을 보이는

**구별 TIP** '의도, 목적'(명)을 달성하기 위해 → '몰두하는'(형) 태도가 필요

My aunt bought a car with the **intent** to commute.
우리 이모는 통근할 [4]_____으로 차를 사셨다.

I was so **intent** on reading the novel that I didn't notice the time.
나는 소설을 읽는 데 너무 [5]_____ 시간 가는 줄도 몰랐다.

0406

# complete **

강세주의 [kəmplíːt]

형 완전한, 완벽한(↔ incomplete 불완전한, 미완성의)
동 완료하다, 끝마치다

**구별 TIP** '완벽한'(형) 상태를 만들기 위해 필요한 행동 → 하던 일을 '완료하다'(동)

Transferring to another school can be a **complete** change for children.
다른 학교로 전학 가는 것은 아이들에게 [6]_____ 변화일 수 있다.

She **completed** the whole course to get a driver's license.
그녀는 운전면허를 따기 위한 전 과정을 [7]_____.

• **completion** 명 완성, 완료

1 겨룰  2 참가할  3 유능한  4 목적  5 몰두해서  6 완전한  7 완료했다

0407

# minute **

발음주의

명 [mínit] 형 [mainjúːt]

명 (시간 단위의) 분(分); 순간(= moment)
형 1. 미세한, 극히 작은  2. 대단히 상세한, 철저한

**구별 TIP** 1) 시(hour)보다 작은 단위인 '분'(minute)(명) → 미세한, 작은(형)
2) 약속 시간의 '분'(minute)(명) 단위까지 잘 지키는 → 철저한(형)

We spent twenty **minutes** making dinner.
우리는 저녁을 준비하는 데 20¹_____이 걸렸다.

**Minute** differences can lead to a totally different result.
²_____ 차이들이 완전히 다른 결과로 이어질 수 있다.

My grandmother remembered everything about the war in **minute** detail.
우리 할머니는 그 전쟁에 관한 모든 것을 ³_____ 사항까지 기억하셨다.

---

0408

# objective *

[əbdʒéktiv]

명 목적, 목표(= purpose, goal)
형 객관적인(↔ subjective 주관적인)

**구별 TIP** '목적'(명)을 달성하기 위해서는 → '객관적인'(형) 태도로 상황을 볼 필요가 있음

You can achieve your **objectives** if you make specific plans.
만약 구체적인 계획을 세운다면 너는 너의 ⁴_____을 이룰 수 있다.

Scientists must be **objective** in their studies.
과학자들은 자신의 연구에 있어서 ⁵_____ 한다.

• objectivity  명 객관성(↔ subjectivity 주관성)

---

0409

# store **

[stɔːr]

명 가게, 상점(= shop)
동 보관하다, 저장하다

**구별 TIP** '가게, 상점'(명)에서 → 물건을 쌓아 '보관하다'(동)

She went to the grocery **store** to buy some eggs.
그녀는 달걀을 좀 사러 식료품 ⁶_____에 갔다.

Potatoes should be **stored** at room temperature.
감자는 실온에서 ⁷_____ 한다.

• storage  명 저장(고)

---

1 분  2 미세한  3 대단히 상세한  4 목표들  5 객관적이어야  6 가게  7 보관되어야

0410

# long**

[lɔːŋ]

형 긴; 오랜

동 간절히 바라다

**구별 TIP** '오랜'(형) 기간 동안 갖는 마음 → 무언가를 '간절히 바라다'(동)

a **long**-sleeved shirt

¹_____ 소매의 셔츠

Rachel **longed** for a chance to become a singer.

Rachel은 가수가 될 기회를 ²_____.

- **long for** ~을 간절히 바라다
- **as long as** ~하는 한, ~하는 이상은
- **in the long run** 결국에는

- longing 명 갈망, 열망

---

❸ '-ly'가 붙어서 의미가 달라지는 단어

**near + '-ly' = nearly**

0411

# near*

[niər]

형 가까운  부 가까이  전 ~ 가까이에

Where is the **nearest** convenience store?

가장 ³_____ 편의점은 어디입니까?

She told her son not to go **near** the water.

그녀는 아들에게 물 ⁴_____ 가지 말라고 말했다.

---

0412

# nearly**

[níərli]

부 거의(= almost); 하마터면

**구별 TIP** near(가까운; 가까이)+-ly부 → 어떤 정도에 매우 가까이 → 거의

It's been **nearly** three months since my last haircut.

지난번에 이발한 후로 ⁵_____ 세 달이 되었다.

1 긴  2 간절히 바랐다  3 가까운  4 가까이에  5 거의

## late + '-ly' = lately

**0413**

**late**<sup>*</sup>

[leit]

형 늦은　부 늦게

We apologize for the **late** arrival of this flight.
본 항공기의 <sup>1</sup>＿＿＿＿＿ 도착[연착]에 대해 사과드립니다.

David stayed up **late** last night to do his homework.
David는 숙제를 하기 위해 어젯밤에 <sup>2</sup>＿＿＿＿＿까지 깨어 있었다.

---

**0414**

**lately**

[léitli]

부 최근에, 요즈음 (= recently)

**구별 TIP** late(늦은; 늦게)+-ly부 → 늦게 발생해서 얼마 되지 않은 → 최근에

She's developed strange habits **lately** that she didn't have before.
그녀는 예전에 없던 이상한 습관들이 <sup>3</sup>＿＿＿＿＿ 들었다.

## close + '-ly' = closely

**0415**

**close**

발음주의
형 [klous]　동 [klouz]

형 가까운　동 닫다

Lia's new house is very **close** to mine.
Lia의 새집은 내 집과 아주 <sup>4</sup>＿＿＿＿＿.

Please **close** the door and have a seat.
문을 <sup>5</sup>＿＿＿＿＿ 자리에 앉으세요.

---

**0416**

**closely**

[klóusli]

부 1. 밀접하게　2. 면밀히, 엄중히

**구별 TIP** close(가까운)+-ly부 → 1) 아주 가까워서 '밀접하게' 된
2) 아주 가까이에서 '면밀히' 보는

Human life and climate are **closely** related.
인간의 삶과 기후는 <sup>6</sup>＿＿＿＿＿ 관련되어 있다.

Air pollution levels are being **closely** monitored.
대기 오염도는 <sup>7</sup>＿＿＿＿＿ 관찰되고 있다.

1 늦은　2 늦게　3 최근에　4 가깝다　5 닫고　6 밀접하게　7 면밀히

## deep + '-ly' = deeply

**0417**

# deep
[diːp]

형 (거리상) 깊은(↔ shallow 얕은)  부 깊게

The submarine will explore the **deep** sea.
그 잠수함은 ¹_____ 바다를 탐사할 것이다.

**0418**

# deeply*
[díːpli]

부 매우; (정도가) 깊게

**구별 TIP** deep(깊은)+-ly부 → 어떤 정도가 아주 깊어서 심한 → 매우

I was **deeply** shocked to hear about the accident.
나는 그 사고에 대해 듣고서 ²_____ 충격을 받았다.

## name + '-ly' = namely

**0419**

# name
[neim]

명 이름  동 이름을 지어주다

May I have your **name** and address, please?
³_____과 주소를 알려 주시겠습니까?

The Eiffel Tower is **named** after the engineer Gustav Eiffel.
에펠탑은 기술자 Gustav Eiffel의 이름을 따서 ⁴_____.

**0420**

# namely
[néimli]

부 즉, 다시 말해

**구별 TIP** name(이름)+-ly부 → 이름하여, 달리 말하면 → 즉

Two students, **namely** Jay and Sally, were absent today.
두 명의 학생들, ⁵_____ Jay와 Sally가 오늘 결석했다.

1 깊은  2 매우  3 이름  4 이름이 지어졌다  5 즉

# 스토리편

재미와 교훈을 주는 이야기

*How to infer the meanings of words*
*from their context*

## + Unit + 15

# 범인은 이 방 안에 있습니다!

보카 *Story* ✎ 유명 다이아몬드 전시 기념 파티에서 수많은 손님이 있는 가운데 순식간에 백만 달러짜리 다이아몬드 목걸이가 사라졌다! 가는 곳마다 사건이 발생하는 우리의 명탐정 셜록 홈스 과연 홈스는 그 많은 손님들 중에서 범인을 찾아낼 수 있을 것인가!

### ❶ 긴급 상황! 다이아몬드가 사라지다!

---

0421

## detective

[ditéktiv]

몡 탐정; 형사

Sherlock Holmes was a capable **detective**.

Sherlock Holmes는 유능한 ¹_____이었다.

---

0422

## mystery

[místəri]

몡 (알 수 없는) 미스터리, 수수께끼; 신비, 불가사의

He solved many **mysteries** that involved crimes.

그는 범죄와 관련된 많은 ²_____를 해결했다.

• mysterious 혱 설명하기 힘든, 불가사의한

---

0423

## incident *

[ínsidənt]

몡 (특히 좋지 않은) 사건, 일

One day, a mysterious **incident** occurred at a party.

어느 날, 한 파티에서 불가사의한 ³_____이 일어났다.

---

0424

## theft

[θeft]

몡 절도(죄), 도둑질(= stealing)

A diamond **theft** occurred.

다이아몬드 ⁴_____가 발생했다.

• thieve 동 훔치다(= steal)
• thief 몡 도둑

---

1 탐정  2 미스터리  3 사건  4 절도

**0425**

# burglar

철자주의 [bə́ːrɡlər]

[명] (주거 침입) **절도범, 강도**

People thought a **burglar** had broken in and stolen the diamond.
사람들은 ¹_____이 침입하여 그 다이아몬드를 훔쳤다고 생각했다.

• burglary [명] (절도를 목적으로 한) 주거 침입(죄), 강도(죄)

> **Voca Plus** 'stealing(절도)'과 관련된 여러 가지 어휘
>
> theft  도둑질, 절도               shoplifting  가게 좀도둑질
> robbery  강도, 폭력을 사용한 절도      fraud  사기 절도
> burglary  주거 침입 강도            pickpocket  소매치기

---

### ❷ 명탐정 홈스의 수사가 시작되다!

**0426**

# clue*

[kluː]

[명] **단서, 실마리** (= hint)

He started to search for **clues**.
그는 ²_____를 찾기 시작했다.

---

**0427**

# suspect*

강세주의
[동] [səspékt] [명] [sʌ́spekt]

[동] 1. **의심하다** 2. **~이 아닌가 하고 생각하다**   [명] **용의자**

He **suspected** a waiter was the thief.
그는 웨이터가 도둑이라고 ³_____.

I **suspect** that we will have snow before tomorrow.
나는 내일이 되기 전에 눈이 오는 것⁴_____.

> **뉘앙스 感잡기**  suspect vs. doubt
>
> 두 단어 모두 '의심하다'로 해석되지만, suspect의 의미는 think에, doubt의 의미는 don't think에 가까
> 워요. 즉, suspect는 뒤의 내용을 긍정하는 것이고, doubt는 뒤의 내용을 부정하는 것이랍니다.
>
> I **doubt** that we will have snow before tomorrow.
> 나는 내일이 되기 전에 눈이 올지 **의심스럽다**[눈이 올 것 같지 **않다**].

---

**0428**

# suspicion

[səspíʃən]

[명] **혐의; 의심, 의혹**

There was a **suspicion** that the waiter had stolen the diamond.
그 웨이터가 다이아몬드를 훔쳤다는 ⁵_____가 있었다.

• suspicious [형] 의심스러운, 의심스러워하는

¹ 절도범  ² 단서  ³ 의심했다  ⁴ 이 아닌가 하고 생각한다  ⁵ 혐의

**0429**

# scan *

scanned-scanned-scanning
[skæn]

〔동〕 1. 유심히 살피다  2. (빠르게) 대충 훑어보다

Holmes **scanned** the waiter's room, looking for a clue.
Holmes는 단서를 찾으면서 웨이터의 방을 <sup>1</sup>_____.

He quickly **scanned** through the newspaper.
그는 빠르게 신문을 <sup>2</sup>_____.

---

**0430**

# proof *

[pruːf]

〔명〕 증거(물)   〔형〕 (~에) 견딜 수 있는 《방수, 방염 등의 처리가 된》

Finally, Holmes found **proof** of the waiter's crime.
마침내, Holmes는 그 웨이터의 범죄에 대한 <sup>3</sup>_____를 찾았다.

a water-**proof** coat
<sup>4</sup>_____ 수 코트

• prove  〔동〕 입증하다, 증명하다

---

**0431**

# certain **

[sə́ːrtn]

〔형〕 확신하는; 확실한(↔ uncertain 자신 없는; 불확실한)

Holmes was **certain** that the waiter was the thief.
Holmes는 웨이터가 도둑이라고 <sup>5</sup>_____.

• certainly  〔부〕 틀림없이, 분명히(= beyond question)
• certainty  〔명〕 확신; 확실(성)(↔ uncertainty 확신이 없음, 불확실(성))

---

❸ 범인과의 추격전 그리고 체포까지!

---

**0432**

# escape *

[iskéip]

〔동〕 도망치다, 달아나다(= flee)   〔명〕 탈출, 도피

The police put the waiter in jail, but he **escaped**.
경찰이 그 웨이터를 감옥에 가두었지만, 그는 <sup>6</sup>_____.

Travel can be an **escape** from our daily lives.
여행은 일상으로부터의 <sup>7</sup>_____ 이 될 수 있다.

---

<sup>1</sup> 유심히 살폈다  <sup>2</sup> 대충 훑어보았다  <sup>3</sup> 증거  <sup>4</sup> 방  <sup>5</sup> 확신했다  <sup>6</sup> 도망쳤다  <sup>7</sup> 탈출

0433

# chase*

[tʃeis]

동 1. 뒤쫓다, 추격하다(= run after)  2. 추구하다   명 추적, 추격

The police **chased** after him.
경찰이 그를 <sup>1</sup>_____.

Too many people **chase** money and success nowadays.
요즘에는 너무 많은 사람들이 돈과 성공을 <sup>2</sup>_____.

◆ **chase after** ~을 뒤쫓다

---

0434

# arrest*

[ərést]

동 체포하다, 검거하다   명 체포, 검거

The police **arrested** him at last.
경찰은 마침내 그를 <sup>3</sup>_____.

He was under **arrest** on suspicion of theft.
그는 절도 혐의로 <sup>4</sup>_____ 되었다.

◆ **arrest A for B** A를 B 혐의로 체포하다
◆ **under arrest** 체포되어, 구금 중인

> **生生표현**  미란다 원칙(Miranda Warning)
>
> 영화에서 범인을 체포할 때마다 듣게 되는 미란다 원칙! 이 원칙을 말해 주지 않고 체포하면 유력한 용의자도 무죄로 풀려날 수 있다고 해요.
>
> You have the right to remain silent. Anything you say can and will be used against you in a court of law. You have the right to an attorney. If you cannot afford an attorney, one will be provided for you.
> (당신에게는 묵비권이 있으며, 당신이 말하는 모든 것은 법정에서 당신에게 불리하게 사용될 수 있습니다. 당신은 변호사를 선임할 권리가 있으며, 변호사를 선임할 경제력이 안 된다면 국선 변호사가 제공될 것입니다.)

---

0435

# handcuff

[hǽndkʌ̀f]

명 수갑

The police put **handcuffs** on his wrists.
경찰은 그의 손목에 <sup>5</sup>_____을 채웠다.

---

<sup>1</sup> 뒤쫓았다  <sup>2</sup> 추구한다  <sup>3</sup> 체포했다  <sup>4</sup> 체포  <sup>5</sup> 수갑

## 0436
# law **
발음주의 [lɔː]

명 법, 법률; 법칙

The waiter broke the **law**.
그 웨이터는 [1]_____을 위반했다.

- **lawyer** 명 변호사
- **lawful** 형 법이 허용하는, 합법적인(↔ unlawful 불법의)

## 0437
# legal *
[líːgəl]

형 법적인, 법률상의; 합법의(↔ illegal 불법의)

He needed **legal** advice from a lawyer.
그는 변호사의 [2]_____ 조언이 필요했다.

- **legally** 부 법률적으로; 합법적으로(↔ illegally 불법으로)

## 0438
# trial *
[tráiəl]

명 1. 재판, 공판 2. 시험; 시도(= attempt) 동 시험하다

The waiter was on **trial** for theft.
그 웨이터는 절도죄로 [3]_____을 받았다.

New medicines require many scientific **trials**.
새로운 약(의 개발)에는 많은 과학적 [4]_____이 필요하다.

- **on trial** 1. 재판을 받는 2. 시험받고 있는
- **trial and error** 시행착오

## 0439
# court
[kɔːrt]

명 1. 법정, 법원 2. (테니스 등의) 경기장 3. 궁궐

Holmes went to **court** to see the trial.
Holmes는 그 재판을 보기 위해 [5]_____에 갔다.

a tennis **court**
테니스 [6]_____

The queen spends a lot of time at her **court**.
그 여왕은 자신의 [7]_____에서 많은 시간을 보낸다.

1 법  2 법적인  3 재판  4 시험  5 법정  6 경기장  7 궁궐

0440

# evidence**

[évidəns]

명 증거(물)(= proof)

There was solid **evidence** that the waiter stole the diamond.
그 웨이터가 그 다이아몬드를 훔쳤다는 확실한 ¹_____가 있었다.

• evident    형 분명한, 명백한(= clear, obvious)
• evidently    부 분명히, 명백히(= clearly, obviously)

---

0441

# witness*

[wítnis]

명 목격자; 증인   동 목격하다

The **witness** explained what had happened.
그 ²_____는 무슨 일이 있었는지 설명했다.

Have you ever **witnessed** a crime?
범죄를 ³_____ 일이 있습니까?

---

0442

# jury*

발음주의 [dʒúəri]

명 배심원(단); 배심

The **jury** made its decision.
⁴_____이 평결을 내렸다.

> **미국문화 돋보기**   **배심원 제도(The Jury System)**
>
> 미국에서는 사전에 지원을 한 사람 중 무작위로 뽑아 법정에서 사건에 대해 평결을 할 배심원단을 구성합니다. 소수의 법률전문가들에 의해 판결이 이루어지는 것을 막아 공정성을 확보하고 '열린 재판의 실현'이라는 면에서 긍정적이기도 하지만, 선발된 배심원들이 법률전문가가 아니기 때문에 감정에 좌우되는 부작용도 있어요. 우리나라도 '국민 참여 재판'이라는 이름으로 2008년 1월부터 배심원 제도가 일부 시행되고 있어요.

---

**❺ 그리고 남은 이야기**

---

0443

# guilty*

[gílti]

형 1. 죄책감을 느끼는 2. 유죄의(↔ innocent 무죄의)

The thief felt **guilty** about his crime.
그 도둑은 자신의 범행에 대해 ⁵_____.

The jury found him **guilty**.
배심원단은 그에게 ⁶_____ 판결을 내렸다.

• guilt   명 1. 죄책감 2. 유죄(↔ innocence 무죄)

---

1 증거   2 목격자   3 목격한   4 배심원단   5 죄책감을 느꼈다   6 유죄

**0444**

# admit**

admitted-admitted
-admitting
[ədmít]

동 1. 인정하다, 시인하다  2. 입장[입학]을 허가하다

The waiter **admitted** his guilt.
그 웨이터는 자신의 죄를 ¹_____.

This ticket **admits** two people.
이 표는 두 명의 ²_____.

- admission  명 1. 인정, 시인  2. 입학
- admittance  명 입장 (허가)

---

**0445**

# fake

[feik]

명 모조품, 위조품  형 가짜의, 위조의 (↔ authentic 진짜의, 진품의)

Surprisingly, the diamond turned out to be **fake**.
놀랍게도 그 다이아몬드는 ³_____으로 드러났다.

We should learn how to identify **fake** news on social media.
우리는 소셜 미디어 내의 ⁴_____ 뉴스를 구별하는 방법을 배워야 한다.

---

++ **의외의 뜻이 숨어 있는 익숙한 어휘 1**

---

**0446**

# address*

[ədrés]

명 1. 주소  2. 연설 (= speech)  동 1. 연설하다  2. (문제를) 다루다, 처리하다

Please write your e-mail **address** here.
여기에 귀하의 이메일 ⁵_____를 적어 주십시오.

The president **addressed** the country about the environment.
대통령은 국민에게 환경에 대해 ⁶_____.

The article **addresses** the problem of illegal immigration.
그 기사는 불법 이민 문제를 ⁷_____.

---

**0447**

# counter*

[káuntər]

명 1. 계산대; 판매대  2. 반박  동 반박하다  부 반대로, 반대 방향으로

People were waiting for their turn in front of the **counter**.
사람들이 ⁸_____ 앞에서 자신의 차례를 기다리고 있었다.

His argument was so reasonable that it was difficult to **counter**.
그의 주장이 너무 합리적이라 ⁹_____ 어려웠다.

We think the new policy runs **counter** to common sense.
우리는 그 새로운 정책이 상식에 ¹⁰_____ 간다고 생각한다.

---

¹ 인정했다  ² 입장을 허가한다  ³ 모조품  ⁴ 가짜  ⁵ 주소  ⁶ 연설했다  ⁷ 다룬다  ⁸ 계산대  ⁹ 반박하기  ¹⁰ 반대 방향으로

0448

# fair**

[fɛər]

형 1. 공평한, 공정한(↔ unfair 불공평한) 2. 상당한  명 박람회

Teachers should be **fair** with all students.
교사는 모든 학생에게 ¹_____ 한다.

I have a **fair** amount of homework to do today.
나는 오늘 해야 할 ²_____ 양의 숙제가 있다.

There was a book **fair** last Sunday.
지난 일요일에 도서 ³_____ 가 있었다.

◆ **be fair with** ~에게 공평하다

• **fairly** 부 1. 공정하게; 타당하게(↔ unfairly 불공평하게; 부당하게) 2. 상당히, 꽤

---

0449

# sentence**

[séntəns]

명 1. 문장 2. 선고, 판결(= judg(e)ment)  동 선고하다, 판결하다

This paragraph consists of five **sentences**.
이 단락은 다섯 개의 ⁴_____으로 구성되어 있다.

The judge **sentenced** him to three years in prison.
판사가 그에게 3년의 징역형을 ⁵_____.

> **Voca Plus** '법적 처벌'의 여러 가지 종류
>
> **a fine** 벌금형
> **community service** 사회봉사
> **a suspended sentence** 집행 유예
> **imprisonment** 징역
> **a life sentence** 무기 징역, 종신형(= life imprisonment)
> **the death penalty** 사형(= capital punishment)

---

0450

# ticket

[tíkit]

명 1. 표, 입장권 2. (교통법규 위반) 딱지
동 1. 표를 발행하다 2. (교통법규 위반) 딱지를 발부하다

Since you bought the movie **tickets**, I'll buy popcorn.
네가 영화⁶_____를 샀으니, 내가 팝콘을 살게.

My dad got a **ticket** for speeding.
우리 아빠가 속도위반으로 ⁷_____를 받으셨다.

¹ 공평해야 ² 상당한 ³ 박람회 ⁴ 문장 ⁵ 선고했다 ⁶ 표 ⁷ 딱지

## Unit 16

# 받는 것보다 주는 게 더 행복하다고?
# <아낌없이 주는 나무>

보카 Story

아낌없이 주는 나무에 대해 들어본 적 있나요? 한 소년을 깊이 사랑해서 소년이 원하는 대로 모든 것을 내어 주기만 하던 나무가 있었답니다. 자신의 모든 것을 내어주고도 행복해하는 나무를 보며, 그동안의 우리 모습 은 어땠는지 한번 돌아봅시다.

### ❶ 작은 소년과 나무, 함께 있어 행복한 둘

---

0451

# daylight

[déilàit]

명 햇빛, 일광

The little boy would play under the tree until the **daylight** disappeared.
어린 소년은 <sup>1</sup>_____ 이 사라질 때까지 나무 아래에서 놀곤 했다.

> **Voca Plus** '하루의 때'를 나타내는 여러 가지 어휘
>
> **dawn** 새벽; 날이 새다
> **daybreak** 새벽, 동틀 녘
> **noon** 정오, 한낮
> **midday** 정오, 한낮
> **twilight** 황혼, 땅거미
> **dusk** 황혼, 땅거미
> **midnight** 자정, 밤 열두 시, 한밤중

---

0452

# sunset

[sʌ́nsèt]

명 일몰, 해 질 녘 (↔ sunrise 일출, 해돋이)

The boy left the tree before **sunset**.
소년은 <sup>2</sup>_____ 전에 나무를 떠났다.

---

0453

# innocent *

[ínəsənt]

형 1. 순진한, 천진난만한 (= naive)  2. 무죄인, 결백한 (↔ guilty 유죄인)

At that time, the boy was so young and **innocent**.
그 당시에 소년은 무척 어리고 <sup>3</sup>_____.

Nobody in the court believed that he was **innocent**.
법정에 있는 누구도 그가 <sup>4</sup>_____ 믿지 않았다.

• innocence 명 1. 순진, 천진난만  2. 무죄, 결백 (↔ guilt 유죄)

---

<sup>1</sup> 햇빛  <sup>2</sup> 일몰  <sup>3</sup> 순진했다  <sup>4</sup> 무죄라고

0454

# pure **

[pjuər]

형 순수한; 불순물이 없는; 깨끗한(↔ impure 순수하지 못한; 불순물이 섞인; 더러운)

Their friendship was **pure**.

그들의 우정은 [1] _____.

**pure** gold

[2] _____ 금

- purity 명 순수성, 순도
- purely 부 전적으로, 오직

---

0455

# progress **

강세주의

동 [prəgrés] 명 [prágres]

동 1. (시간이) 지나다  2. 진행하다; 진보하다(= advance)  명 진행; 진보

As time **progressed**, their friendship became stronger.

시간이 [3] _____ 에 따라, 그들의 우정은 더 강해졌다.

She wrote about all the **progress** in her experiment.

그녀는 자신의 실험에서의 모든 [4] _____ 에 대해 기록했다.

- **make progress** 진보하다, 발전[향상]하다
- **in progress** (현재) 진행 중인
- progressive 형 1. 진보적인; 진보주의의  2. 점진적인, 꾸준히 진행되는  명 진보주의자
- progressively 부 1. 진보적으로  2. 점진적으로, 꾸준히 계속해서(= gradually)

---

0456

# arise *

arose-arisen

[əráiz]

동 (문제가) 발생하다, 일어나다

However, problems **arose** as the boy grew.

그러나 소년이 자라면서 문제들이 [5] _____.

- **arise from** ~로 인해 발생하다

---

❷ 소년을 위해 늘 희생하는 나무

---

0457

# afford *

[əfɔ́ːrd]

동 (금전적, 시간적) 여유가 있다, 형편이 되다

The boy wanted to get many things, but he couldn't **afford** them.

소년은 많은 것을 가지고 싶어 했지만, 그것들을 가질 수 있는 [6] _____ 않았다.

- affordable 형 (가격 등이) 감당할 수 있는, 알맞은

---

1 순수했다  2 순  3 지남  4 진행  5 발생했다  6 형편이 되지

## 0458

**sigh**<sup>*</sup>

발음주의 [sai]

[동] 한숨을 쉬다; 한숨을 쉬며 말하다    [명] 한숨

He went to the tree and **sighed**.
그는 나무에게로 가서 <sup>1</sup>_____.

---

## 0459

**startle**

[stɑ́ːrtl]

[동] 깜짝 놀라게 하다 (= surprise)

The tree was **startled** to see his sad face.
나무는 그의 슬픈 얼굴을 보고 <sup>2</sup>_____.

• **startling** [형] 깜짝 놀랄, 놀랄 만한 (= surprising)

---

## 0460

**inquire /
enquire**<sup>*</sup>

[inkwáiər]

[동] 1. 묻다, 질문을 하다 (= ask)  2. 조사하다 (= investigate)

"Is something wrong?" the tree **inquired**.
"뭔가 잘못됐니?" 나무가 <sup>3</sup>_____.

The detective **inquired** about the murder.
탐정은 그 살인 사건에 대해 <sup>4</sup>_____.

• **inquiry / enquiry** [명] 1. 문의, 질문  2. 조사 (= investigation)

---

## 0461

**request**<sup>**</sup>

[rikwést]

[동] 요청하다, 신청하다    [명] 요청, 신청

The boy **requested** money from the tree.
소년은 나무에게 돈을 <sup>5</sup>_____.

I rejected their **request** for an interview.
나는 그들의 인터뷰 <sup>6</sup>_____을 거절했다.

• **request A to-v** A에게 v해달라고 요청하다

---

## 0462

**financial**

[fainǽnʃəl]

[형] 재정(상)의; 금융(상)의

The tree could meet the boy's **financial** needs by giving him its fruit.
나무는 자신의 과일을 내줌으로써 소년의 <sup>7</sup>_____ 요구를 충족시킬 수 있었다.

• **finance** [명] 재정, 재무  [동] 자금을 대다
• **financially** [부] 재정적으로, 재정상

<sup>1</sup> 한숨을 쉬었다  <sup>2</sup> 깜짝 놀랐다  <sup>3</sup> 물었다  <sup>4</sup> 조사했다  <sup>5</sup> 요청했다  <sup>6</sup> 요청  <sup>7</sup> 재정의

0463

## adulthood

[ədʌ́lthùd]

⟨명⟩ 성인(임), 성년

The boy visited the tree again in **adulthood**.
소년은 <sup>1</sup>_____ 이 되어 나무를 다시 찾아왔다.

0464

## pressure **

[préʃər]

⟨명⟩ 1. 압박(감), 압력  2. 《물리》 압축, 압력; 기압
⟨동⟩ 압력을 가하다; (~하도록) 강요하다

The boy felt **pressure** since he needed a house to live in.
소년은 살 집이 필요해서 <sup>2</sup>_____ 을 느끼고 있었다.

High **pressure** will bring dry conditions next week.
다음 주 고<sup>3</sup>_____ 의 영향으로 건조한 날씨가 이어지겠습니다.

◆ **under pressure** 압력을 받는; 강요당하는

0465

## propose *

[prəpóuz]

⟨동⟩ 1. 제안하다(= suggest)  2. 청혼하다

The tree **proposed** that he take its branches to build his house.
나무는 소년에게 집을 짓기 위해 자신의 가지를 가져가라고 <sup>4</sup>_____.

He **proposed** to her last night, but she refused.
그는 어젯밤에 그녀에게 <sup>5</sup>_____, 그녀는 거절했다.

● proposal  ⟨명⟩ 1. 제안(= suggestion)  2. 청혼

0466

## pleasure *

[pléʒər]

⟨명⟩ 기쁨, 즐거움; 기쁜 일

It was a **pleasure** for the tree to give him everything.
그에게 모든 것을 주는 것이 나무에게는 <sup>6</sup>_____ 이었다.

◆ **for pleasure** 재미로, 오락으로

● pleasant  ⟨형⟩ 1. 기쁜, 즐거운  2. 상냥한, 예의 바른(↔ unpleasant 1. 불쾌한  2. 불친절한)

0467

## buddy

[bʌ́di]

⟨명⟩ 친구(= friend); 동료, 동지(= companion)

Years later, the boy came to meet his old **buddy**.
몇 년 후, 소년은 자신의 오랜 <sup>7</sup>_____ 를 만나러 왔다.

1 성인  2 압박감  3 기압  4 제안했다  5 청혼했지만  6 기쁨  7 친구

## 0468

# voyage*

발음주의 [vɔ́iidʒ]

몡 여행, 항해   동 여행하다, 항해하다

He wanted to rest by taking a **voyage**.
소년은 <sup>1</sup>_____을 떠남으로써 쉬기를 원했다.

◆ **take a voyage** 여행을 떠나다

> **아하!** 자주 쓰이는 프랑스어 표현 "Bon voyage!"
>
> Bon voyage(본 보야지)는 여행을 떠나는 사람에게 건네는 "잘 다녀오세요!" 또는 "좋은 여행 되세요!"라
> 는 의미의 인사말이에요. 자주 쓰이는 프랑스어 표현 몇 가지를 더 알아볼까요?
> **Bon appétit (본 아베띠)** 맛있게 드세요.
> **tous les jours (뚜레쥬르)** 매일매일
> **la vie en rose (라비앙로즈)** 장밋빛 인생

---

## 0469

# pity*

[píti]

몡 동정(심)(= sympathy); 유감

The tree felt **pity** for the boy.
나무는 소년에게 <sup>2</sup>_____을 느꼈다.

- **pitiful** 혱 가엾은; (경멸감이 들 정도로) 한심한
- **pitiless** 혱 인정사정없는; 혹독한

---

## 0470

# hesitate**

[hézətèit]

동 주저하다, 망설이다

The tree did not **hesitate** to give him its own body.
나무는 그에게 자기 자신의 몸통을 내어주는 것을 <sup>3</sup>_____ 않았다.

◆ **hesitate to-v** v하기를 주저하다

- **hesitation** 몡 주저, 망설임(= hesitancy)
- **hesitant** 혱 주저하는, 망설이는

---

## 0471

# sacrifice**

[sǽkrəfàis]

동 1. 희생하다 2. 제물로 바치다   몡 1. 희생 2. 제물; 제물을 바침

The tree **sacrificed** itself to make him happy.
나무는 그를 행복하게 만들기 위해서 자신을 <sup>4</sup>_____.

They planned to **sacrifice** sheep as an act of worship.
그들은 숭배의 행위로 양을 <sup>5</sup>_____ 계획이었다.

---

1 여행  2 동정심  3 주저하지  4 희생했다  5 제물로 바칠

0472

## priceless

[práislis]

[형] 값을 매길 수 없는, 대단히 귀중한 (= invaluable)

For the tree, its friendship with the boy was **priceless**.
나무에게 소년과의 우정은 ¹_____.

- **price** [명] 가격; 대가　[동] 가격[값]을 매기다

---

0473

## fortunate*

[fɔ́ːrtʃənət]

[형] 운이 좋은, 다행인 (↔ unfortunate 운이 없는, 불행한)

The tree felt **fortunate** to have helped the boy.
나무는 소년을 도와주어서 ²_____ 생각했다.

- **fortune** [명] 1. 운, 행운 2. 재산, 부; 거금
- **fortunately** [부] 다행스럽게도, 운 좋게도 (↔ unfortunately 불행하게도, 유감스럽게도)

---

0474

## selfish

[sélfiʃ]

[형] 이기적인, 제멋대로인 (↔ selfless 이기심이 없는, 이타적인)

People are often **selfish**, but the tree was not.
사람들은 종종 ³_____, 나무는 그렇지 않았다.

- **selfishly** [부] 이기적으로, 제멋대로

---

0475

## sufficient*

[səfíʃənt]

[형] 충분한 (= enough) (↔ insufficient 불충분한)

If the boy was happy, that was **sufficient** for the tree.
소년이 행복하다면 나무는 그것으로 ⁴_____.

- ◆ **self-sufficient** 자급자족할 수 있는

- **sufficiently** [부] 충분히

---

1 대단히 귀중했다　2 운이 좋다고　3 이기적이지만　4 충분했다

0476

# blue*

[bluː]

[형] 1. 파란, 푸른  2. 우울한

She felt **blue** since her grade was not good.
그녀는 성적이 좋지 않아서 <sup>1</sup>_____.

> **Voca Plus** 'color'가 포함된 여러 가지 표현
>
> **black out**  정전이 되다; 의식을 잃다
> **black and blue**  멍든
> **once in a blue moon**  아주 드물게
> **out of the blue**  갑자기
> **go green**  친환경적이 되다
> **green with envy**  매우 질투하는
> **in the red**  적자 상태로, 빚지고
> **red in the face**  당황해서 얼굴이 빨개진, 창피한
> **see red**  몹시 화를 내다
> **as white as a sheet**  매우 창백한
> **a white lie**  악의 없는 거짓말

0477

# season*

[síːzn]

[명] 계절, 철  [동] 간을 하다, 양념하다(= spice)

What's your favorite **season** of the year?
일 년 중 네가 가장 좋아하는 <sup>2</sup>_____이 언제니?

She **seasoned** the soup with salt.
그녀는 수프를 소금으로 <sup>3</sup>_____.

• seasoning  [명] 조미료, 양념

0478

# interest**

[íntərèst]

[동] 관심[흥미]을 끌다  [명] 1. 관심, 흥미  2. 이자; 이익

Ben is **interested** in learning new languages.
Ben은 새로운 언어를 배우는 데 <sup>4</sup>_____이 있다.

The more money you save, the more **interest** you'll earn.
저축을 많이 할수록 더 많은 <sup>5</sup>_____를 받을 것이다.

✦ **be interested in**  ~에 관심[흥미]이 있다

• interested  [형] 1. 관심[흥미] 있어 하는(↔ uninterested 흥미 없는)  2. 이해관계가 있는

<sup>1</sup> 우울했다  <sup>2</sup> 계절  <sup>3</sup> 간을 했다  <sup>4</sup> 관심  <sup>5</sup> 이자

0479

## pet *

petted-petted-petting

[pet]

명 반려동물   동 쓰다듬다

What kind of **pet** do you have?

어떤 종류의 <sup>1</sup>_____을 기르니?

My cat likes to be **petted**.

내 고양이는 <sup>2</sup>_____ 주는 것을 좋아한다.

> **미국문화 돋보기**   미국의 반려동물 직업
>
> '반려동물(companion animal)'은 우리의 삶을 공유하고 감정을 지지해 주는 동물로 가족과도 같은 동반자예요. 미국인의 3명 중 2명이 반려동물과 함께하는 만큼 동물의 행복에 대한 인식이 높답니다. 오랫동안 집을 비울 경우 반려동물을 돌봐주는 펫 시터(pet sitter), 반려견의 산책을 담당하는 도그 워커(dog walker), 개나 고양이가 먹을 수 있는 음식을 만들어주는 펫 셰프(pet chef) 등 반려동물의 행복과 복지를 위한 새로운 직업들도 많이 생겨나고 있다고 해요.

0480

## recall *

[rikɔ́ːl]

동 1. 기억해 내다(= recollect)  2. 다시 불러들이다  3. 회수하다
명 1. 기억  2. 회수, 리콜

I couldn't **recall** what my old friend looked like.

나는 내 옛 친구가 어떻게 생겼는지 <sup>3</sup>_____ 수 없었다.

The baseball player was **recalled** to the major leagues.

그 야구 선수는 메이저리그로 <sup>4</sup>_____.

The company has **recalled** all of the drugs.

그 회사는 그 약품을 전량 <sup>5</sup>_____.

---

<sup>1</sup> 반려동물  <sup>2</sup> 쓰다듬어  <sup>3</sup> 기억해 낼  <sup>4</sup> 다시 불러들여졌다  <sup>5</sup> 회수했다

# Unit 17 인류를 돕고 세계 평화를 지킨다! <마블>

보카 Story 특색 있는 인물들과 흥미진진한 스토리로 전 세계인의 사랑을 받고 있는 마블 슈퍼히어로 시리즈 '아이언맨', '캡틴 아메리카', '토르', '헐크' 등 개성 넘치는 슈퍼히어로들이 지구의 평화를 위해 뭉쳤습니다. 고난과 갈등 속에서 세계 평화를 지켜내려 노력하는 히어로들의 모습을 살펴볼까요?

### ❶ 슈퍼히어로들의 놀라운 능력!!

---

0481

## shield *

[ʃiːld]

동 보호하다(= protect), 가리다   명 방패

Superheroes try to **shield** the earth from danger.
슈퍼히어로들은 위험으로부터 지구를 <sup>1</sup>_____ 위해 애쓴다.

Our body's immune system acts as a **shield** against disease.
우리 몸의 면역체계는 질병을 막아주는 <sup>2</sup>_____의 역할을 한다.

◆ **shield A from B** B로부터 A를 보호하다

---

0482

## individual *

발음주의, 강세주의

[ìndəvídʒuəl]

형 1. 각각의(= respective)  2. 개인의  3. 개성 있는, 독특한   명 개인

**Individual** superheroes have their own abilities which make them special.
<sup>3</sup>_____ 슈퍼히어로들은 그들을 특별하게 만들어 주는 고유한 능력을 갖고 있다.

He has a very **individual** style of painting.
그는 매우 <sup>4</sup>_____ 화풍을 갖고 있다.

You can participate in the competition as an **individual**, too.
여러분은 대회에 <sup>5</sup>_____으로 참가할 수도 있습니다.

- **individually** 부 개별적으로, 각자(= separately)
- **individuality** 명 개성, 특성
- **individualism** 명 개인주의; 개성

---

0483

## thunder

[θʌ́ndər]

명 천둥  동 천둥이 치다

Thor is the god of **thunder**, who uses a special hammer.
Thor는 <sup>6</sup>_____의 신이며, 특별한 망치를 사용한다.

<sup>1</sup> 보호하기  <sup>2</sup> 방패  <sup>3</sup> 각각의  <sup>4</sup> 독특한  <sup>5</sup> 개인  <sup>6</sup> 천둥

0484

## outstanding **

[àutstǽndiŋ]

형 뛰어난(= excellent); 눈에 띄는

Captain America has **outstanding** physical ability.
Captain America는 <sup>1</sup>_____ 신체 능력을 갖고 있다.

• outstandingly 　부 우수하게; 두드러지게

---

0485

## weapon *

[wépən]

명 무기, 병기

Iron Man wears a suit of armor that has a number of **weapons**.
Iron Man은 여러 <sup>2</sup>_____ 가 있는 갑옷을 입는다.

---

0486

## mighty

[máiti]

형 1. 강력한, 힘센(= powerful)  2. 웅장한  3. 굉장한

The angrier Hulk gets, the **mightier** he gets.
Hulk는 화가 날수록 점점 더 <sup>3</sup>_____진다.

the **mighty** Rocky Mountains
<sup>4</sup>_____ 로키산맥

It takes a **mighty** effort to write a book.
책을 쓰는 것은 <sup>5</sup>_____ 노력이 든다.

• might 　명 (강력한) 힘, 권력
• mightily 　부 매우, 대단히

---

0487

## insect *

[ínsekt]

명 곤충; 벌레

One of Ant-Man's abilities is to communicate with **insects**.
Ant-Man의 능력 중 하나는 <sup>6</sup>_____ 과 소통하는 것이다.

| Voca Plus '곤충'의 여러 가지 종류 | |
| --- | --- |
| ant 개미 | flea 벼룩 |
| aphid 진딧물 | earthworm 지렁이 |
| bee 벌 | grasshopper 메뚜기 |
| spider 거미 | dragonfly 잠자리 |
| ladybug 무당벌레 | fruit fly 초파리 |
| beetle 딱정벌레 | mosquito 모기 |
| butterfly 나비 | moth 나방 |

---

<sup>1</sup> 뛰어난  <sup>2</sup> 무기  <sup>3</sup> 강력해  <sup>4</sup> 웅장한  <sup>5</sup> 굉장한  <sup>6</sup> 곤충

## 0488
# alien *
발음주의 [éiljən]

명 1. 외계인 2. 외국인  형 1. 외계의 2. 외국의(= foreign) 3. 이질적인

One day, **aliens** from outer space attacked the earth.
어느 날, 우주에서 온 <sup>1</sup>_____이 지구를 공격했다.

an **alien** culture that is different from my country's
우리나라 문화와는 다른 <sup>2</sup>_____ 문화

Everything was **alien** to me when I moved to the new country.
내가 새로운 나라에 이주했을 때, 나에겐 모든 것이 <sup>3</sup>_____.

• alienate  동 (친구 등을) 소원하게[멀어지게] 만들다

---

## 0489
# collaborate *
발음주의, 강세주의
[kəlǽbərèit]

동 협력하다, 공동으로 작업하다(= cooperate)

Superheroes decided to **collaborate** to fight against them.
슈퍼히어로들은 그들에 대항하여 싸우기 위해 <sup>4</sup>_____ 결심했다.

• collaboration  명 협력; 공동 작업

---

## 0490
# fierce *
[fiərs]

형 1. 격렬한, 맹렬한 2. 사나운(= wild) 3. (기상 조건이) 극심한

A **fierce** battle took place between superheroes and their enemies.
슈퍼히어로들과 적들 사이에 <sup>5</sup>_____ 전투가 벌어졌다.

a **fierce** wolf
<sup>6</sup>_____ 늑대

I stayed at home all day because of the **fierce** heat.
나는 <sup>7</sup>_____ 더위 때문에 온종일 집에만 있었다.

---

## 0491
# extraordinary *
강세주의 [ikstrɔ́ːrdənèri]

형 1. 비범한, 대단한 2. 기이한(= unusual, uncommon)

Hulk, who has **extraordinary** strength, helped Captain America in the battle.
<sup>8</sup>_____ 힘을 가진 Hulk는 전투에서 Captain America를 도왔다.

It's an **extraordinary** situation.
<sup>9</sup>_____ 상황이다.

<br>

1 외계인  2 외국의  3 이질적이었다  4 협력하기로  5 격렬한  6 사나운  7 극심한  8 대단한  9 기이한

0492

# rapid *

[rǽpid]

[형] 빠른, 신속한 (= quick)

Iron Man moved at a **rapid** speed to draw the enemies' attention.
Iron Man은 적들의 주의를 끌기 위해 <sup>1</sup>_____ 속도로 움직였다.

• rapidly [부] 빨리, 신속히 (= quickly)

---

0493

# superior **

발음주의, 강세주의

[səpíəriər]

[형] 1. (~보다) 우월한, 우수한  2. 상급의 (↔ inferior 1. 열등한  2. 하급의)
[명] 상급자, 상사 (↔ inferior 하급자, 부하)

It was hard to tell which side was **superior**.
어느 쪽이 더 <sup>2</sup>_____지 가리기가 힘들었다.

a **superior** officer
<sup>3</sup>_____ 장교

She successfully gave a presentation in front of her **superiors**.
그녀는 <sup>4</sup>_____ 앞에서 성공적으로 발표했다.

• superiority [명] 우월(성), 우수 (↔ inferiority 열등함)

---

0494

# conquer

발음주의 [káŋkər]

[동] 정복하다; 이기다

With their amazing power, the superheroes finally
**conquered** the aliens.
자신들의 놀라운 능력으로 슈퍼히어로들은 마침내 외계인들을 <sup>5</sup>_____.

• conqueror [명] 정복자
• conquest [명] 정복; 점령지

---

❸ 슈퍼히어로들 간에 갈등이 발생하다!

---

0495

# confront *

[kənfrʌ́nt]

[동] (위험 등에) 직면하다, 맞서다 (= face); (문제가) 닥치다

Unfortunately, the superheroes were **confronted** with difficulties.
안타깝게도, 슈퍼히어로들은 어려움에 <sup>6</sup>_____.

✦ **be confronted with** ~에 직면하다

• confrontation [명] 대립, 대결

---

1 빠른  2 우월한  3 상급  4 상사들  5 이겼다  6 직면했다

# manage**

[mǽnidʒ]

동 1. 관리하다; 경영하다(= run)  2. (간신히, 용케) 해내다

The government tried to control and **manage** them.
정부는 그들을 통제하고 ¹_____ 했다.

He always **manages** to pass his exams.
그는 항상 시험을 용케 통과 ²_____.

◆ **manage to-v** (간신히, 용케) v해내다

• manager  명 관리자; 경영자
• management  명 (사업체, 조직의) 관리; 경영

---

# disagree*

[dìsəɡríː]

동 반대하다, 동의하지 않다(↔ agree 찬성하다, 동의하다)

Some of them agreed to the new rules, but the others **disagreed**.
그들 중 몇 명은 새 규칙에 동의했지만, 나머지들은 ³_____.

• disagreement  명 의견 충돌, 다툼; 불일치(↔ agreement 찬성, 동의; 일치)

---

# split*

split-split-splitting
[split]

동 분열되다; 나누다(= divide)  명 분열, 불화

They **split** into two sides and started a war.
그들은 두 편으로 ⁴_____ 전쟁을 시작했다.

The **split** in our team had a terrible effect on the project.
우리 팀 내의 ⁵_____은 프로젝트에 끔찍한 영향을 끼쳤다.

◆ **split into** ~로 분열되다

---

# tragic*

[trǽdʒik]

형 비극적인, 비극의

The war had some **tragic** consequences.
그 전쟁은 몇몇 ⁶_____ 결과를 초래했다.

• tragedy  명 비극(적인 사건); 비극 작품

---

1 관리하려고  2 해낸다  3 반대했다  4 분열되어서  5 분열  6 비극적인

0500

# severe*

[sivíər]

형 1. **심각한**(= serious)  2. (처벌이) **가혹한**(= harsh)  3. **엄격한**

They hurt each other, and some received **severe** injuries.
그들은 서로를 상처 입혔고, 몇몇은 ¹_____ 부상을 입었다.

a **severe** punishment
²_____ 처벌

- severely  부 1. 심하게  2. 가혹하게  3. 엄하게, 엄격하게
- severity  명 1. 격렬  2. 가혹  3. 엄격, 엄정

### ❹ 공동 목표 아래 다시 끈끈해지는 히어로들

0501

# resolve*

[rizálv]

동 1. (문제 등을) **해결하다, 풀다**  2. **결심하다, 결정하다**

It took some time for them to **resolve** the conflict.
그들이 갈등을 ³_____ 데에는 얼마간 시간이 걸렸다.

Amanda **resolved** to find a bigger purpose in life.
Amanda는 더 큰 인생의 목적을 찾기로 ⁴_____.

- resolution  명 1. (문제의) 해결  2. 결심, 결의(안)

0502

# trait

[treit]

명 **특성, 특징**(= characteristic)

Each superhero has different **traits** and abilities.
슈퍼히어로들은 각자 다른 ⁵_____과 능력을 가지고 있다.

0503

# eventual*

[ivéntʃuəl]

형 **궁극적인, 최종적인**(= final)

However, their **eventual** goal is the same: peace on Earth.
그러나 그들의 ⁶_____ 목표는 '지구 평화'로 같다.

- eventually  부 결국, 마침내(= finally)

¹ 심각한  ² 가혹한  ³ 해결하는  ⁴ 결심했다  ⁵ 특성  ⁶ 궁극적인

0504

## perceive \*\*

[pərsíːv]

동 인지하다, 지각하다(= notice)

They **perceived** that it would be more serious if they kept fighting.
그들은 계속해서 싸운다면 상황이 더 심각해질 것을 <sup>1</sup>_____.

- perception  명 인지, 지각

---

0505

## unite \*\*

[juːnáit]

동 연합하다; 결합시키다(= join together)

Eventually, they **united** to keep peace on Earth.
마침내, 그들은 지구의 평화를 지키기 위해 <sup>2</sup>_____.

- unity  명 연합; 결합; 통일

---

**++ 의외의 뜻이 숨어 있는 익숙한 어휘 3**

---

0506

## bill \*

[bil]

명 1. 계산서, 청구서 2. 지폐 3. 법안 4. (새의) 부리

She asked the waiter for her **bill** from lunch.
그녀는 종업원에게 점심 식사에 대한 <sup>3</sup>_____를 달라고 요청했다.

a ten-dollar **bill**
10달러짜리 <sup>4</sup>_____

A **bill** to protect animals was passed yesterday.
동물을 보호하기 위한 <sup>5</sup>_____이 어제 통과됐다.

There is a black bird with a yellow **bill**.
노란색 <sup>6</sup>_____를 가진 검은 새 한 마리가 있다.

---

0507

## race \*\*

[reis]

명 1. 경주; 경쟁(= competition) 2. 인종  동 경주하다; 경쟁하다(= compete)

I participated in a bicycle **race** last weekend.
나는 지난 주말에 자전거 <sup>7</sup>_____에 참가했다.

People of many different **races** live in America.
미국에는 많은 다양한 <sup>8</sup>_____의 사람들이 살고 있다.

- racial  형 인종의, 민족의

---

1 인지했다  2 연합했다  3 계산서  4 지폐  5 법안  6 부리  7 경주  8 인종

**0508**

# general **

[dʒénərəl]

형 1. 일반적인, 보편적인 2. (어느 하나에 국한되지 않은) **종합적인** 명 장군

Reading newspapers helps improve your **general** knowledge.

신문을 읽는 것은 ¹_____ 지식을 향상시키는 데 도움이 된다.

a **general** hospital

²_____ 병원

The **general** played an important role in the war's victory.

그 ³_____은 전쟁에서의 승리에 중요한 역할을 했다.

◆ **in general** 보통, 대개; 전반적으로

• generally 부 일반적으로; 보통, 대개(= in general)

---

**0509**

# right **

[rait]

형 1. 옳은, 올바른; 맞는(= correct) 2. 오른쪽의 명 권리
부 1. 맞게 2. 오른쪽으로 3. 정확히, 바로

You were **right** about Sarah. She is smart and kind.

네가 Sarah에 대해 ⁴_____. 그녀는 똑똑하고 친절해.

Dan injured his **right** arm while playing baseball.

Dan은 야구를 하다가 ⁵_____ 팔에 부상을 입었다.

A long time ago, women fought for their **right** to vote.

오래전에 여성들은 자신들의 투표할 ⁶_____를 위해 싸웠다.

I was standing **right** in front of the gate.

나는 출입구 ⁷_____ 앞에 서 있었다.

◆ **copyright** 저작권, 판권

---

**0510**

# safe **

[seif]

형 안전한(↔ unsafe 안전하지 못한, 위험한) 명 금고

My neighborhood is considered to be **safe** for children and women.

우리 동네는 아이들과 여성들에게 ⁸_____ 여겨진다.

She put her money and valuables in her **safe**.

그녀는 돈과 귀중품을 자신의 ⁹_____에 두었다.

• safety 명 안전(성)(= security); 안전한 곳

---

1 일반적인  2 종합  3 장군  4 옳았다  5 오른  6 권리  7 바로  8 안전하게  9 금고

# Carpe Diem, 현재를 즐겨라!
## 영화 <죽은 시인의 사회>

**· Unit ·**
**18**

보카 Story ✎ 영화 <죽은 시인의 사회>는 엄격한 주입식 교육과 입시에 대한 중압감에 짓눌린 학생들에게 자유로운 사고와 따뜻한 인간애를 심어준 한 교사와 그로 인해 변해가는 학생들의 이야기예요. 1980년대에 만들어진 영화지만 여전히 청소년들의 공감을 불러일으키는 명작 <죽은 시인의 사회>를 들여다봅시다.

### ❶ 명문 웰턴 고등학교의 경직된 분위기

**0511**

## reputation*

[rèpjutéiʃən]

명 명성, 평판(= fame)

Welton High School had a **reputation** for its strict principles.
Welton 고등학교는 엄격한 원칙으로 ¹_____이 있었다.

---

**0512**

## entrance**

[éntrəns]

명 1. 입학, 입회; 입장(= entry)  2. (출)입구

It was also known for its high college **entrance** rates.
그 학교는 높은 대학 ²_____률로도 알려져 있었다.

The main **entrance** is on the left side.
중앙 ³_____는 왼쪽에 있다.

---

**0513**

## institution

[ìnstitjúːʃən]

명 1. (대학 등의 대규모) 기관, 협회  2. 보호 시설 (건물)

Many educational **institutions** were interested in Welton High School.
많은 교육 ⁴_____이 Welton 고등학교에 관심이 있었다.

My grandmother is being taken care of in an **institution**.
우리 할머니는 ⁵_____에서 보살핌을 받고 계신다.

- **institute** 명 (연구, 교육) 기관, 협회  동 (제도, 정책 등을) 세우다
- **institutional** 형 1. 기관의  2. 보호 시설의

---

**0514**

## stubborn

발음주의 [stʌ́bərn]

형 완고한, 고집 센

The students were **stubborn**, so they didn't want to accept change.
학생들은 ⁶_____ 변화를 받아들이길 원치 않았다.

¹명성 ²입학 ³입구 ⁴기관 ⁵보호 시설 ⁶완고해서

**0515**

# greeting

[ɡríːtiŋ]

圐 인사, 안부의 말

Some students didn't even exchange **greetings** with each other.
어떤 학생들은 심지어 서로 <sup>1</sup>_____도 나누지 않았다.

◆ exchange greetings  인사를 나누다

• greet  圐 (~에게) 인사하다; 맞이하다, 환영하다

---

**0516**

# curriculum *

[kəríkjuləm]

圐 교과 과정, 교육 과정

Moreover, the **curriculum** was very boring and dry.
게다가 <sup>2</sup>_____은 매우 지루하고 무미건조했다.

---

**0517**

# authority **

발음주의, 철자주의 [əθɔ́ːrəti]

圐 1. 권한(= power); 지휘권  2. 당국 《어떤 일을 직접 맡아 하는 기관》  3. 권위(자)

The principal had all the **authority** to tell his students what to do.
교장은 학생들에게 할 일을 명령할 모든 <sup>3</sup>_____을 가졌다.

health **authorities**
보건 <sup>4</sup>_____

There was a tone of **authority** in her voice.
그녀의 목소리에 <sup>5</sup>_____의 어조가 있었다.

• authorize  圐 권한을 부여하다; 허가하다
• authorization  圐 권한 부여, 위임; 허가
• authoritative  혱 권위 있는, 믿을 만한; (태도 등이) 권위적인
• authoritarian  혱 권위주의적인, 독재주의적인  圐 권위주의자, 독재주의자

---

**0518**

# punishment

[pʌ́niʃmənt]

圐 벌, 처벌

He even used physical **punishment** on the students.
그는 심지어 학생들에게 체<sup>6</sup>_____을 가했다.

• punish  圐 벌주다, 처벌하다

---

<sup>1</sup> 인사  <sup>2</sup> 교육 과정  <sup>3</sup> 권한  <sup>4</sup> 당국  <sup>5</sup> 권위  <sup>6</sup> 벌

0519

# lecture*

[léktʃər]

명 강의, 강연   동 강의하다, 강연하다

The new English teacher's first **lecture** was amazing.
새 영어 선생님의 첫 <sup>1</sup>_____는 놀라웠다.

• lecturer   명 강사

---

0520

# distract*

[distrǽkt]

동 산만하게 하다, 집중이 안 되게 하다

His lecture was so interesting that no one could be
**distracted**.
그의 수업은 굉장히 흥미로워서 아무도 <sup>2</sup>_____ 수 없었다.

• distraction   명 집중을 방해하는 것

---

0521

# paragraph*

[pǽrəgræf]

명 문단, 단락

The teacher made them understand what each **paragraph** meant.
선생님은 그들이 각 <sup>3</sup>_____이 의미하는 것을 이해하도록 했다.

---

0522

# encourage**

[inkə́:ridʒ]

동 용기를 북돋우다; 장려하다 (↔ discourage 실망시키다; 단념시키다)

He **encouraged** students to look at the world in
a different way.
그는 학생들이 세상을 다른 방식으로 보도록 <sup>4</sup>_____.

✦ encourage A to-v A가 v하도록 용기를 북돋우다[장려하다]

• encouragement   명 격려; 장려

---

0523

# slight*

[slait]

형 약간의, 조금의

He wanted to show that a **slight** change can cause a big difference.
그는 <sup>5</sup>_____ 변화가 큰 차이를 가져올 수 있다는 것을 보여주고 싶었다.

• slightly   부 약간, 조금

<sup>1</sup> 강의  <sup>2</sup> 집중을 안 할  <sup>3</sup> 문단  <sup>4</sup> 장려했다  <sup>5</sup> 약간의

## 0524
# concept *
[kánsept]

몡 개념, 관념(= idea)

He also taught students the **concept** of free thinking.
그는 또한 학생들에게 자유로운 사고에 대한 ¹_____을 가르쳐 주었다.

## 0525
# angle *
[æŋgl]

몡 1. (사물을 보는) 관점(= perspective)  2. 각도, 각

Depending on the **angle**, people can see different things.
²_____에 따라 사람들은 다른 것을 볼 수 있다.

a 30-degree **angle**
30도 ³_____

---

**Voca Plus**  '모양'과 관련된 여러 가지 어휘

| | |
|---|---|
| triangle  삼각형 | rectangle  직사각형 |
| square  정사각형 | cone  원뿔 |
| cube  정육면체 | globe  구(球) |
| oval  타원형 | circle  원형 |

---

## 0526
# instinct *
[ínstiŋkt]

몡 본능; 직감

He also reminded them of the human **instinct** for freedom.
그는 또한 그들에게 자유에 대한 인간의 ⁴_____을 상기시켰다.

• instinctive  휑 본능적인, 본능에 따른; 직감에 따른

## 0527
# seize *
[si:z]

동 잡다, 붙들다(= grab)

He explained the idea of 'Carpe diem,' Latin for '**Seize** the day.'
그는 '오늘을 ⁵_____(현재를 즐겨라).'라는 뜻의 라틴어인 'Carpe diem'의 개념을 설명했다.

---

**아하!**  **라틴어 글귀 몇 가지**

Carpe diem은 라틴어로, 로마 시인이었던 Horace의 라틴어 시 한 구절로부터 유래한 말로 현재 이 순간
에 충실하라는 뜻이에요. 라틴어 명언 몇 가지를 더 알아볼까요?
**Spero spera (스페로 스페라)** 숨 쉬는 한 희망은 있다
**Per ardua ad astra (페르 아르두아 아드 아스트라)** 역경을 헤치고 별을 향해
**Luce sicut stellae (루케 시쿳 스텔라이)** (너는) 별처럼 밝게 빛나라
**Veritas lux mea (베리타스 룩스 메아)** 진리는 나의 빛
**Et hoc transibit (엣 혹 트란시빗)** 이 또한 지나가리라

---

1 개념  2 관점  3 각도  4 본능  5 잡아라

**0528**

# internal*

[intə́ːrnl]

형 1. 내부의; 내면적인 (↔ external 외부의; 외면적인) 2. 국내의 (↔ foreign 외국의)

The teacher advised his students to follow their **internal** desire.
선생님은 학생들에게 자신의 <sup>1</sup>_____ 욕망을 따르라고 조언했다.

an **internal** flight
<sup>2</sup>_____ 항공편

---

**0529**

# realize**

[ríːəlàiz]

동 1. 깨닫다, 알아차리다 (= become aware of)
　　2. (목표 등을) 실현하다, 달성하다 (= fulfill)

They finally **realized** what they really wanted.
그들은 이윽고 자신이 정말로 원하는 게 무엇인지를 <sup>3</sup>_____.

We try to help all students **realize** their dreams.
우리는 모든 학생들이 자신의 꿈을 <sup>4</sup>_____ 도우려고 노력한다.

• realization　명 1. 깨달음 2. 실현, 달성

---

**0530**

# literature**

[lítərətʃər]

명 문학 (작품)

Some students liked reading **literature**.
몇몇 학생들은 <sup>5</sup>_____을 읽는 것을 좋아했다.

• literary　형 문학의, 문학적인
• literacy　명 읽고 쓸 줄 아는 능력 (↔ illiteracy 읽고 쓸 줄 모름, 문맹)

---

**0531**

# association

[əsòusiéiʃən]

명 1. 협회, 단체 2. 관련, 연계; 연상

The students joined a secret **association**, the 'Dead Poets Society.'
그 학생들은 '죽은 시인의 사회'라 불리는 비밀 <sup>6</sup>_____에 가입했다.

They denied having any **association** with the criminals.
그들은 그 범죄자들과 <sup>7</sup>_____이 있다는 것을 부인했다.

• associate　동 관련짓다; 연상하다

---

<sup>1</sup> 내면적인　<sup>2</sup> 국내　<sup>3</sup> 깨달았다　<sup>4</sup> 실현하도록　<sup>5</sup> 문학 (작품)　<sup>6</sup> 단체　<sup>7</sup> 관련

## 0532

# underground

[ʌ́ndərgràund]

⟮부⟯ 지하에서; 비밀히, 남몰래　⟮형⟯ 지하의; 비밀의, 지하 조직의

They often met **underground**, below the school, to debate literature.
그들은 문학 작품에 관해 토론하기 위해 종종 학교 아래 ¹_____ 만났다.

She joined the **underground** revolutionary movement.
그녀는 ²_____ 혁명 운동에 가담했다.

## 0533

# liberty *

[líbərti]

⟮명⟯ 자유, 해방 (= freedom)

The students learned that nothing is more important than **liberty**.
학생들은 ³_____보다 더 중요한 것은 없다는 것을 깨달았다.

- liberal 　⟮형⟯ 자유민주적인, 진보적인
- liberate 　⟮동⟯ 자유롭게 하다, 해방시키다
- liberalism 　⟮명⟯ 자유주의, 진보주의

## 0534

# self-esteem

[sèlfistíːm]

⟮명⟯ 자존감, 자부심 (= self-respect)

Thanks to the teacher, they had high **self-esteem**.
선생님 덕분에 그들은 높은 ⁴_____을 가지게 되었다.

## 0535

# ideal *

[aidíːəl]

⟮형⟯ 이상적인 (= perfect); 상상의　⟮명⟯ 이상(理想)

He showed them what the **ideal** teacher was.
그는 그들에게 ⁵_____ 교사의 모습이 무엇인지를 보여줬다.

the difference between reality and **ideals**
현실과 ⁶_____의 차이

◆ **an ideal world** 이상향(理想鄕), 이상적인 세상

- idealize 　⟮동⟯ 이상화하다
- ideally 　⟮부⟯ 이상적으로

1 지하에서　2 지하　3 자유　4 자존감　5 이상적인　6 이상

0536
# face*
[feis]

명 얼굴; (물건의) 표면, 정면　동 1. (~을) 향하다, 마주 보다　2. 직시하다

Her **face** turned red when she made a mistake.
실수를 했을 때 그녀의 ¹_____은 붉어졌다.

My desk **faces** the window so I can look onto the backyard.
내 책상은 창문을 ²_____ 있어서 나는 뒷마당을 볼 수 있다.

It's not always easy to **face** the truth.
진실을 ³_____ 것이 항상 쉬운 것은 아니다.

◆ **long face** 시무룩한 얼굴
◆ **in the face of** ~에 직면하여; ~에도 불구하고

---

0537
# solution**
[səlúːʃən]

명 1. 해결책; 해답(– answer)　2. 용액

It's hard to find a fundamental **solution** for environmental pollution.
환경오염에 대한 근본적인 ⁴_____을 찾는 것은 어렵다.

He stirred the **solution** gently before starting the experiment.
그는 실험을 시작하기 전에 그 ⁵_____을 부드럽게 저었다.

---

0538
# school**
[skuːl]

명 1. 학교; 수업　2. 떼, 무리

There are more than 600 students in my **school**.
우리 ⁶_____에는 600명이 넘는 학생들이 있다.

a **school** of fish
물고기 ⁷_____

> **Voca Plus**　'떼, 무리'를 나타내는 여러 가지 어휘
>
> **herd**　함께 생활하는 같은 종의 동물 무리
> **flock**　양, 염소, 또는 새의 무리
> **pride**　사자의 무리
> **shoal**　종과 무관한 물고기 떼
> **school**　같은 종의 물고기 떼
> **pod**　고래, 돌고래 등 바다 포유동물의 작은 무리
> **swarm**　특히 벌과 같은 곤충의 떼

1 얼굴　2 향하고　3 직시하는　4 해결책　5 용액　6 학교　7 떼

0539

# mine

[main]

명 1. **나의 것** 《I의 소유대명사》 2. **광산**

The book on the table is **mine**.

탁자 위의 책은 <sup>1</sup>_____이다.

a diamond **mine**

다이아몬드 <sup>2</sup>_____

---

0540

# party **

[pάːrti]

명 1. **파티, 모임** 2. (여행. 방문) **일행, 단체** 3. 《정치》 **정당, -당** 4. (계약) **당사자**

I had a good time at Jina's birthday **party**.

나는 지나의 생일 <sup>3</sup>_____에서 즐거운 시간을 보냈다.

a **party** of travelers

여행객 <sup>4</sup>_____

He is the leader of the political **party**.

그는 정<sup>5</sup>_____의 대표이다.

The two **parties** signed a contract.

두 <sup>6</sup>_____은 계약서에 서명했다.

> **뉘앙스 感잡기**  '파티'의 여러 가지 종류
>
> **an open house**  모든 방문객을 환영하는 파티, 혹은 기숙사 등을 일반에 공개하는 행사
> **a housewarming party**  집들이
> **a baby shower**  곧 태어날 아이를 위해 유아용품을 선물하는 파티
> **a prom**  고등학교 졸업 전에 정장을 입고 가는 댄스파티
> **a costume[fancy dress] party**  만화나 영화 캐릭터, 혹은 유명인으로 분장하고 참가하는 파티
> **a surprise party**  주인공 모르게 준비하는 깜짝 파티
> **B.Y.O.B.(Bring Your Own Bottle[Beverage, Beer])**  각자 마실 것을 가지고 오는 파티
> **a potluck dinner**  참석하는 모든 사람이 음식을 준비해 오는 파티
> **a cocktail party**  간단한 스낵과 음료가 제공되는 파티

## Unit 19

# 만지는 모든 것이 황금으로 변한다면?
## <미다스의 손>

별책 Story 📝 옛날 미다스 왕은 엄청난 부자였지만 늘 더 많은 재산을 원했어요. 그러던 어느 날, 미다스 왕은 무엇이든 만지기만 하면 황금으로 변하게 하는 손을 얻었답니다. 그러나 만지는 것마다 다 황금으로 변하는 통에 먹지도 마시지도 못하는 것은 물론, 가장 사랑하는 딸까지 황금으로 변해버리게 만들었는데…… 과연 미다스 왕의 최후는 어땠을까요?

### ❶ 욕심쟁이 미다스 왕, 어리석은 소원을 빌다

---

0541

# greedy
[gríːdi]

형 탐욕스러운, 욕심 많은

King Midas was a **greedy** ruler.
Midas 왕은 <sup>1</sup>_____ 통치자였다.

• greed  명 탐욕, 욕심

---

0542

# benefit**
[bénəfit]

동 1. (~에서) 이익을 얻다(= advantage)  2. (~에게) 이롭다, 이익을 주다
명 혜택, 이익

One day, he thought he could **benefit** from God's help.
어느 날, 그는 신의 도움으로 <sup>2</sup>_____ 수 있다고 생각했다.

You can enjoy all the **benefits** if you sign up for a membership.
회원으로 등록하시면 그 모든 <sup>3</sup>_____을 누릴 수 있습니다.

◆ **benefit from[by]** ~에서 이익을 얻다

• beneficial  형 유익한, 이로운(= advantageous)

---

0543

# ability**
[əbíləti]

명 1. 능력(↔ inability 무능력)  2. (타고난) 재능, 재주(= talent)

The king wished to have the **ability** to turn everything into gold.
왕은 모든 것을 금으로 바꾸는 <sup>4</sup>_____을 가지기를 원했다.

Mozart had great musical **ability** from a very young age.
Mozart는 아주 어릴 때부터 엄청난 음악적 <sup>5</sup>_____을 가지고 있었다.

---

1 탐욕스러운  2 이익을 얻을  3 혜택  4 능력  5 재능

0544

# discourage**

[diskə́:ridʒ]

동 1. 좌절시키다 (↔ encourage 격려하다)  2. 막다, 방해하다

God tried to **discourage** him from his wish.

신은 소원을 빌지 못하도록 그를 ¹_____ 했다.

Rain **discouraged** people from having a picnic.

비가 사람들이 소풍을 가는 것을 ²_____.

---

0545

# warn**

[wɔːrn]

동 경고하다, 주의를 주다

God **warned** him strongly, but he was too stubborn.

신은 그에게 강력하게 ³_____, 그는 너무 고집스러웠다.

- **warn A of B** A에게 B에 대해 경고하다, 주의를 주다
- **warn A to-v** A에게 v하라고 경고하다
- warning 명 경고(문), 주의 (= caution)

---

0546

# golden

[góuldən]

형 1. (황)금의  2. (황)금빛의  3. 귀중한

He finally got the "**golden** touch."

그는 마침내 ⁴_____ 손'을 얻었다.

a **golden** sunset

⁵_____ 석양

a **golden** opportunity

⁶_____ 기회

---

0547

# grab*

grabbed-grabbed-grabbing
[græb]

동 1. 움켜잡다, 붙잡다 (= hold on)  2. (관심을) 끌다

He could become rich simply by **grabbing** things.

그는 단지 물건들을 ⁷_____으로써 부자가 될 수 있었다.

A music magazine **grabbed** my attention.

음악 잡지는 나의 관심을 ⁸_____.

- **grab one's attention** ~의 관심을 끌다

---

¹ 좌절시키려고  ² 막았다  ³ 경고했지만  ⁴ 황금의  ⁵ 황금빛  ⁶ 귀중한  ⁷ 움켜잡음  ⁸ 끌었다

## accomplish *

[əkámpliʃ]

동 성취하다, 해내다(= achieve)

He **accomplished** his goal of becoming rich.
그는 부자가 된다는 자신의 목표를 [1] _____.

• accomplishment 명 성취, 업적(= achievement)

---

## amusement **

[əmjúːzmənt]

명 1. 즐거움, 재미(= enjoyment)  2. 오락, 놀이

He thought his life would be full of **amusement**.
그는 자신의 삶이 [2] _____으로 가득 찰 것이라고 생각했다.

outdoor **amusements** for children to enjoy
아이들이 즐길 수 있는 야외 [3] _____

• amuse 동 (사람을) 즐겁게 하다
• amusing 형 즐거운, 재미있는

---

❷ 무엇이든 다 황금으로 만드는 능력, 축복일까 재앙일까?

---

## hunger

[hʌ́ŋɡər]

명 1. 허기; 굶주림  2. 갈망, 열망(= desire)

The king felt **hunger** and called his daughter to have lunch together.
왕은 [4] _____를 느꼈고 점심을 함께 먹기 위해 딸을 불렀다.

a **hunger** for knowledge
지식에 대한 [5] _____

---

## servant

[sə́ːrvənt]

명 하인, 종

He asked for the **servants** to bring food.
그는 [6] _____에게 음식을 가져오라고 했다.

---

## diligent

[dílidʒənt]

형 부지런한, 근면한(↔ lazy 게으른, 나태한)

The **diligent** servants brought great quantities of food.
[7] _____ 하인들은 많은 양의 음식을 가져왔다.

• diligence 명 성실, 근면(↔ laziness 게으름, 나태함)

1 성취했다  2 즐거움  3 오락  4 허기  5 갈망  6 하인들  7 부지런한

# puzzle **
[pʌ́zl]

동 어리둥절하게 하다(= confuse)　명 퍼즐, (이해하기 힘든) **수수께끼**

Then he mistakenly touched his daughter, and the change **puzzled** him.
그때 그는 실수로 딸을 만졌고, 그 변화는 왕을 ¹_____.

a word **puzzle**
단어 ²_____

* puzzled　형 어리둥절한, 당황스러운(= confused)

### ❸ 어리석은 미다스 왕의 후회

# panic *
panicked-panicked
-panicking
[pǽnik]

명 (갑작스러운) **공포, 공황**　동 공포에 사로잡히다; 공황 상태에 빠지다

The king **panicked** when she turned to gold.
그녀가 금으로 변하자 왕은 ³_____.

# outcome *
[áutkʌm]

명 **결과**(= result)

The **outcome** of his greed was awful.
그의 탐욕의 ⁴_____는 끔찍했다.

# indifferent
[indífərənt]

형 **무관심한, 냉담한**

The king went to God and begged, but God was **indifferent**.
왕은 신을 찾아가 애원했지만, 신은 ⁵_____.

* indifference　명 무관심, 냉담

> **뉘앙스 感잡기**　indifferent vs. uninterested
>
> 둘 다 '무관심한'으로 해석되지만, indifferent는 어떻게 되든 '상관하지 않다, 신경을 쓰지 않는다'는 의미예요. 흔히 정치나 외모에 '무관심하다(어찌 되든 상관하지 않는다)'는 의미로 쓰입니다. uninterested는 interested의 반대말로서, '좋아하지 않다, 흥미가 없다'를 뜻해요.
>
> He is **indifferent** to politics[his appearance].
> 그는 정치[자신의 외모]에 **무관심하다[상관하지 않는다]**.
>
> I'm completely **uninterested** in swimming.
> 나는 수영에 전혀 **무관심하다[흥미가 없다]**.

¹ 어리둥절하게 했다　² 퍼즐　³ 공포에 사로잡혔다　⁴ 결과　⁵ 냉담했다

**0557**

## refuse *

[rifjúːz]

> 동 거절하다, 거부하다(= reject)

God **refused** to respond to the king's begging.
신은 왕의 간청에 답하기를 ¹_____.

- refusal 명 거절, 거부(= rejection)

---

**0558**

## pardon *

[páːrdn]

> 명 용서; 사면　동 용서하다(= excuse); (죄인을) 사면하다

The king continued to beg for God's **pardon**.
왕은 계속해서 신께 ²_____를 빌었다.

**Pardon** me for being rude.
무례했던 것에 대해 ³_____ 줘.

---

**0559**

## scold *

[skould]

> 동 꾸짖다, 야단치다

God **scolded** him for his greed but gave him a chance.
신은 욕심에 대해 그를 ⁴_____ 그에게 기회를 주었다.

- scolding 명 꾸지람, 야단

---

**0560**

## depart

[dipáːrt]

> 동 떠나다, 출발하다(= leave) (↔ arrive 도착하다)

He **departed** for the river as God had instructed.
그는 신이 지시한 대로 강으로 ⁵_____.

- depart for ~를 향해 떠나다[출발하다]
- depart from ~에서 떠나다[출발하다]
- departure 명 떠남, 출발(↔ arrival 도착)

---

**0561**

## erase

[iréis]

> 동 (완전히) 지우다, 없애다

He washed his body in the river to **erase** the ability.
그는 자신의 능력을 ⁶_____ 위해 강에서 몸을 씻었다.

---

1 거절했다　2 용서　3 용서해　4 꾸짖었지만　5 떠났다　6 없애기

0562

# sparkle

[spáːrkl]

동 1. 반짝이다; 불꽃을 튀기다  2. 생기 넘치다
명 1. 반짝임; 불꽃(= spark)  2. 생기

Then all the sand in the river turned into **sparkling** gold.
그러자 강의 모든 모래가 [1]_____ 금으로 변했다.

---

0563

# miracle*

[mírəkl]

명 기적; 놀랄 만한 것[사람]

By a **miracle**, his daughter returned to normal.
[2]_____적으로, 그의 딸은 정상으로 돌아왔다.

◆ **by a miracle** 기적적으로

• miraculous  형 기적적인, 놀랄 만한(= marvel(l)ous)

---

**④ 욕심은 무조건 나쁜 것일까?**

---

0564

# vital*

발음주의 [váitl]

형 1. 필수적인(= crucial)  2. 생명의; 생명 유지에 필요한

Having some greed is **vital** to living well.
약간의 욕심을 가지는 것은 잘 사는 데 [3]_____.

**vital** power
[4]_____력

◆ **vital signs** 활력 징후 ((사람이 살아있음을 보여주는 호흡, 체온, 심장박동 등의 요소))

• vitality  명 활력, 생명력

---

0565

# excessive

[iksésiv]

형 과도한, 지나친

However, **excessive** greed is harmful.
그러나 [5]_____ 욕심은 해롭다.

• excess  명 과잉, 지나침  형 초과한, 여분의
• excessively  부 과도하게, 지나치게

---

1 반짝이는  2 기적  3 필수적이다  4 생명  5 과도한

0566

## bank**

[bæŋk]

몡 1. 은행  2. 둑, 제방

My mom went to the **bank** to pay her taxes.
우리 엄마는 세금을 내기 위해 1_____에 가셨다.

A man was fishing on the river's **bank**.
한 남자가 강2_____에서 낚시를 하고 있었다.

> **Voca Plus** '은행'에서 사용하는 여러 가지 용어
>
> **bank account** 은행 계좌
> **deposit** 입금하다; (은행) 예금
> **withdraw** 인출하다
> **balance** 잔고
> **debit card** 직불[현금] 카드
> **credit card** 신용 카드
> **ATM (Automatic Teller Machine)** 현금 자동 입출금기

---

0567

## fine**

[fain]

혱 1. 좋은; 질 높은  2. (알갱이가) 고운; (실 등이) 가는
몡 벌금  동 벌금을 부과하다

She has a remarkably **fine** voice.
그녀는 놀랍도록 3_____ 목소리를 가졌다.

The beach is famous for its **fine** sand.
그 해변은 4_____ 모래로 유명하다.

Clare paid a $200 **fine** for a speed violation.
Clare는 속도위반으로 200달러의 5_____을 물었다.

---

0568

## tear*

tore-torn
발음주의
몡 [tiər]  동 [tɛər]

몡 눈물  동 찢다, 찢어지다

Her eyes were filled with **tears** on her graduation day.
졸업식 날 그녀의 눈에는 6_____이 가득 고여 있었다.

Someone has **torn** a couple of pages out of this book.
누군가 이 책에서 몇 페이지를 7_____냈다.

1 은행  2 둑  3 좋은  4 고운  5 벌금  6 눈물  7 찢어

0569

# please **

[pliːz]

튀 부디, 제발  동 (남을) 기쁘게 하다

**Please** be quiet so that I can concentrate on my work.
일에 집중할 수 있게 <sup>1</sup>_____ 조용히 해주십시오.

You can't **please** everybody.
모든 사람을 <sup>2</sup>_____ 수는 없다.

• pleased  형 기뻐하는, 만족한
• pleasant  형 1. 기쁜, 즐거운  2. 상냥한, 예의 바른
• pleasure  명 기쁨, 즐거움; 기쁜 일

---

0570

# spell *

[spel]

동 철자를 말하다[쓰다]
명 1. 주문; 마법  2. (강한) 매력; 마력  3. 잠깐, 한동안

He **spelled** his name out loud.
그는 소리를 내 자기 이름의 <sup>3</sup>_____.

a magic **spell**
마법의 <sup>4</sup>_____

I completely fell under her **spell**.
나는 그녀의 <sup>5</sup>_____에 완전히 빠졌다.

a **spell** of rainy weather
<sup>6</sup>_____의 비 오는 날씨

# + Unit + 20

## 성공하고 싶다면? 스티브 잡스를 따르라!

보카 Story ✏ 애플사의 창업자인 스티브 잡스를 모르는 사람은 없을 거예요. IT 시장뿐만 아니라 여러 방면에서 사람들에게 영향을 끼친 스티브 잡스, 그가 남긴 수많은 명언과 업적들도 널리 알려져 있죠? 스티브 잡스는 어떤 사람인지, 어떤 업적과 영향을 남겼는지, 또 그의 성공 십계명은 무엇인지 함께 살펴보아요.

**❶ 스티브 잡스와 애플사**

### 0571
## found **
[faund]

동 1. 설립하다, 세우다 (= establish)  2. (~에) 기초[기반]를 두다

Steve Jobs **founded** Apple in 1976.
Steve Jobs는 1976년에 Apple사를 ¹_____.

- foundation  명 1. 설립; 재단  2. 기초, 토대 (= base)
- founder  명 설립자

### 0572
## technology
[teknάlədʒi]

명 (과학) 기술

In the information **technology** field, he is considered a pioneer.
정보 (통신) ²_____ 분야에서 그는 선구자로 여겨진다.

- technological  형 (과학) 기술의

### 0573
## extend *
[iksténd]

동 1. 확장[확대]하다; 연장하다  2. 내밀다, 뻗다 (= stretch)

He **extended** Apple's reach overseas.
그는 Apple사의 영역을 해외로 ³_____.

She **extended** her arm to catch the ball.
그녀는 공을 잡기 위해 팔을 ⁴_____.

- extension  명 확장, 확대; 연장
- extensive  형 아주 넓은, 광범위한
- extent  명 정도, 규모

¹ 설립했다  ² 기술  ³ 확장했다  ⁴ 뻗었다

## 0574

# enthusiasm

발음주의 [inθúːziæzəm]

명 열정, 열광 (= passion)

His **enthusiasm** made Apple a top company.
그의 <sup>1</sup>_____ 이 Apple사를 우수 기업으로 만들었다.

- enthusiastic    형 열렬한, 열광적인 (= passionate)
- enthusiastically    부 열광적으로 (= passionately)

## 0575

# electronic *

[ilektránik]

형 전자의; 전자 장비와 관련된

Apple's **electronic** devices are very popular and widely used.
Apple사의 <sup>2</sup>_____ 기기들은 매우 인기 있고 널리 사용된다.

- **electronic mail** 전자 우편 (= email)
- electronics    명 1. 전자 제품 2. 전자 공학
- electronically    부 전자적으로, 컴퓨터로

## 0576

# distinct

[distíŋkt]

형 1. 구별되는, 별개의   2. 분명한, 뚜렷한 (↔ vague 막연한, 모호한)

The design of the devices is quite **distinct** from that of others.
그 기기들의 디자인은 다른 것들의 디자인과는 확연히 <sup>3</sup>_____.

She smelled a **distinct** burning smell.
그녀는 <sup>4</sup>_____ 타는 냄새를 맡았다.

- **distinct from** ~와 구별되는, ~와 별개의
- distinction    명 1. 구별, 차이; 특징 2. 뛰어남, 탁월함
- distinctive    형 뚜렷이 구별되는, 독특한

## 0577

# innovation **

[inəvéiʃən]

명 혁신, 쇄신

One of Apple's greatest **innovations** is the iPhone.
Apple사의 가장 위대한 <sup>5</sup>_____ 중 하나는 iPhone이다.

- innovate    동 혁신하다, 쇄신하다
- innovative    형 혁신적인, 획기적인

1 열정   2 전자   3 구별된다   4 분명한   5 혁신

**0578**

# emphasize*

철자주의 [émfəsàiz]

[동] 강조하다 (= stress)

Steve Jobs **emphasized** perfection even in small things.
Steve Jobs는 작은 것들에도 완벽할 것을 ¹_____.

• **put[place] emphasis on** ~을 강조하다

• emphasis [명] 강조, 중점

---

**0579**

# elaborate*

발음주의, 강세주의
[형] [ilǽbərət] [동] [ilǽbərèit]

[형] 정교한; 공을 들인   [동] 1. 정교하게 만들다  2. 상세히 말하다

He said that even a model should be **elaborate**.
그는 견본조차 ²_____ 한다고 말했다.

She didn't **elaborate** on the reason she was late.
그녀는 늦은 이유에 대해서는 ³_____ 않았다.

• elaborately [부] 정교하게, 공들여서

---

**0580**

# launch*

발음주의 [lɔːntʃ]

[동] 1. 출시하다, 출간하다  2. 시작하다  3. (로켓 등을) 발사하다
[명] 1. 출시, 개시  2. 발사

When the first iPod was **launched**, he checked everything many times.
첫 번째 iPod이 ⁴_____ 때, 그는 모든 것을 여러 번 확인했다.

She **launched** a new business as a CEO.
그녀는 CEO로서 새로운 사업을 ⁵_____.

NASA will **launch** the space shuttle this month.
NASA는 이번 달에 우주 왕복선을 ⁶_____ 것이다.

---

**0581**

# endless**

[éndlis]

[형] 무한한, 끝없는

Also, he stressed **endless** study to succeed.
또한, 그는 성공하기 위해 ⁷_____ 연구를 강조했다.

• endlessly [부] 무한히, 끝없이

---

¹ 강조했다  ² 정교해야  ³ 상세히 말하지  ⁴ 출시되었을  ⁵ 시작했다  ⁶ 발사할  ⁷ 무한한

**0582**

# employ *

[implɔ́i]

동 1. 고용하다(= hire)   2. (물건, 수단 등을) 사용하다(= use)

He **employed** professional architects for the design process.
그는 디자인 과정에 전문 건축가들을 ¹_____.

The researchers **employed** new methods to study the whale.
연구원들은 고래를 연구하기 위해 새로운 방법을 ²_____.

- employee   명 고용된 사람, 종업원
- employer   명 고용주
- employment   명 고용, 취업

---

**0583**

# simplify

[símpləfài]

동 단순화하다, 간소화하다

He had designers **simplify** the buttons of all their electronic devices.
그는 디자이너들에게 모든 전자 기기의 버튼을 ³_____ 시켰다.

- simplicity   명 1. 간단함, 평이함(↔ complexity 복잡함)   2. 소박함
- simplification   명 단순화, 간소화

---

**0584**

# philosophy *

[filásəfi]

명 (인생)철학; 《학문》 철학

His **philosophy** of simplification made Apple's designs
unique.
그의 단순화 ⁴_____은 Apple사의 디자인을 유일무이하게 만들었다.

- philosopher   명 철학자

---

**0585**

# restrict *

강세주의 [ristríkt]

동 제한하다, 한정하다(= limit)

He **restricted** employees from talking about their work.
그는 직원들이 그들의 업무에 대해 말하는 것을 ⁵_____.

✦ **restrict A from v-ing** A가 v하지 못하게 하다[v하는 것을 제한하다]

- restriction   명 제한, 규제
- restrictive   형 제한하는

---

¹ 고용했다   ² 사용했다   ³ 단순화하게   ⁴ 철학   ⁵ 제한했다

# adversity

[ædvə́ːrsəti]

몡 역경, 불행

Despite lots of **adversity**, he never got discouraged.
수많은 ¹_____에도 불구하고, 그는 절대 단념하지 않았다.

• adverse 혱 반대하는, 거스르는; 불리한

---

# department*

[dipáːrtmənt]

몡 (회사, 대학 등의) 부서, 학과

He didn't neglect any of the **departments** in Apple.
그는 Apple사의 어떤 ²_____도 등한시하지 않았다.

❸ 스티브 잡스의 업적과 영향

---

# fulfill

[fulfíl]

동 1. 성취하다, 실현하다  2. (약속, 요구 등을) 이행하다, 충족시키다

He **fulfilled** his goal of remaking the personal computer market.
그는 개인용 컴퓨터 시장을 새롭게 만드는 자신의 목표를 ³_____.

She **fulfilled** the graduation requirements in her fourth year.
그녀는 4학년 때 졸업 요건을 ⁴_____.

• fulfillment 몡 1. 성취, 실현  2. 이행, 수행

---

# merchandise

강세주의 [mə́ːrtʃəndàiz]

몡 제품, 상품  동 매매하다

He was always proud of his **merchandise**.
그는 항상 자신의 ⁵_____을 자랑스러워했다.

• merchant 몡 상인, 무역상

---

# enhance*

[inhǽns]

동 향상시키다, 높이다(= improve)

He **enhanced** the quality of all the merchandise.
그는 모든 제품의 질을 ⁶_____.

• enhancement 몡 증진, 강화
• enhancer 몡 개선제, 개선 장치

---

1 역경  2 부서  3 성취했다  4 충족시켰다  5 제품  6 향상시켰다

## 0591

**fantasy**

[fǽntəsi]

명 (기분 좋은) **상상, 공상**

People say that he turned **fantasy** into reality.
사람들은 그가 <sup>1</sup>_____을 현실로 바꿨다고 말한다.

## 0592

**biography** *

[baiágrəfi]

명 (인물의) **전기, 일대기**

His **biographies** were published in many countries.
그의 <sup>2</sup>_____이 많은 나라에서 출판되었다.

- **biographer** 명 전기 작가
- **autobiography** 명 자서전

## 0593

**phrase** *

[freiz]

명 **구(절)**

One of his famous **phrases** is "Stay hungry; stay foolish."
그의 유명한 <sup>3</sup>_____ 중 하나는 '계속 갈망하고 끊임없이 배워라.'이다.

- **phrasal** 형 구의, 구로 된

## 0594

**quote** *

발음주의 [kwout]

동 **인용하다,** (남의 말을 그대로) **전달하다**

His famous sayings and speeches are often **quoted**.
그의 명언과 연설은 자주 <sup>4</sup>_____.

- **quotation** 명 인용(구)

## 0595

**theme** *

발음주의 [θi:m]

명 **주제, 테마**

His life philosophy was also used as the **theme** of a film.
그의 인생철학 또한 영화의 <sup>5</sup>_____로 사용되었다.

- **theme park** 테마파크 《특정한 테마를 중심으로 꾸민 놀이공원》

1 상상  2 전기들  3 구절  4 인용된다  5 주제

0596

# book**
[buk]

명 책, 도서   동 **예약하다, 예매하다**

He **booked** a table for two for 8 o'clock the next night.
그는 다음 날 밤 8시에 두 사람이 앉을 테이블을 ¹_____.

I **booked** a concert ticket online.
나는 온라인으로 콘서트 표를 ²_____.

• booking   명 예약

---

0597

# fire*
[faiər]

명 1. 화재, 불 2. 발사   동 1. 발사하다 2. 해고하다

The building was destroyed by **fire**.
그 빌딩은 ³_____로 인해 파괴되었다.

He **fired** the gun into the air.
그는 허공에 대고 총을 ⁴_____.

We had to **fire** him because of his laziness.
우리는 그의 게으름 때문에 그를 ⁵_____ 했다.

---

0598

# screen*
[skriːn]

명 1. 화면, 스크린 2. 영화 3. 가리개, 칸막이
동 1. 상영하다 2. 검사하다(= examine); 심사하다 3. 가리다, 차단하다

Don't sit too close to the **screen**, or your sight will worsen.
⁶_____에 너무 가까이 앉지 마라. 그렇지 않으면 시력이 나빠질 것이다.

The film will be **screened** at the theater next Friday.
그 영화는 다음 주 금요일에 극장에서 ⁷_____ 것이다.

All blood donors should be **screened** for diseases.
모든 헌혈자들은 질병 여부에 대해 ⁸_____ 한다.

The house is **screened** from the street by a line of trees.
그 집은 줄지어 늘어선 나무들에 의해 길에서 ⁹_____ 있다.

---

1 예약했다  2 예매했다  3 화재  4 발사했다  5 해고해야  6 화면  7 상영될  8 검사되어야  9 가려져

0599

# sound**

[saund]

명 소리　동 1. (소리가) 나다　2. ~인 것 같다, ~처럼 들리다
형 건전한; 온전한

I heard a strange **sound** coming from next door.
나는 옆집에서 이상한 ¹_____가 나는 것을 들었다.

The whistle **sounded** and the game ended.
호루라기 ²_____ 경기가 끝났다.

Mr. Brown **sounds** very proud of his son.
Brown 씨는 아들을 아주 자랑스러워³_____.

A **sound** mind is in a healthy body.
⁴_____ 정신은 건강한 신체에 있다.

0600

# fix**

[fiks]

동 1. **고정시키다**　2. (날짜, 가격 등을) **정하다**(= set)　3. **수리하다**(= repair)

Could you help me to **fix** this shelf to the wall?
벽에 이 선반을 ⁵_____ 것을 도와주시겠어요?

Their wedding date has been **fixed** for June 15th.
그들의 결혼 날짜는 6월 15일로 ⁶_____.

I'll make Dillan **fix** the copy machine by tomorrow.
Dillan이 복사기를 내일까지 ⁷_____ 할게.

• fixed　형 1. 고정된; 확립된　2. 수리된

> **Voca Plus** '고치다, 수리하다'를 나타내는 여러 가지 어휘
>
> **fix**　무언가를 고칠 때 쓰는 일반적인 표현
> **repair**　고장 나 제대로 작동하지 않는 기계 등을 전문가가 수리하는 것
> **mend**　비교적 작은 손상을 입은 것을 고치는 것, 특히 옷을 수선하는 것

¹소리 ²소리가 났고 ³하는 것 같다 ⁴건전한 ⁵고정시키는 ⁶정해졌다 ⁷수리하게

# 인류를 구하기 위해 떠나는 우주여행, 영화 <인터스텔라>

보카 Story 무분별한 개발로 야기된 여러 자연재해로 인해 모든 것이 붕괴되고 세계적인 식량 부족을 겪게 된 삭막한 미래의 지구. 전직 우주비행사 쿠퍼는 딸 머피의 방에서 감지된 이상한 신호를 추적하다가 이미 해체되어 없어진 줄 알았던 NASA가 존재함을 알게 됩니다. NASA의 새 목표는 인류를 위한 새로운 개척지를 발견하는 것. 때마침 태양계에서는 웜홀이 발견되고, 쿠퍼는 인류의 새 정착지를 발견하기 위한 여행을 떠나는데……. 과연 쿠퍼의 여행은 성공할 수 있을까요?

### ❶ 인류 생존의 답을 찾기 위한 우주여행

---

0601

## civilization

[sìvəlizéiʃən]

명 문명(사회)

**Civilization** was almost destroyed because of natural disasters.
자연재해로 인해 ¹_____는 거의 붕괴되었다.

* civil 형 1. 시민의; 민간의 2. 정중한
* civilize 동 문명화하다, 개화하다; 교화하다

---

0602

## economy*

[ikánəmi]

명 1. 경제; 경기 2. 절약

The world's **economy** was getting worse.
세계 ²_____는 점점 더 악화되고 있었다.

We should learn to practice **economy** for the environment.
우리는 환경을 위해 ³_____을 실천하는 법을 배워야 한다.

* economic 형 경제의
* economical 형 경제적인, 절약이 되는; 검소한
* economics 명 경제학

---

0603

## astronaut

철자주의 [ǽstrənɔ̀:t]

명 우주비행사

There lived a former **astronaut** named Cooper and his daughter, Murphy.
Cooper라는 이름의 전직 ⁴_____와 그의 딸 Murphy가 살았다.

1 문명사회  2 경제  3 절약  4 우주비행사

### 0604
# signal**
[sígnəl]

명 신호; 신호등　동 신호를 보내다

Murphy found some strange **signals** and told Cooper about them.
Murphy는 어떤 이상한 ¹_____를 발견하고 Cooper에게 그것에 대해 말했다.

The teacher **signaled** at me to start the presentation.
선생님께서 나에게 발표를 시작하라고 ²_____.

### 0605
# interpret*
[intə́ːrprit]

동 1. 해석하다; 이해하다　2. 통역하다

Cooper was able to **interpret** what the signals meant.
Cooper는 그 신호가 무엇을 의미하는지 ³_____ 수 있었다.

- **interpretation** 　명 해석; 이해
- **interpreter** 　명 통역관

### 0606
# indicate*
[índikèit]

동 가리키다(= point out); 나타내다

The signals **indicated** that NASA was still active.
그 신호는 NASA가 여전히 활동하고 있다는 것을 ⁴_____.

- **indication** 　명 (생각 등을 보여주는) 말, 징후(= sign)

### 0607
# universe*
[júːnəvəːrs]

명 우주; ((the -)) 전 세계

NASA wanted to find a new hope in the **universe**.
NASA는 ⁵_____에서 새로운 희망을 찾고 싶어 했다.

- **universal** 　형 전 세계적인, 보편적인(↔ particular 특정한)

### 0608
# exist*
발음주의 [igzíst]

동 존재하다, 실재하다(= be present); (힘든 상황에서) 살아가다

They tried to figure out whether a planet suitable for humans **existed** in space.
그들은 인간에게 적합한 행성이 우주에 ⁶_____ 알아내려고 했다.

- **existence** 　명 존재, 실재; 생존, 존속

---

¹ 신호 ² 신호를 보내셨다 ³ 이해할 ⁴ 나타냈다 ⁵ 우주 ⁶ 존재하는지

## persuade*

[pərswéid]

동 설득하다

NASA **persuaded** Cooper to join the project.
NASA는 Cooper가 그 프로젝트에 참여하도록 [1]_____.

◆ **persuade A to-v** A가 v하도록 설득하다

• persuasive   형 설득력 있는 (= convincing)

---

## laboratory*

[lǽbrətɔ̀:ri]

명 실험실, 연구소 (= lab)

Scientists worked in the **laboratory** to prepare the spaceship.
과학자들은 우주선을 준비하기 위해 [2]_____에서 일했다.

---

## advanced

[ədvǽnst]

형 1. 진보한, 선진의  2. 상급의, 고등의

The spaceship was built with **advanced** technology.
그 우주선은 [3]_____ 기술로 만들어졌다.

an **advanced** student of Spanish
스페인어가 [4]_____ 수준인 학생

• advance   명 진보; 전진   동 진보하다; 전진하다 (= progress)
• advancement   명 1. 발전, 진보  2. 승진, 출세

---

## observe**

[əbzə́:rv]

동 1. 관찰하다 (= watch)  2. 보다, 목격하다  3. (~라고) 말하다
    4. (법, 규칙 등을) 지키다 (= obey)

They **observed** the universe to gain further information.
그들은 추가 정보를 얻기 위해 우주를 [5]_____.

The police **observed** a man entering the bank.
경찰은 한 남자가 은행에 들어가는 것을 [6]_____.

"It's time to leave," he **observed**.
'이제 떠날 시간이야'라고 그가 [7]_____.

We should **observe** good manners.
우리는 예절을 [8]_____ 한다.

• observation   명 1. 관찰  2. (관찰에 따른) 의견, 소견
• observance   명 (법률, 규칙의) 준수

1 설득했다  2 연구소  3 진보한  4 상급  5 관찰했다  6 목격했다  7 말했다  8 지켜야

0613

## contact**
[kántækt]

동 연락하다; 접촉하다   명 연락; 접촉

Cooper and the other astronauts **contacted** the earth regularly.
Cooper와 다른 우주비행사들은 지구와 정기적으로 [1]_____.

Physical **contact** with a mother makes the baby feel comforted.
엄마와의 신체적 [2]_____은 아기가 안락함을 느끼도록 만들어준다.

• **keep in contact with** ~와 연락을 유지하다

---

0614

## document*
[dákjumənt]

동 기록하다   명 서류, 문서

Cooper **documented** his life in space with videos.
Cooper는 우주에서의 자신의 생활을 비디오로 [3]_____.

Please check the attached **document** and sign it.
첨부된 [4]_____를 확인하고 서명해 주시기 바랍니다.

• documentary   명 다큐멘터리, 기록물   형 1. 다큐멘터리의  2. 서류로 이뤄진

---

0615

## explore*
[iksplɔ́ːr]

동 탐험하다; 탐구하다

They **explored** three planets which could possibly support human life.
그들은 어쩌면 인간의 삶을 지속시켜 줄 수도 있을 세 개의 행성을
[5]_____.

• exploration   명 탐험, 답사; 탐구
• explorer   명 탐험가, 탐구자

---

0616

## genius*
[dʒíːnjəs]

명 천재성; 천재(↔ idiot 바보)

When Murphy grew up, her **genius** became clear.
Murphy는 성장하여, [6]_____이 명확해졌다.

---

1 연락했다  2 접촉  3 기록했다  4 서류  5 탐험했다  6 천재성

0617

# examine*

발음주의 [igzǽmin]

[동] 1. 검사[검토]하다, 조사하다(= inspect)  2. 진찰하다

She **examined** NASA's theories about Cooper's space travel.
그녀는 Cooper의 우주여행에 대한 NASA의 이론들을 [1] _____.

The doctor **examined** her but could find nothing wrong.
의사가 그녀를 [2] _____ 아무 문제도 찾을 수 없었다.

• examination   [명] 1. 검사, 조사 (= inspection)  2. 시험 (= exam)

> **미국문화 돋보기**  미국 학교의 평가 제도
>
> 미국 학교의 시험에는 보통 중간고사(midterm examination)와 기말고사(final examination), 그리고 수시로 치르는 퀴즈(quiz)가 있어요. 이런 시험들과 함께, 숙제(homework, assignment), 출석(attendance), 적극적인 발언 등과 같은 수업 참여도(participation), 학습 태도(attitude) 등을 종합적으로 반영하여 평가를 내린다고 합니다.

---

0618

# acknowledge*

[əknάlidʒ]

[동] 1. (사실로) 인정하다(= admit)  2. (공식적으로) 감사를 표하다

She had to **acknowledge** that her father had followed a poor plan.
그녀는 아버지가 형편없는 계획을 따랐다는 것을 [3] _____ 했다.

He **acknowledged** her behavior with a gift.
그는 그녀의 행동에 선물로 [4] _____.

• acknowledg(e)ment   [명] 1. 인정  2. 감사

---

0619

# assume*

발음주의 [əsúːm]

[동] 1. 가정하다, 추정하다(= suppose, presume)
     2. (역할 등을) 맡다  3. (~인) 척하다

As time went on, she **assumed** Cooper had died in space.
시간이 흐르면서, 그녀는 Cooper가 우주에서 세상을 떠났다고 [5] _____.

Last year, Garvey **assumed** the role of head chef.
작년에, Garvey는 주방장의 역할을 [6] _____.

He was disturbed by the news, but he **assumed** indifference.
그는 그 소식에 동요했지만 무심한 [7] _____.

• assumption   [명] 가정, 추정

---

1 검토했다  2 진찰했지만  3 인정해야만  4 감사를 표했다  5 추정했다  6 맡았다  7 척했다

## 0620

### relative*

[rélətiv]

형 상대적인, 비교상의  명 1. 친척  2. 동족, 동류

A **relative** time difference existed between Earth and Cooper's location.
지구와 Cooper의 위치 사이에 <sup>1</sup>_____ 시간 차이가 존재했다.

People think Jay and Kim are **relatives** because they look alike.
Jay와 Kim이 서로 닮았기 때문에, 사람들은 그들이 <sup>2</sup>_____이라고 생각한다.

The house cat is a distant **relative** of the tiger.
집고양이는 호랑이의 먼 <sup>3</sup>_____이다.

• relatively  부 상대적으로, 비교적

## 0621

### alive*

[əláiv]

형 1. 살아 있는  2. 활발한, 생기 넘치는

If he had been on Earth, he would have been **alive** for more than 100 years.
만약에 그가 지구에 있었다면, 그는 100년이 넘도록 <sup>4</sup>_____ 것이었다.

Eric looked **alive** at his picnic.
Eric은 자신의 소풍날 <sup>5</sup>_____ 보였다.

## 0622

### imply*

[implái]

동 암시하다, 시사하다 (= suggest)

Murphy received a message from Cooper which **implied** a solution.
Murphy는 Cooper로부터 해결책을 <sup>6</sup>_____ 메시지를 받았다.

• implication  명 암시, 시사 (= suggestion, hint); 함축

## 0623

### effective**

[iféktiv]

형 1. 효과적인 (↔ ineffective 효과 없는)  2. (법률 등이) 시행되는

Then, she found an **effective** way to save everyone on Earth.
그 후, 그녀는 지구상의 모든 이를 구할 <sup>7</sup>_____ 방법을 찾아냈다.

The new rules will become **effective** in the next few days.
새 규정은 수일 후에 <sup>8</sup>_____ 것이다.

• effectively  부 1. 효과적으로  2. 실질적으로, 사실상

1 상대적인 2 친척 3 동족 4 살아 있는 5 활발해 6 암시하는 7 효과적인 8 시행될

**0624**

# mankind

[mǽnkáind]

® 인류; (모든) 인간(= humankind)

Thanks to her, **mankind** successfully moved to a new planet.
그녀 덕분에, ¹_____는 성공적으로 새 행성으로 이주했다.

---

**0625**

# achieve **

[ətʃíːv]

® (일, 목적 등을) **이루다, 성취하다**(= accomplish)

Cooper found that he'd **achieved** his purpose eventually.
Cooper는 마침내 자신의 목적을 ²_____ 것을 깨달았다.

• achievement ® 성취, 업적(= accomplishment)

---

## ++ 의외의 뜻이 숨어 있는 익숙한 어휘 7

---

**0626**

# last **

[læst]

® 1. 마지막의  2. 지난; 최근의   ® 1. 마지막으로  2. 지난번에; 최근에
® 계속되다, 지속되다

Luckily, they caught the **last** bus.
다행히도, 그들은 ³_____ 버스에 탔다.

My family took a trip to Hawaii **last** year.
⁴_____ 해에 우리 가족은 하와이로 여행을 떠났다.

The heavy rain **lasted** for more than a week.
폭우가 일주일 넘게 ⁵_____.

• **at last** 마침내, 드디어

---

**0627**

# will **

[wil]

® ~할 것이다  ® 1. 의지  2. 유언장

I **will** go to the library to study for the final exam.
나는 기말고사 공부를 하기 위해 도서관에 ⁶_____.

The runner had a strong **will** to win the race.
그 주자는 경주에서 이기려는 강한 ⁷_____를 가졌다.

Sam's father left him a house in his **will**.
Sam의 아버지는 자신의 ⁸_____에서 그에게 집 한 채를 남기셨다.

¹ 인류  ² 이뤘다는  ³ 마지막  ⁴ 지난  ⁵ 계속되었다  ⁶ 갈 것이다  ⁷ 의지  ⁸ 유언장

0628

# meet**

met-met

[miːt]

동 1. 만나다; 마중 가다  2. 충족시키다(= fulfill)

She **meets** her friends regularly on the weekend.
그녀는 주말에 친구들을 정기적으로 ¹_____.

The school proposed new rules to **meet** the needs of students.
그 학교는 학생들의 요구를 ²_____ 위해 새 규칙을 제안했다.

---

0629

# still**

[stil]

부 1. 아직(도), 여전히  2. 그런데도  형 가만히 있는, 정지한(= motionless)

I **still** haven't finished my composition homework.
나는 ³_____ 나의 작문 숙제를 끝내지 못했다.

It's only seasoned with salt, but it **still** tastes good.
이것은 소금으로만 간을 했지만 ⁴_____ 맛이 좋았다.

The girl sat **still** on the bench until her mom came back.
그 소녀는 자신의 엄마가 돌아오실 때까지 벤치에 ⁵_____ 앉아 있었다.

---

0630

# well**

[wel]

부 잘, 좋게  형 건강한  명 우물

He plays the piano and the guitar very **well**.
그는 피아노와 기타를 매우 ⁶_____ 연주한다.

I hope you're **well**.
⁷_____시길 바랍니다.

A long time ago, people used to get water from a **well**.
오래전에 사람들은 ⁸_____에서 물을 얻곤 했다.

---

¹만난다 ²충족시키기 ³아직 ⁴그런데도 ⁵가만히 ⁶잘 ⁷건강하 ⁸우물

# 일상생활편
일상에서 찾아보는 다양한 이야기

*How to infer the meanings of words*
*from their context*

# 우리 가족의 모습은?

보카 Story 현대 사회의 구성원들은 남녀노소를 불문하고 매우 바쁜 일상을 보내고 있어요. 그래서 과거에 비해 가족들이 함께 모여서 보내는 시간이 많이 부족해졌어요. 당연하게 생각할지도 모르는 가족과 보내는 일상이 사실 매우 소중한 시간이라는 것을 여러분은 알고 있나요? 우리 가족의 일상은 어떤 모습인지, 또 바람직한 가족의 역할은 어떤 것인지 한번 살펴봅시다.

## ❶ 왁자지껄한 우리 가족의 아침

---

0631

## nursery
[nə́ːrsəri]

명 유아원; (가정집의) 아이들 놀이방

My younger brother goes to a **nursery**.
내 남동생은 <sup>1</sup>_____에 간다.

• nursing 명 간호, 간병

---

0632

## kindergarten
[kíndərgàːrtn]

명 유치원

My little sister wears a uniform to **kindergarten**.
내 여동생은 <sup>2</sup>_____ 원복을 입는다.

---

0633

## stuff*
[stʌf]

명 물건(= things); 일   동 (빽빽이) 채워 넣다

I put necessary **stuff** in my backpack before going to school.
나는 학교에 가기 전 필요한 <sup>3</sup>_____을 배낭에 넣는다.

She **stuffed** her bag with groceries.
그녀는 자신의 가방에 식료품을 <sup>4</sup>_____.

---

0634

## routine**
[ruːtíːn]

명 일과; 틀에 박힌 일   형 일상적인; 틀에 박힌

These things are a part of my family's morning **routine**.
이런 일들이 우리 가족의 아침 <sup>5</sup>_____의 한 부분이다.

1 유아원  2 유치원  3 물건  4 채워 넣었다  5 일과

**0635**

# chore

[tʃɔːr]

⑲ 1. (집안)일, 가사; 잡일  2. 하기 싫은 일, 따분한 일

Our family does **chores** together on the weekend.
우리 가족은 주말에 ¹_____을 함께 한다.

He found shopping to be a real **chore**.
그는 쇼핑이 정말 ²_____이라는 것을 알게 됐다.

---

**0636**

# blanket*

[blǽŋkit]

⑲ 담요

My mom washes the **blankets** for my younger brother and sister.
엄마는 남동생과 여동생의 ³_____를 세탁하신다.

---

**0637**

# stitch*

[stitʃ]

⑧ 바느질하다, 꿰매다    ⑲ (한) 바늘, (한) 땀

My dad looks for clothes which may need to be **stitched**.
아빠는 ⁴_____ 필요가 있는 옷들을 찾아보신다.

A **stitch** in time saves nine.
제때의 ⁵_____이 아홉 바늘을 던다.
(→ 문제를 즉각 처리하면 수월하게 해결할 수 있다.)

| **Voca Plus**  '바느질'과 관련된 여러 가지 어휘 |
| --- |

| thread  실; (실 등을) 꿰다 | needle  바늘, 침 |
| sew  바느질하다, 꿰매다 | knit  (옷 등을) 뜨다[짜다], 뜨개질하다; 뜨개질한 옷, 니트 |

---

**0638**

# closet

[klάzit]

⑲ 옷장, 벽장

I fold the laundry and put it back in the **closet**.
나는 빨래를 개어 ⁶_____에 다시 넣는다.

| **Voca Plus**  '가구'와 관련된 여러 가지 어휘 |
| --- |

| drawer  서랍 | couch  긴 의자 |
| cabinet  캐비닛 | armchair  안락의자 |
| cupboard  찬장; 장롱; 벽장 | |

---

¹ 집안일  ² 따분한 일  ³ 담요  ⁴ 바느질할  ⁵ 한 바늘  ⁶ 옷장

**0639**

# polish *

[páliʃ]

동 광내다, 닦다  명 광택, 닦기; 광택제

My mom uses an old cloth to **polish** the windows.

엄마는 창문을 ¹_____ 위해 낡은 천을 사용하신다.

---

**0640**

# scrub *

scrubbed-scrubbed
-scrubbing

[skrʌb]

동 (솔로) 문질러 씻다[청소하다]

My brother **scrubs** the bathroom walls.

남동생은 욕실 벽을 ²_____.

---

**0641**

# broom

[bru(:)m]

명 (쓰레기 따위를 치우는) 빗자루, 비

My sister and I use a **broom** to clean up the kitchen floor.

여동생과 나는 부엌 바닥을 청소하기 위해 ³_____를 사용한다.

---

**0642**

# garbage **

[gáːrbidʒ]

명 쓰레기; 음식 찌꺼기

Dad puts old food into a **garbage** bag.

아빠는 오래된 음식을 ⁴_____ 봉지에 넣으신다.

> **Voca Plus** '쓰레기'와 관련된 여러 가지 어휘
>
> **garbage** 주로 주방에서 나오는 음식물처럼 물기 있는 쓰레기
> **trash** 종이처럼 물기가 없는 일반적인 생활 쓰레기
> **litter** 특히 공공장소 등에서 휴지나 깡통, 병 등 여기저기 어질러져 버려진 쓰레기

---

**0643**

# mend

[mend]

동 1. 수선하다, 고치다 (= fix)  2. (사태 등을) 개선하다

I ask my mom to **mend** my clothes.

나는 엄마에게 내 옷을 ⁵_____ 달라고 부탁드린다.

¹닦기  ²문질러 청소한다  ³빗자루  ⁴쓰레기  ⁵수선해

**0644**

# sweat *

발음주의 [swet]

명 1. 땀 2. 노력, 수고　동 땀을 흘리다

Although we're covered with **sweat**, it is really fun to work together.

비록 우리는 <sup>1</sup>_____으로 범벅이 되지만, 함께 일하는 것은 정말 즐겁다.

It took a lot of **sweat** to pass the exam.

시험을 통과하는 데에는 많은 <sup>2</sup>_____이 들었다.

**0645**

# tidy *

[táidi]

형 잘 정돈된, 단정한 (= neat) (↔ untidy 어수선한, 단정하지 못한)

When we finish cleaning, our home looks so **tidy** and clean.

청소를 마치면, 우리 집은 굉장히 <sup>3</sup>_____ 깨끗해 보인다.

❸ 돌아오는 한 주를 알차게 보내기 위한 쇼핑 시간!

**0646**

# outlet

[áutlet]

명 1. 할인매장 2. (감정 등의) 표현 수단; 배출구

We visited an **outlet** to buy necessary stuff for our family.

우리는 우리 가족에게 필요한 물건들을 사기 위해 <sup>4</sup>_____에 방문했다.

Sport became the perfect **outlet** for his anger.

스포츠는 그의 분노의 완벽한 <sup>5</sup>_____가 되었다.

**0647**

# display **

[displéi]

동 1. 전시하다, 진열하다 2. (감정 등을) 드러내다 (= reveal)　명 전시, 진열

Lots of products were **displayed** there.

그곳에는 많은 상품들이 <sup>6</sup>_____ 있었다.

In this picture, no one is **displaying** any emotion on their face.

이 사진에서 누구도 얼굴에 표정을 <sup>7</sup>_____ 않고 있다.

◆ **on display** 전시되어, 진열되어

1 땀  2 노력  3 잘 정돈되고  4 할인매장  5 배출구  6 진열되어  7 드러내지

**0648**

## scatter*
[skǽtər]

동 1. (뿔뿔이) 흩어지다 2. 흩뿌리다

We **scattered** around the mall to find items on our shopping list.
우리는 쇼핑 목록에 있는 물건들을 찾기 위해 매장 곳곳으로 ¹_____.

The strong wind **scattered** the leaves all over the ground.
강한 바람이 나뭇잎들을 땅 여기저기에 ²_____.

◆ **scatter A on[over] B** A를 B에 흩뿌리다

---

**0649**

## stack*
[stæk]

명 (쌓아 올린) 더미, 무더기 (= pile) 동 쌓다, 쌓아 올리다

I saw a **stack** of jeans and chose one pair for myself.
나는 청바지 ³_____를 봤고 내가 입을 청바지 한 벌을 골랐다.

Is it okay to **stack** books on this shelf?
이 선반 위에 책을 ⁴_____ 될까요?

---

**0650**

## discount*
강세주의
명 [dískaunt] 동 [diskáunt]

명 할인 동 할인하다

We could get a 5% **discount** if we spent over 100,000 won.
10만 원 넘게 구입하면 우리는 5% ⁵_____을 받을 수 있었다.

◆ **get a discount** 할인을 받다
◆ **give[offer] a discount** 할인하다

---

**0651**

## await*
[əwéit]

동 기다리다 (= wait for)

When we finished shopping, we **awaited** our turn to pay patiently.
우리는 쇼핑을 마친 후 참을성 있게 계산할 차례를 ⁶_____.

---

**0652**

## starve*
[staːrv]

동 몹시 배고프다, 굶주리다; 굶어 죽다

After paying, we were **starving**, so we went home to eat dinner right away.
계산한 후에, 우리는 ⁷_____ 저녁을 먹기 위해 바로 집으로 갔다.

◆ **starvation** 명 굶주림, 기아

---

¹ 흩어졌다 ² 흩뿌렸다 ³ 더미 ⁴ 쌓아도 ⁵ 할인 ⁶ 기다렸다 ⁷ 몹시 배고파서

0653

## stereotype
[stériətàip]

몡 고정관념   동 정형화하다, 틀에 박히게 하다

It's a **stereotype** that women have to do all the chores.
여자가 모든 집안일을 해야 한다는 것은 <sup>1</sup>_____이다.

0654

## depress**
[diprés]

동 1. 의기소침하게 하다 (↔ cheer 힘을 북돋우다)  2. 부진하게 하다

It **depresses** some to do chores alone.
홀로 집안일을 하는 것은 어떤 사람들을 <sup>2</sup>_____.

The stock market has been **depressed** for two years.
주식 시장은 2년간 <sup>3</sup>_____.

- depression  몡 1. 우울(증)  2. 불경기
- depressive  혱 우울증의  몡 우울증 환자
- depressed  혱 1. 우울한  2. 하락한; 침체된

0655

## burden*
[bə́:rdn]

몡 부담, 짐   동 부담을 주다

Doing chores can be a **burden**.
집안일을 하는 것은 <sup>4</sup>_____이 될 수 있다.

- burdensome  혱 부담스러운, 힘든

0656

## tolerate
[tálərèit]

동 참다, 견디다 (= put up with, stand, bear); 용인하다

It's easier to **tolerate** these burdens together.
이런 부담을 함께 <sup>5</sup>_____ 것이 더 쉽다.

- tolerance  몡 인내; 관대, 관용
- tolerant  혱 잘 견디는; 관대한
- tolerable  혱 참을 수 있는 (↔ intolerable 참을 수 없는)

<sup>1</sup> 고정관념  <sup>2</sup> 의기소침하게 한다  <sup>3</sup> 부진했다  <sup>4</sup> 부담  <sup>5</sup> 견디는

0657

# character **

[kǽriktər]

| 핵심 뜻 | | | |
|---|---|---|---|
| 1. 명 기호; 문자 | 2. 명 특징, 특성 | 3. 명 성격, 인격 | 4. 명 (책, 영화 등의) 등장인물 |

다른 기호와 구별해주는 → 다른 사람과 구별되는 특성 → 성격은 곧 그 등장인물 자체를 나타냄

The password must include special **characters**.
비밀번호는 반드시 특수 $^1$_____을 포함해야 한다.

Each rural area of Korea has its own distinctive **character**.
한국의 각 지방은 고유의 두드러진 $^2$_____을 가지고 있다.

He has a cheerful and outgoing **character**.
그는 명랑하고 외향적인 $^3$_____을 가지고 있다.

The film's main **characters** are women in their late 30s.
그 영화의 주요 $^4$_____은 30대 후반의 여성들이다.

- characteristic 형 특유의, 독특한  명 특징 (= feature)
- characterize 동 특징짓다

---

0658

# matter **

[mǽtər]

| 핵심 뜻 | | | | |
|---|---|---|---|---|
| 1. 명 물질, 물체 | 2. 명 (처리해야 할) 사항, 일 | 3. 명 상황, 사태 | 4. 명 (걱정의 원인이 되는) 문제 동 문제가 되다 | 5. 동 중요하다 |

물질의 쓰임 → 일이 벌어지는[발생하는] → 해명을 요하는 상황 → 문제를 해결하는 것은

**Matter** exposed to these chemicals can harm your health.
이 화학 약품에 노출된 $^5$_____은 건강을 해칠 수 있다.

I always consulted my sister on **matters** of school life.
나는 학교생활의 $^6$_____을 항상 우리 언니와 상의했다.

Her angry attitude didn't improve **matters**.
그녀의 화가 난 태도는 $^7$_____을 개선하지 못했다.

What's the **matter**?
$^8$_____가 뭐니?

Her wealth doesn't **matter** to me.
그녀의 부(富)는 내게 $^9$_____ 않다.

- **to make matters worse** 설상가상으로

---

1 기호들  2 특징  3 성격  4 등장인물  5 물질  6 일  7 상황  8 문제  9 중요하지

0659

# raise **

[reiz]

돈을 증가시키다, 만들어내다
------------→

수치 등을 더
높게 하다
------------→

핵심 뜻

1. 동 (들어) 올리다

2. 동 인상하다
명 인상, 증가

3. 동 모금하다

4. 동 기르다,
키우다

5. 동 (문제 등을)
제기하다

6. 동 (감정, 반응을)
불러일으키다

------------→
어린 사람, 동식물 등을
어떤 수준까지 끌어 올리다

------------→
문제를 들어 올려
크게 키우다

------------→
문제를 제기하여
반응을 이끌어내다

She **raised** her hand above her head to ask a question.
그녀는 질문을 하기 위해 자신의 머리 위로 손을 ¹_____.

The company **raises** salaries for its workers once a year.
그 회사는 직원들을 위해 일 년에 한 번 급여를 ²_____.

The students **raised** money to help victims of an earthquake.
학생들은 지진 피해자들을 돕기 위해 돈을 ³_____.

He was born and **raised** in the country.
그는 시골에서 태어나고 ⁴_____.

The scientist **raised** many questions about a popular theory.
그 과학자는 한 유명한 이론에 대해 많은 의문을 ⁵_____.

The accident **raises** doubts about the safety of the airline.
그 사고는 항공사의 안정성에 대한 의구심을 ⁶_____.

---

0660

# degree *

[digríː]

핵심 뜻

1. 명 정도

계기류에 표시된
단계의 정도
------------→

2. 명 도
《(각도, 온도의 단위)》

학문의 정도
------------→

3. 명 학위

We can predict the weather with a surprising **degree** of accuracy.
우리는 놀라운 ⁷_____의 정확도로 날씨를 예측할 수 있다.

The angle of a corner of a square is 90 **degrees**.
정사각형의 한 모서리의 각은 90⁸_____이다.

a **degree** in economics
경제학 ⁹_____

◆ **by degrees** 서서히, 점차

◆ **to a degree** 어느 정도는, 다소

¹들어 올렸다  ²인상한다  ³모금했다  ⁴자랐다  ⁵제기했다  ⁶불러일으켰다  ⁷정도  ⁸도  ⁹학위

# · Unit · 23

## 열심히 공부하는 당신, 피로를 날려라!

보카 Story ✔ 매일 아침 수많은 사람과 차량에 치이며 등교를 하면 금세 몰려오는 졸음과 피로! 오전 수업을 힘겹게 받고 나서 점심을 먹으며 기력을 보충하려 해도 불러온 배만큼 다시 밀려오는 졸음은 야속할 따름이죠 여러분도 혹시 '피곤하다'라는 말을 입에 달고 살지 않나요? 간단한 생활습관 변화만으로 이런 피로를 날려버릴 수 있는 방법을 알아봅시다.

### ❶ 피곤을 불러오는 아침 등굣길

---

0661

## commute

[kəmjúːt]

동 통근하다, 통학하다    명 통근 (거리), 통학

I **commute** to my school by bus every morning.
나는 매일 아침 학교에 버스로 <u>1      </u>.

• commuter  명 통근자

---

0662

## traffic *

[trǽfik]

명 (왕래하는) 차량, 교통(량)

Every morning, the downtown roads are busy with **traffic**.
매일 아침, 도심의 도로는 2<u>      </u>으로 혼잡하다.

---

0663

## vehicle *

[víːikəl]

명 탈것, 차량

The roads are filled with various **vehicles** of all kinds.
도로는 모든 종류의 다양한 3<u>      </u>으로 가득하다.

---

0664

## rush **

[rʌʃ]

동 서두르다(= hurry); 돌진하다    명 분주함; 돌진

Sometimes we should **rush** to catch the bus.
때때로 우리는 버스를 잡기 위해 4<u>      </u> 한다.

Firefighters **rushed** to the scene of the accident.
소방관들이 사고 현장으로 5<u>      </u>.

---

<sup>1</sup> 통학한다  <sup>2</sup> 차량  <sup>3</sup> 차량  <sup>4</sup> 서둘러야  <sup>5</sup> 돌진했다

0665
## irritated *
[írətèitid]

형 1. 짜증 난 (= annoyed) 2. (피부 등이) **따끔거리는; 염증이 일어난**

If we can't catch the bus on time, we feel **irritated**.
제때 버스를 잡지 못하면, 우리는 <sup>1</sup>_____.

My skin is **irritated** from too much sun.
내 피부가 너무 많은 햇볕으로 인해 <sup>2</sup>_____.

• irritate  동 1. 짜증 나게 하다 2. 자극하다; 염증을 일으키다
• irritation  명 1. 짜증 2. 자극 (상태); 염증

---

❷ 졸음과 집중력 저하의 원인이 되는 것들

---

0666
## exhausted *
발음주의 [igzɔ́:stid]

형 1. 매우 지친 (= very tired) 2. **고갈된, 다 써버린**

Commuting to school every day makes me **exhausted**.
매일 통학하는 것이 나를 <sup>3</sup>_____ 한다.

Oil will be **exhausted** in the near future.
석유는 가까운 미래에 <sup>4</sup>_____ 것이다.

• exhaust  동 1. 지치게 하다 2. 고갈시키다, 다 써버리다 (= use up)  명 (자동차 등의) 배기가스
• exhaustion  명 1. 기진맥진, 극도의 피로 2. 고갈, 다 써버림

---

0667
## stress **
[stres]

명 1. 스트레스 2. 강조 (= emphasis)
동 1. 스트레스를 받다 2. 강조하다 (= emphasize)

Continuous **stress** makes it hard to concentrate.
지속적인 <sup>5</sup>_____는 집중하는 것을 어렵게 한다.

The teacher laid **stress** on the need for good study habits.
선생님은 좋은 학습 습관의 필요성을 <sup>6</sup>_____ 하셨다.

◆ **under stress** 스트레스를 받는
◆ **lay stress on** ~을 강조하다

• stressful  형 스트레스가 많은

---

0668
## fatigue
[fətíːg]

명 피로, 피곤 (= exhaustion)

Stress from studying is one of the causes of **fatigue**.
학업으로 인한 스트레스가 <sup>7</sup>_____의 원인 중 하나이다.

<sup>1</sup> 짜증 난다  <sup>2</sup> 따끔거린다  <sup>3</sup> 매우 지치게  <sup>4</sup> 고갈될  <sup>5</sup> 스트레스  <sup>6</sup> 강조  <sup>7</sup> 피로

**0669**

# sore *

[sɔːr]

형 아픈, 따가운(= painful)

Due to fatigue, my neck and shoulders are **sore**.
피로로 인해, 내 목과 어깨가 ¹_____.

---

**0670**

# anxiety **

[æŋzáiəti]

명 1. 걱정, 근심(= concern) 2. 열망, 갈망

The thought of exams fills me with **anxiety**.
시험에 대한 생각으로 나는 ²_____이 많다.

She has always had an **anxiety** to succeed.
그녀는 항상 성공하고픈 ³_____을 가지고 있었다.

• anxious 　형 1. 걱정하는(= worried) 2. 열망하는, 갈망하는(= eager)

---

**0671**

# disturb *

[distə́ːrb]

동 1. 방해하다(= bother) 2. 불안하게 만들다

Don't **disturb** me when I'm studying.
내가 공부 중일 때는 ⁴_____ 마라.

The news shocked and **disturbed** her.
그 소식은 그녀에게 충격을 주었고 그녀를 ⁵_____.

• disturbance 　명 1. 방해 2. 혼란, 소동 3. (마음의) 동요, 불안

---

❸ 학습 효율을 높이는 건강 관리 팁!

---

**0672**

# dramatic **

[drəmǽtik]

형 1. 급격한; 극적인 2. 연극의; 희곡의

Many of us long for a **dramatic** rise in our school grades.
우리 중 많은 이들이 학교 성적의 ⁶_____ 상승을 바란다.

a **dramatic** critic
⁷_____ 평론가

• drama 　명 1. 극적인 사건 2. 연극; 희곡
• dramatically 　부 급격하게; 극적으로

---

¹ 아프다  ² 걱정  ³ 열망  ⁴ 방해하지  ⁵ 불안하게 만들었다  ⁶ 급격한  ⁷ 연극

## 0673
# inhale
[inhéil]

동 (숨을) 들이마시다, 흡입하다 (= breathe in) (↔ exhale (숨을) 내쉬다, 방출하다)

**Inhale** deeply, with your arms wide open.
양팔을 넓게 벌리며 깊게 <sup>1</sup>_____.

---

## 0674
# sight*
[sait]

명 1. 시력; 시야 2. 보기, 봄 3. 《the 복수형》 관광지, 명소; (눈에 보이는) 광경
동 보다, 발견하다

To protect your **sight**, don't read in dark rooms.
<sup>2</sup>_____을 보호하려면, 어두운 방에서 책을 읽지 마라.

The **sights** near the ocean were famous.
바다 근처에 있는 그 <sup>3</sup>_____는 유명했다.

The pilot **sighted** the airport and attempted to land.
조종사는 공항을 <sup>4</sup>_____ 착륙을 시도했다.

◆ **at the sight of** ~을 보고, ~을 보자마자

---

## 0675
# stiff*
[stif]

형 뻣뻣한, 굳은; 딱딱한, 완고한 (↔ flexible 신축성 있는; 유연한)

If you sit on a small chair for a long time, your back gets **stiff**.
작은 의자에 오랫동안 앉아 있으면, 허리가 <sup>5</sup>_____진다.

• stiffness 명 뻣뻣함; 딱딱함, 완고함
• stiffen 동 뻣뻣해지다, 경직되다

---

## 0676
# straighten
[stréitn]

동 곧게 하다, 똑바르게 되다

It is good to sit up and **straighten** your back when you study.
공부할 때는 똑바로 앉아서 등을 <sup>6</sup>_____ 것이 좋다.

---

## 0677
# muscle*
[mÁsəl]

명 근육; 힘, 근력

Stretching helps your **muscles** relax.
스트레칭은 <sup>7</sup>_____이 이완되는 것을 도와준다.

• muscular 형 근육의; 근육이 발달한

---

1 숨을 들이마셔라  2 시력  3 관광지  4 발견하고  5 뻣뻣해  6 곧게 하는  7 근육

## 0678

**refresh**

[rifréʃ]

동 상쾌하게 하다; 기운 나게 하다

A cool glass of water will **refresh** you.
시원한 물 한 잔이 너를 ¹_____ 할 것이다.

 **◆ refresh one's memory** ~의 기억을 되살리다

- refreshing 형 상쾌한; 기운을 북돋우는
- refreshment 명 1. 상쾌하게 함; 원기 회복 2. 가벼운 음식물, 다과

## 0679

**bathe**

발음주의 [beið]

동 (몸을) 씻다; 세척하다

**Bathing** with warm water helps you sleep well at night.
따뜻한 물로 ²_____ 것은 밤에 숙면을 취하도록 도와준다.

## 0680

**improve** \*\*

[imprúːv]

동 향상시키다, 개선되다

Good physical health can help **improve** your mental health.
좋은 신체적 건강은 정신적 건강을 ³_____ 데 도움이 될 수 있다.

- improvement 명 향상, 개선

## 0681

**patience** \*

[péiʃəns]

명 참을성, 인내(심) (↔ impatience 조급함)

You will learn **patience** if you do yoga.
요가를 하면 ⁴_____ 을 배우게 될 것이다.

- patient 명 환자 형 참을성[인내심]이 있는 (↔ impatient 조급한, 안달하는)

## 0682

**academic**

[ækədémik]

형 1. 학업의, 학교의 2. 학구적인

Students' health is closely linked to their **academic** performance.
학생들의 건강은 ⁵_____ 성취와 밀접하게 관련이 있다.

**academic** interest
⁶_____ 관심

- academy 명 (특수 분야의) 학교, 학원; 학술원

¹ 상쾌하게  ² 씻는  ³ 향상시키는  ⁴ 인내심  ⁵ 학업  ⁶ 학구적인

**0683**

# steady *

발음주의 [stédi]

[형] 1. 꾸준한; 한결같은(↔ unsteady 불규칙한; 변하기 쉬운)  2. 안정된, 흔들림 없는

Slow and **steady** exercise is good for our health.

느리더라도 [1]_____ 운동이 우리의 건강에 좋다.

To persuade others, your voice should be **steady** and firm.

다른 이들을 설득하기 위해서는 목소리가 [2]_____ 단호해야 한다.

---

**0684**

# decrease *

강세주의

[동] [dikríːs] [명] [díːkriːs]

[동] 감소하다, 감소시키다(↔ increase 증가하다[시키다])  [명] 감소(↔ increase 증가)

If you do more exercise, your weight will **decrease**.

운동을 더 많이 하면 체중이 [3]_____ 것이다.

---

**0685**

# loose *

[luːs]

[형] 헐거운, 느슨한; 매여 있지 않은(↔ tight 꽉 조이는; 꽉 묶여 있는)

Wearing **loose** clothes can help your blood circulation.

[4]_____ 옷을 입는 것은 혈액 순환에 도움이 될 수 있다.

- **loosen** [동] 느슨하게 하다, 느슨하게 되다(↔ tighten 조이다, 조여지다)

---

## ++ 핵심 뜻에서 여러 뜻이 발전한 어휘 2

**0686**

# rate **

[reit]

| 핵심 뜻 | | | |
| --- | --- | --- | --- |
| 1. [명] 비율, -율 | 2. [명] 속도 | 3. [명] 요금; (시간당) 급료 | 4. [동] 등급을 매기다, 평가하다 [명] 등급 |
| ----→ | ----→ | ----→ | |
| 빠르기 비율 | 이용 대상, 시간 비율에 따른 지불 값 | 비율의 크고 작음을 구분 | |

Crime **rates** have declined in recent years.

범죄[5]_____이 최근 몇 년간 감소해 왔다.

The population of India has been growing at an alarming **rate**.

인도의 인구는 놀라운 [6]_____로 증가해오고 있다.

Regular admission to the theater is $12, and the student **rate** is $8.

그 극장의 일반 입장료는 12달러이며, 학생 [7]_____은 8달러이다.

The movie was **rated** "15."

그 영화는 '15세 관람가'로 [8]_____.

---

[1] 꾸준한  [2] 안정되고  [3] 감소할  [4] 헐거운  [5] 율  [6] 속도  [7] 요금  [8] 등급이 매겨졌다

0687

# beat *

beat-beaten
[biːt]

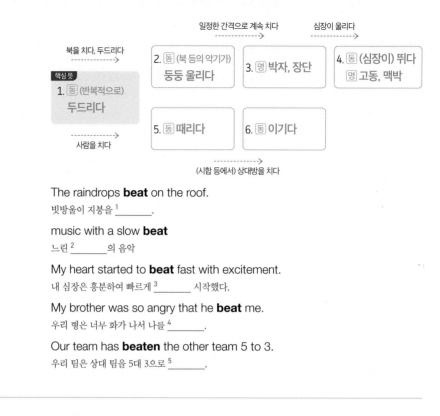

The raindrops **beat** on the roof.
빗방울이 지붕을 ¹_____.

music with a slow **beat**
느린 ²_____의 음악

My heart started to **beat** fast with excitement.
내 심장은 흥분하여 빠르게 ³_____ 시작했다.

My brother was so angry that he **beat** me.
우리 형은 너무 화가 나서 나를 ⁴_____.

Our team has **beaten** the other team 5 to 3.
우리 팀은 상대 팀을 5대 3으로 ⁵_____.

---

0688

# order **

[ɔ́ːrdər]

The children lined up in **order** of age.
아이들은 나이 ⁶_____대로 줄을 섰다.

**Order** your ideas before beginning to write.
글쓰기를 시작하기 전에 너의 생각을 ⁷_____.

A police officer **ordered** the car to stop.
한 경찰관이 그 차에게 멈추라고 ⁸_____.

I placed an **order** for a book yesterday.
나는 어제 책 한 권을 ⁹_____ 했다.

• **in order** 1. 순차적으로 2. 적절한; 유효한
• **out of order** 1. 정리가 안 된 2. 규칙에 위배되는 3. 고장 난
• **place an order** 주문하다

¹ 두드린다 ² 박자 ³ 뛰기 ⁴ 때렸다 ⁵ 이겼다 ⁶ 순서 ⁷ 정돈해라 ⁸ 명령했다 ⁹ 주문

0689
# class **
[klæs]

**핵심 뜻**

| 1. 몡 (사회의) 계층, 계급 | 2. 몡 등급 | 3. 몡 종류, 부류 | 4. 몡 반, 학급; 반 학생들 | 5. 몡 수업 |

사물의 → 등급으로 나눈 → 학교 내 학생들 부류 → 학교 활동 종류

People from all social **classes** should be given equal rights.
모든 사회 ¹_____의 사람들은 동등한 권리를 부여받아야 한다.

The airline upgraded my seat **class** to a better one.
그 항공사는 내 좌석 ²_____을 더 좋은 등급으로 올려주었다.

Be careful when you take different **classes** of drugs.
서로 다른 ³_____의 약을 복용할 때는 주의하라.

I was named **class** president.
나는 ⁴_____ 회장으로 임명되었다.

I missed science **class** last week.
나는 지난주에 과학 ⁵_____을 듣지 못했다.

---

0690
# draw **
drew-drawn
[drɔː]

**핵심 뜻**

1. 동 끌다

선을 끌다 → 2. 동 그리다 → 양쪽에서 끌다 → 3. 몡 무승부 동 비기다

안의 것을 밖으로 → 4. 동 끌어내다 → 여러 개 중 하나를 끌어내다 → 5. 동 (제비를) 뽑다 몡 추첨

a carriage **drawn** by horses
말에 의해 ⁶_____ 마차

A man **drew** me a rough map to the hospital.
한 남자가 나에게 병원까지 가는 약도를 ⁷_____.

The game ended in a **draw**.
그 경기는 ⁸_____로 끝났다.

I finally **drew** a conclusion from the facts.
나는 마침내 그 사실들에서 결론을 ⁹_____.

The host **drew** the winning ticket from a box.
사회자는 상자에서 당첨권을 ¹⁰_____.

• **drawing** 몡 (색칠하지 않은) 그림, 소묘

**뉘앙스 感잡기**  draw vs. paint

draw는 선만으로 그림을 그리는 것을 말하고, paint는 색을 칠하여 그리는 것을 말한답니다. 따라서 drawing은 스케치나 크로키처럼 선만으로 그린 그림을, painting은 수채화나 유화처럼 색을 칠한 그림을 뜻하죠. 한편 picture는 drawing과 painting을 모두 포괄한 '그림'을 의미합니다.

¹계층 ²등급 ³종류 ⁴학급 ⁵수업 ⁶끌리는 ⁷그려주었다 ⁸무승부 ⁹끌어냈다 ¹⁰뽑았다

## + Unit + 24 성공적인 수험생 학습 전략 엿보기

보카 Story 입시를 준비하는 수험생들에게 학습 전략은 매우 중요하죠. 계획은 어디서부터 어떻게 세워야 하는지, 어떤 학습 습관을 지녀야 하는지 등 입시에 성공하기 위한 전략적인 조언들이 필요할 거예요. 보다 효율적으로 학업에 집중하기 위해 어떠한 것들이 필요한지 함께 살펴보아요.

### ❶ 시작이 반이다! 목표 세우기

0691
## aim *
[eim]

〔명〕 1. 목표, 목적 (= goal, objective) 2. 겨냥, 조준
〔동〕 1. 목표로 하다 2. 겨냥하다, 겨누다

The **aims** of learning vary from person to person.
학습의 <sup>1</sup>_____는 사람마다 다르다.

I **aimed** at the tree, but I missed.
나는 그 나무를 <sup>2</sup>_____ 빗나갔다.

◆ **aim to-v** v하는 것을 목표로 하다
◆ **be aimed at** ~을 목표[대상]로 하다

◆ aimless 〔형〕 목적이 없는, 방향을 잃은

0692
## target *
[tá:rgit]

〔명〕 목표; (공격의) 표적 (= aim)  〔동〕 목표로 삼다; 표적으로 삼다

Try to set clear **targets** when you study.
공부할 때는 분명한 <sup>3</sup>_____를 정하도록 노력해라.

Tourists are more likely to be **targeted** by the thieves.
관광객들은 절도범들의 <sup>4</sup>_____ 가능성이 더 크다.

◆ **on target** 올바른 목표를 향해; 정확한
◆ **off target** 표적을 빗나간

0693
## ongoing
[ángòuiŋ]

〔형〕 진행 중인

Remember to do things that keep your interest in the subject **ongoing**.
<sup>5</sup>_____ 주제에 대한 흥미를 유지할 것을 명심해라.

<sup>1</sup> 목표  <sup>2</sup> 겨냥했지만  <sup>3</sup> 목표  <sup>4</sup> 표적이 될  <sup>5</sup> 진행 중인

**0694**

## amazing*

[əméiziŋ]

형 놀라운, 놀랄 만한(= astonishing)

A vacation can be an **amazing** opportunity to learn something new.
방학은 새로운 것을 배울 ¹_____ 기회가 될 수 있다.

- amaze 동 놀라게 하다

**0695**

## master**

[mǽstər]

동 통달하다, 완전히 익히다   명 1. 대가, 거장  2. 주인

However, it's not easy to **master** a language in a short period of time.
그러나 짧은 기간 안에 언어를 ²_____ 것은 쉽지 않다.

The magician is known as a **master** of card tricks.
그 마술사는 카드 마술의 ³_____로 알려져 있다.

He is the **master** of this house.
그는 이 집의 ⁴_____이다.

**0696**

## situation**

[sìtʃuéiʃən]

명 상황, 환경

You need to make a plan, considering your **situation**.
너의 ⁵_____을 고려하여 계획을 세워야 한다.

---

**❷ 자신의 약점을 집중 보완하라!**

**0697**

## semester

[siméstər]

명 (1년 2학기 제도에서의) **학기**

The math classes were especially difficult last **semester**.
지난 ⁶_____에 수학 수업이 특히 어려웠다.

**0698**

## embarrassed*

철자주의 [imbǽrəst]

형 당황스러운, 난처한

Tony was **embarrassed** by his low math grade.
Tony는 수학 성적이 낮아 ⁷_____.

- embarrass 동 당황스럽게 하다, 난처하게 하다
- embarrassment 명 당황함; 난처한 상황

---

¹놀라운  ²통달하는  ³대가  ⁴주인  ⁵상황  ⁶학기  ⁷당황스러웠다

### 0699

## struggle **

[strʌ́gl]

동 애쓰다, 분투하다  명 분투, 투쟁

This semester, he has **struggled** to do well in math tests.
이번 학기에 그는 수학 시험을 잘 보려고 [1]_____.

◆ **struggle for** ~을 위해 애쓰다
◆ **struggle with** ~로 고심하다; ~을 해결하려고 애쓰다

---

### 0700

## primary **

[práiməri]

형 1. 주된, 주요한(= main, chief)  2. 초기의, 최초의

His **primary** goal is to be better at math.
그의 [2]_____ 목표는 수학을 더 잘하는 것이다.

The patient's disease is still in its **primary** stage.
그 환자의 병은 아직 [3]_____ 단계에 있다.

• prime  형 1. 주된, 주요한  2. 최고의, 뛰어난  명 전성기
• primarily  부 주로(= mainly, chiefly)

---

### 0701

## devote *

[divóut]

동 (시간, 노력 등을) 바치다, 쏟다(= dedicate)

Every night he **devotes** one hour to solving math problems.
매일 밤 그는 한 시간씩을 수학 문제를 푸는 데 [4]_____.

◆ **devote A to B** A를 B에 바치다[쏟다]
◆ **devote oneself to** ~에 일생을 바치다; ~에 전념하다

• devotion  명 헌신; 전념(= dedication)

---

### 0702

## accurate *

[ǽkjurət]

형 정확한, 정밀한(↔ inaccurate 부정확한, 정밀하지 않은)

He needs to be more **accurate** with his calculations.
그는 계산에 더 [5]_____한다.

• accuracy  명 정확(성)(↔ inaccuracy 부정확(성))

---

### 0703

## acquire *

발음주의 [əkwáiər]

동 (노력으로) 얻다, 습득하다(= gain)

He should take his time to **acquire** that accuracy.
그는 그 정확성을 [6]_____ 위해 시간을 들여야 한다.

• acquisition  명 습득, 획득

**0704**

# chart **

[tʃɑːrt]

⟨명⟩ 도표  ⟨동⟩ 도표를 만들다

You can make a study plan using a **chart**.
¹ _____를 활용하여 공부 계획을 짤 수 있다.

**0705**

# detail *

[díːteil]

⟨명⟩ 세부 사항, 상세한 설명  ⟨동⟩ 상세히 설명하다

Try to put **details** in your chart.
도표에 ² _____을 넣도록 노력하라.

◆ **in detail** 상세하게

• detailed  ⟨형⟩ 자세한

**0706**

# regular *

[régjulər]

⟨형⟩ 1. 규칙적인, 정기적인(↔ irregular 불규칙한)  2. 평상시의, 보통의(= ordinary)

David made a **regular** schedule for studying English and math.
David는 영어와 수학 공부를 위한 ³ _____ 일정을 세웠다.

The restaurant's **regular** opening hours are 11 a.m. to 10 p.m.
그 식당의 ⁴ _____ 영업시간은 오전 11시부터 오후 10시까지이다.

◆ **on a regular basis** 정기적으로

• regularly  ⟨부⟩ 규칙적으로, 정기적으로
• regularity  ⟨명⟩ 규칙적임, 정기적임

**0707**

# arrange *

[əréindʒ]

⟨동⟩ 1. (미리) 준비하다, 마련하다  2. 정리하다, 배열하다

He **arranged** his study schedule on a weekly basis.
그는 일주일 단위로 공부 계획을 ⁵ _____.

She **arranged** her photos on the desk.
그녀는 탁자에 자신의 사진들을 ⁶ _____.

• arrangement  ⟨명⟩ 1. 준비, 마련  2. 정리, 배열

¹ 도표  ² 세부 사항들  ³ 규칙적인  ⁴ 평상시  ⁵ 준비했다  ⁶ 정리했다

**0708**

## specific*

[spisífik]

형 1. **구체적인; 명확한**(= precise) 2. **특정한**(= particular)

Make **specific** study plans before you start studying.
공부를 시작하기 전에 ¹_____ 공부 계획을 세워라.

She only eats a **specific** type of bread.
그녀는 ²_____ 종류의 빵만을 먹는다.

• specifically 부 특히; 명확하게
• specify 동 구체적으로 말하다[적다]

❹ 그 밖에 수험생활에 도움이 되는 요소들

**0709**

## effort**

[éfərt]

명 **노력, 수고**

Make an **effort** to eat well and exercise regularly.
잘 먹고 규칙적으로 운동하도록 ³_____ 하라.

• **make an effort** 노력하다
• **without effort** 거의 노력하지 않고, 쉽게

**0710**

## constant*

[kánstənt]

형 1. **끊임없는, 계속되는**(= continuous) 2. **일정한, 변함없는**(= fixed)

Be careful not to make yourself too tired from **constant** studying.
⁴_____ 공부로 자신을 너무 지치게 만들지 않도록 조심하라.

In this experiment, it is important to keep the temperature **constant**.
이 실험에서는, 온도를 ⁵_____ 유지하는 것이 중요하다.

• constantly 부 끊임없이(= continually)

**0711**

## input*

[ínput]

명 1. **조언**(= advice) 2. (시간 등의) **투입** 3. 《컴퓨터》 **입력**(↔ output 생산; 출력)

Sometimes, other people's **input** helps you make a better decision.
때로는 다른 사람들의 ⁶_____ 이 네가 더 나은 결정을 내리는 데 도움이 된다.

I didn't have much **input** into the project.
나는 그 프로젝트에 많이 ⁷_____ 하지 않았다.

A mouse is a type of computer **input** device.
마우스는 컴퓨터 ⁸_____ 장치의 한 종류이다.

¹ 구체적인　² 특정한　³ 노력　⁴ 계속되는　⁵ 일정하게　⁶ 조언　⁷ (시간을) 투입　⁸ 입력

**0712**

# stimulate*

[stímjulèit]

동 자극하다, 격려하다; 흥미를 불러일으키다

Setting high goals can **stimulate** you.
높은 목표를 설정하는 것은 너를 [1]_____ 수 있다.

• stimulation 명 자극, 격려
• stimulus 명 《복 stimuli》 자극, 격려; 자극제

**0713**

# attempt*

[ətémpt]

동 시도하다 (= try)   명 시도

**Attempt** to create good study habits.
좋은 공부 습관을 만들도록 [2]_____.

The athlete broke the world record in his first **attempt**.
그 육상선수는 자신의 첫 번째 [3]_____에서 세계 신기록을 경신했다.

**0714**

# range**

[reindʒ]

명 범위, 범주   동 (범위에) 이르다

Try to read books covering a wide **range** of topics.
광[4]_____한 주제를 다루는 책들을 읽으려 노력하라.

This class consists of children whose ages **range** from 4 to 7.
이 수업은 나이가 4세부터 7세까지 [5]_____ 아이들로 구성된다.

◆ **a wide range of** 광범위한, 폭넓은
◆ **range from A to B** (범위가) A에서 B에 이르다

**0715**

# text*

[tekst]

명 1. 글; 본문  2. 교과서 (= textbook)   동 문자 메시지를 보내다

Many people find it easier to remember images rather than **text**.
많은 사람들은 [6]_____보다 이미지로 기억하기가 더 쉽다는 것을 알게 된다.

**Text** me when you're on your way home.
집에 가는 길에 내게 [7]_____.

**0716**

# summarize

[sʌ́məràiz]

동 요약하다, 간략하게 말하다

**Summarizing** the main points can help you review more easily.
요점을 [8]_____ 것은 네가 복습하기 더 쉽게 해줄 수 있다.

• summary 명 요약

1 자극할  2 시도하라  3 시도  4 범위  5 이르는  6 글  7 문자 메시지를 보내  8 요약하는

0717

## chance **

[tʃæns]

핵심 뜻

| 1. 명 우연(한 일) | 2. 명 운, 운수 | 3. 명 (좋은) 기회 | 4. 명 가능성, 가망 |
|---|---|---|---|

우연하게 일어난 좋은 일 → 운이 있어 얻은 기회 → 기회가 있을 가능성 →

I met my old friend at the grocery store by **chance**.
나는 내 옛 친구를 식료품점에서 <sup>1</sup>_____ 만났다.

Dice and roulette are games of **chance**.
주사위 게임과 룰렛은 <sup>2</sup>_____ 에 의한 게임이다.

He was given a second **chance** to prove his abilities.
그는 자신의 능력을 증명할 두 번째 <sup>3</sup>_____ 를 얻었다.

The **chance** of rain this afternoon is less than 20%.
오늘 오후에 비가 올 <sup>4</sup>_____ 은 20퍼센트 미만이다.

◆ **by chance** 우연히 (= by accident)

◆ **chances are that** ~일 가능성이 있다

> **Voca Plus** '우연, 운'을 나타내는 여러 가지 어휘
>
> | **luck** 행운; 운 | **destiny** 운명, 운명의 힘 | **fate** 운명, 숙명 |
> |---|---|---|
> | **coincidence** 우연의 일치 | **fortune** (사람의) 운, 운수 | **accident** 우연 |

---

0718

## bear **

bore-born/borne

[beər]

몸이나 마음에 가지고 가다 →

무거운 것을 가지고 가다 → 　　　어려움 등을 가지고 가다 →

핵심 뜻

| 1. 동 나르다, 가져가다[오다] | 2. 동 (몸에) 지니다, (마음에) 품다 | 3. 동 (무거운 것을) 지탱하다 | 4. 동 참다, 견디다 |
|---|---|---|---|

5. 동 (아이를) 낳다; 열매를 맺다

아이나 열매를 가져오다 →

The town still **bears** the wounds of the bombings during the war.
그 도시는 전쟁 중 폭격의 상처들을 여전히 <sup>5</sup>_____ 있다.

The ice is too thin to **bear** your weight.
그 얼음은 너무 얇아서 네 체중을 <sup>6</sup>_____ 수 없다.

I can't **bear** the heat very well.
나는 더위를 그다지 잘 <sup>7</sup>_____ 못한다.

Most animals **bear** their young in the spring.
대부분의 동물은 봄에 새끼를 <sup>8</sup>_____.

◆ **bear[keep] A in mind** A를 명심하다

◆ **bear fruit** 열매를 맺다; 결실을 보다

1 우연히　2 운　3 기회　4 가능성　5 지니고　6 지탱할　7 참지　8 낳는다

0719

# support**

[səpɔ́ːrt]

**핵심 뜻**

| 1. 동 떠받치다 명 버팀대 | 2. 동 뒷받침하다 명 근거 | 3. 동 지지하다 명 지지, 옹호 | 4. 동 지원하다 명 지원, 후원 | 5. 동 부양하다 |
|---|---|---|---|---|

주장을 떠받치다 → 마음으로 떠받치다 → 금전적, 물적으로 떠받치다 → 생활을 뒷받침하다

The huge columns **support** the roof of the temple.
거대한 기둥들이 그 사원의 지붕을 ¹_____.

The lawyer called a witness to **support** his case.
그 변호사는 자신의 주장을 ²_____ 증인을 소환했다.

Galileo strongly **supported** the theory that the center of the solar system was not Earth but the sun.
Galileo는 태양계의 중심은 지구가 아니라 태양이라는 이론을 강력하게 ³_____.

My dream is to make an organization that **supports** poor children.
나의 꿈은 빈곤 아동을 ⁴_____ 기관을 설립하는 것이다.

Parents **support** their children until they become adults.
부모들은 자신의 아이들이 어른이 될 때까지 ⁵_____.

• supporter 명 1. 지지자 2. 후원자 3. 부양자

---

0720

# match*

[mætʃ]

잘 어울려서 거의 비슷하다 → 대등한 사람 → 경쟁하는 곳 →

**핵심 뜻**

| 1. 동 어울리다 명 잘 어울리는 사람[것] | 2. 동 일치하다, 아주 비슷하다 | 3. 명 경쟁 상대 동 필적하다 | 4. 명 경기, 시합 |
|---|---|---|---|

**핵심 뜻**

5. 명 성냥

The curtain seems to **match** the carpet perfectly.
그 커튼은 카펫과 완벽하게 ⁶_____ 것처럼 보인다.

The thief's fingerprint **matched** the evidence at the crime scene.
그 도둑의 지문은 범죄 현장에 있던 증거와 ⁷_____.

Carlos was no **match** for me at tennis.
Carlos는 테니스에서 내 ⁸_____가 아니었다.

Our team lost a close **match**.
우리 팀은 막상막하의 ⁹_____에서 졌다.

I lit some candles with a **match**.
나는 ¹⁰_____으로 초 몇 개에 불을 붙였다.

¹ 떠받친다 ² 뒷받침할 ³ 지지했다 ⁴ 지원하는 ⁵ 부양한다 ⁶ 어울리는 ⁷ 일치했다 ⁸ 경쟁 상대 ⁹ 경기 ¹⁰ 성냥

# 멋진 글로벌 시대를 만들기 위한 조언 몇 가지

*복가 Story* 글로벌 시대에 우리나라에 거주하는 외국인들도 점차 많아지고 해외를 경험하는 우리나라 사람들도 정말 많아졌어요. 이에 따라 외국 문화나 외국인에 대한 성숙한 태도가 필요한데요. 우리 문화의 가치관으로만 바라보기보다는 국제 감각을 길러 타문화를 편견 없이 이해한다면 멋진 글로벌 시대를 만들어 갈 수 있겠죠?

## ❶ 외국 문화에 대한 폭넓은 이해

---

0721
### deny*
발음주의 [dinái]

형 1. 부인[부정]하다(↔ admit 인정하다)  2. 거부[거절]하다(= refuse)

We cannot **deny** that cultural differences exist.
우리는 문화 차이가 존재하는 것을 ¹_____ 수 없다.

**deny** the favor
호의를 ²_____

• denial  명 1. 부인, 부정  2. 거부, 거절(= refusal)

---

0722
### ethnic*
[éθnik]

형 민족의, 인종의; 민족 전통의

There are various **ethnic** groups in the world.
세계에는 다양한 ³_____ 집단이 있다.

• ethnicity  명 민족성

---

0723
### insist**
[insíst]

동 1. 고집하다, 우기다  2. (사실이라고) 주장하다

We shouldn't **insist** our own culture is better.
우리 문화가 더 좋은 것이라고 ⁴_____ 안 된다.

Frank **insisted** that the problems were not his fault.
Frank는 그 문제들이 자신의 잘못이 아니라고 ⁵_____.

• insistence  명 1. 고집  2. 주장

---

0724
### narrow-minded
[nǽroumáindid]

형 편협한, 속이 좁은(↔ broad-minded 마음이 넓은)

A **narrow-minded** attitude is not helpful for understanding other cultures.
⁶_____ 태도는 다른 문화를 이해하는 데 도움이 되지 않는다.

¹ 부인할  ² 거절하다  ³ 민족  ⁴ 고집하면  ⁵ 주장했다  ⁶ 편협한

## 0725
# convince *
[kənvíns]

동 1. 확신시키다, 납득시키다  2. 설득하다 (= persuade)

We are **convinced** that each culture has its own value.
우리는 문화마다 각자의 가치를 지닌다고 ¹_____.

The police tried to **convince** the man to drop the weapon.
경찰은 그 남자에게 무기를 내려놓으라고 ²_____ 노력했다.

- **convince A of B**  A에게 B를 확신시키다
- **convince A to-v**  A에게 v하라고 설득하다

- convincing  형 설득력 있는 (= persuasive)

## 0726
# mutual *
[mjúːtʃuəl]

형 1. 상호의, 서로의  2. 공통의, 공동의

**Mutual** respect is important when you make foreign friends.
외국인 친구들을 사귈 때는 ³_____ 존중이 중요하다.

a **mutual** friend
⁴_____ 친구

- mutually  부 상호 간에, 서로

❷ 외국에서 사는 삶

## 0727
# accustom
[əkʌ́stəm]

동 익숙해지게 하다, 익히다

It takes time for you to **accustom** yourself to a new culture.
새로운 문화에 ⁵_____ 것은 시간이 걸린다.

- **accustom oneself to**  ~에 익숙해지다
- **be accustomed to**  ~에 익숙하다

## 0728
# suburb *
[sʌ́bəːrb]

명 (도시에 인접한) 교외, 근교

When you live abroad, you could live in the city or a **suburb**.
해외에서 살 때, 너는 도시에서 살 수도 있고 ⁶_____ 에서 살 수도 있다.

- suburban  형 교외의, 교외에 사는

¹ 확신한다  ² 설득하려고  ³ 상호  ⁴ 공통의  ⁵ 익숙해지는  ⁶ 교외

**0729**

# hospitality
[hàspitǽləti]

명 환대, 친절

The great **hospitality** of local people will make you feel at home.
현지 사람들의 큰 ¹_____는 너의 마음을 편하게 해줄 것이다.

• hospitable  형 환대하는, 친절한(↔ inhospitable 불친절한)

---

**0730**

# hometown
[hóumtàun]

명 고향

However, people usually miss their **hometown** when they are abroad.
하지만 사람들은 외국에 있을 때 대개 자신의 ²_____을 그리워한다.

---

**0731**

# homesick
[hóumsìk]

형 향수병의, 고향을 그리워하는

It's natural to feel **homesick** when traveling overseas.
해외로 여행을 다닐 때 ³_____를 느끼는 것은 당연하다.

◆ **feel homesick** 향수를 느끼다, 향수병에 걸리다

---

❸ 글로벌 시대에서 유념할 점

---

**0732**

# racism
발음주의 [réisizəm]

명 인종 차별, 인종주의; 인종적 우월감

**Racism** could be caused by a misunderstanding of cultural differences.
⁴_____은 문화적 차이에 대한 오해로 발생할 수 있다.

• racist  명 인종 차별주의자

---

**0733**

# frustrated*
[frʌ́streitid]

형 좌절한, 낙담한

Those who experience it may feel **frustrated**.
그것을 겪는 사람들은 ⁵_____감을 느낄지도 모른다.

• frustrate  동 좌절시키다
• frustration  명 좌절, 낙담

---

1 환대  2 고향  3 향수  4 인종 차별  5 좌절

0734
# ignore**
[ignɔ́ːr]

(동) 무시하다, 모르는 체하다

People should not **ignore** the problem of racism.
사람들은 인종 차별 문제를 ¹_____ 안 된다.

• ignorance  (명) 무지, 무식
• ignorant  (형) 무지한, 무식한

---

0735
# courtesy
[kə́ːrtəsi]

(명) 공손함, 정중함(= politeness)

Try to treat others with **courtesy** all the time.
항상 타인을 ²_____ 대하도록 노력하라.

◆ with courtesy  공손하게, 예의 바르게

• courteous  (형) 공손한, 정중한(= polite)

---

0736
# swear*
swore-sworn
[swεər]

(동) 1. 맹세하다  2. 욕을 하다

**Swear** to yourself that you'll always respect other people's cultures.
다른 사람들의 문화를 항상 존중할 것이라고 스스로 ³_____.

Don't **swear** in front of the children.
아이들 앞에서 ⁴_____ 마라.

---

### ④ 외국인 친구들과 친해지기

---

0737
# awkward*
발음주의 [ɔ́ːkwərd]

(형) 어색한; 서투른

You could feel **awkward** when you meet foreign friends.
외국인 친구들을 만나면 ⁵_____ 수도 있다.

◆ feel awkward  어색하다, 거북하게 여기다

---

0738
# passive
[pǽsiv]

(형) 수동적인, 소극적인(↔ active 활동적인. 적극적인)

Don't be **passive**, and try to talk as much as you can.
⁶_____으로 굴지 말고 가능한 한 많이 얘기하도록 노력해라.

---

1 무시해서는  2 공손하게  3 맹세해라  4 욕하지  5 어색할  6 소극적

## 0739

**appeal** *

[əpíːl]

동 1. 호소하다 2. 관심을 끌다　명 1. 호소 2. 매력

Sometimes, **appeal** to your friends for help.
때로는 친구들에게 도움을 ¹_____.

The job fair **appealed** to students from many different majors.
취업 박람회는 다양한 전공의 학생들의 ²_____.

The newly decorated rooms will improve the **appeal** of this hotel.
새롭게 꾸며진 방은 이 호텔의 ³_____을 향상시킬 것이다.

　•**appeal to** 1. ~에 호소하다 2. ~의 관심을 끌다

• appealing　형 매력적인, 마음을 끄는(= attractive)

---

## 0740

**solitary**

[sάlətèri]

형 혼자의; 혼자 있기를 좋아하는

Instead of being **solitary**, associate with them.
⁴_____ 있기보다는 그들과 어울려라.

• solitude　명 (특히 즐거운) 고독

---

**⑤ 우리나라 알려주기**

---

## 0741

**peninsula**

철자주의 [pənínsələ]

명 반도 《3면이 바다로 둘러싸인 땅》

Korea is a **peninsula** surrounded by water on three sides.
한국은 3면이 바다로 둘러싸인 ⁵_____이다.

---

## 0742

**costume** *

[kάstuːm]

명 의상, 복장; 분장

*Hanbok* is the Korean traditional **costume**.
한복은 한국의 전통 ⁶_____이다.

---

## 0743

**oriental**

[ɔ̀riéntl]

형 동양의, 동양인의　명 동양인

Korean **oriental** paintings are called *hangukhwa*.
한국의 ⁷_____화는 한국화라고 불린다.

---

¹ 호소해라　² 관심을 끌었다　³ 매력　⁴ 혼자　⁵ 반도　⁶ 의상　⁷ 동양

# currency *

[kə́:rənsi]

명 1. 통화, 화폐 2. 통용

The Korean won is the official **currency** of Korea.
원화는 한국의 공식 <sup>1</sup>_____이다.

◆ **currency exchange** 환전

---

0745

# specialty /
# speciality

[spéʃəlti] / [spèʃiǽləti]

명 1. 특산품, 명물 2. 전문, 전공

Kimchi is a **specialty** of Korea.
김치는 한국의 <sup>2</sup>_____이다.

a doctor whose **specialty** is skin problems
피부 질환 <sup>3</sup>_____ 의사

---

0746

# skyscraper

[skáiskrèipər]

명 고층 건물

Seoul has both beautiful palaces and large **skyscrapers**.
서울에는 아름다운 궁들과 큰 <sup>4</sup>_____ 이 모두 있다.

---

**++ 핵심 뜻에서 여러 뜻이 발전한 어휘 4**

0747

# treat *

[tri:t]

핵심 뜻
1. 동 **취급하다, 다루다**

문제, 상황 등을 다루다 → 2. 동 논의하다

환자를 다루다 → 3. 동 치료하다

친절히 다루다 → 4. 동 대접하다; 한턱 내다 명 대접

My sister still **treats** me like a baby.
우리 언니는 나를 아직도 아기처럼 <sup>5</sup>_____.

The matter of global warming was **treated** specifically in my report.
내 보고서에서 지구 온난화에 관한 문제가 구체적으로 <sup>6</sup>_____.

He was **treated** for heart disease.
그는 심장병으로 <sup>7</sup>_____.

I'll **treat** you to dinner tonight.
오늘 밤에 내가 너에게 저녁을 <sup>8</sup>_____.

◆ **treatment** 명 1. 대우, 처우 2. 처리(법) 3. 치료

<sup>1</sup> 화폐 <sup>2</sup> 특산품 <sup>3</sup> 전문 <sup>4</sup> 고층 건물들 <sup>5</sup> 다룬다 <sup>6</sup> 논의되었다 <sup>7</sup> 치료받았다 <sup>8</sup> 대접할게

0748

# spot *

spotted-spotted-spotting
[spɑt]

| 핵심 뜻 | 반점이 생긴 → | 2. 몡 얼룩 | 피부에 생긴 얼룩 → | 3. 몡 (피부의) 발진, 뾰루지 |

1. 몡 점, 반점

한점으로 좁혀지는 곳 → 4. 몡 (특정한) 장소 — 특정 지점을 찾아내다 → 5. 통 발견하다, 알아채다

Leopards have black **spots** on their body.
표범은 몸에 검은 ¹_____을 가지고 있다.

His jacket was covered with **spots** of mud.
그의 재킷은 진흙 ²_____으로 뒤덮였다.

The doctor advised him not to touch the **spots** on his skin.
의사는 그에게 피부의 ³_____를 만지지 말라고 충고했다.

The park near the ocean is the perfect **spot** for a picnic.
바다 근처의 그 공원은 소풍을 위한 완벽한 ⁴_____이다.

Nobody **spotted** that the cake on the table was fake.
탁자 위의 그 케이크가 가짜라는 것을 아무도 ⁵_____ 못했다.

---

0749

# change **

[tʃeindʒ]

하던 활동을 다른 즐거운 활동으로 → 2. 몡 색다른 것; 기분 전환

핵심 뜻

1. 통 변하다; 바꾸다
   몡 변화

3. 통 갈아타다 4. 통 갈아입다 5. 통 환전하다 6. 몡 잔돈, 거스름돈

다른 교통수단으로 → | 다른 옷으로 → | 다른 나라의 화폐로 → | 큰돈을 작은 돈으로 →

Let's eat out for a **change**.
⁶_____을 위해서 외식하자.

Passengers for City Hall should **change** to line 1.
시청으로 가는 승객분들은 1호선으로 ⁷_____ 합니다.

I **changed** into my swimsuit and ran to the pool.
나는 수영복으로 ⁸_____ 수영장으로 뛰어갔다.

I need to **change** some dollars into pounds.
나는 달러를 파운드화로 좀 ⁹_____ 한다.

Here's $10. You can keep the **change**.
여기 10달러입니다. ¹⁰_____은 가지세요.

1 점  2 얼룩  3 뾰루지  4 장소  5 알아채지  6 기분 전환  7 갈아타야  8 갈아입고  9 환전해야  10 잔돈

0750

# present **

강세주의

[명][형] [prézənt] [동] [prizént]

현재 있는 것
- - - - - - - - - - - - →

PART 4

Unit

25

핵심 뜻
1. [명] 현재
[형] 현재의

2. [형] 참석[출석]한,
(~에) 있는

핵심 뜻
3. [동] 주다,
수여하다

4. [동] 보여주다;
제시[제출]하다

5. [명] 선물

6. [동] (문제 등을)
일으키다

- - - - - - - - - →
다른 이에게 보여주다

- - - - - - →
주는 물건

- - - - - - - - - →
좋지 않은 일을 주다

Obsessing about the past causes unhappiness in the **present**.
과거에 집착하는 것은 ¹_____에 불행을 일으킨다.

There were 35 artists **present** at the music festival.
음악 페스티벌에 ²_____ 35명의 예술가들이 있었다.

The first prize of the essay contest was **presented** to her.
글짓기 대회의 1등상이 그녀에게 ³_____.

She tried to **present** herself as smart when she took an interview.
그녀는 면접을 볼 때 자신을 똑똑하게 ⁴_____ 위해 노력했다.

Santa Claus is known for giving **presents** to children.
Santa Claus는 아이들에게 ⁵_____을 주는 것으로 알려져 있다.

Her request didn't **present** us with any problems.
그녀의 요청은 우리에게 어떠한 문제도 ⁶_____ 않았다.

● **present A to B** A를 B에게 주다

- **presently** [부] 1. 현재, 지금 2. 곧, 머지않아 (= soon)
- **presence** [명] 존재(함); 참석 (↔ absence 부재; 결석)
- **presentation** [명] 1. 제시, 제출 2. 발표, 프레젠테이션

1 현재  2 참석한  3 수여되었다  4 보여주기  5 선물  6 일으키지

# 해외 배낭여행을 위한 준비

*뭐가 Story* ✐ 대학생이 되면 방학 때 해외 배낭여행을 꿈꾸는 사람들이 많아요. 더 큰 세상을 경험해보기 위해 해외여행을 가겠다고 결심했다면 제대로 준비를 하는 것이 좋겠죠. 경비나 여행 준비물뿐만 아니라 여행 지역에 대한 지식과 정보를 충분히 알아보고 가는 자세가 필요해요. 아는 만큼 보이기 마련이니까요.

## STEP ❶ 여행 지역의 역사나 특색 등에 대해 알아보라!

---

0751

### dynasty
[dáinəsti]

명 왕조, 왕가

China's Ming **Dynasty** was famous for its art.
중국의 명 1_____는 예술로 유명했다.

• dynastic    형 왕조의, 왕가의

---

0752

### pioneer *
발음주의, 강세주의 [pàiəníər]

명 개척자, 선구자    동 개척하다

The **pioneers** of America were mostly Europeans.
미국의 2_____은 주로 유럽인들이었다.

Charles Darwin **pioneered** a theory of evolution.
Charles Darwin은 진화론을 3_____.

---

0753

### revolution *
[rèvəlúːʃən]

명 1. 혁명, 대변혁 2. 회전; 《천문》 공전

The French **Revolution** made farmers rich.
프랑스 4_____은 농부들을 부유하게 만들었다.

the **revolution** of Earth around the sun
태양의 주위를 도는 지구의 5_____

• revolutionary    형 혁명의, 혁명적인

---

0754

### triumph *
[tráiəmf]

명 (큰) 업적; 승리(감)    동 승리를 거두다

The Sphinx was built in honor of the **triumph** of a powerful king.
그 스핑크스상은 한 강력한 왕의 6_____을 기리기 위해 지어졌다.

1 왕조   2 개척자들   3 개척했다   4 혁명   5 공전   6 업적

**0755**

# warrior*

[wɔ́ːriər]

명 전사, 무사

Sparta, an ancient Greek city, was famous for its brave **warriors**.

고대 그리스의 도시인 스파르타는 용감한 <sup>1</sup>_____로 유명했다.

---

**0756**

# ceremony

[sérəmòuni]

명 의식, 식

There are many special **ceremonies** that tourists can experience.

관광객들이 경험할 수 있는 특별한 <sup>2</sup>_____이 많이 있다.

---

**STEP ❷ 그 지역의 건축, 미술, 음악 등에 대해 미리 조사하라!**

---

**0757**

# landmark

[lǽndmàːrk]

명 1. 유명한 지형지물, 랜드마크  2. 획기적인 사건[발견]

The Eiffel Tower is a **landmark** of Paris.

에펠탑은 파리의 <sup>3</sup>_____이다.

The moon landing was a **landmark** in space exploration.

달 착륙은 우주 탐사에 있어서 <sup>4</sup>_____이었다.

---

**0758**

# exhibit*

발음주의 [igzíbit]

동 1. 전시하다  2. (감정, 관심 등을) 보이다, 드러내다   명 전시(품)

The museum **exhibits** Renaissance paintings.

그 박물관은 르네상스 시대의 그림들을 <sup>5</sup>_____.

He **exhibited** an interest in music when he was young.

어렸을 때 그는 음악에 관심을 <sup>6</sup>_____.

• exhibition  명 1. 전시(회)  2. 표출, 발휘

---

**0759**

# portrait*

[pɔ́ːrtrit]

명 1. 초상(화); 인물 사진  2. (상세한) 묘사

It also has **portraits** of kings and queens.

그곳에는 왕들과 왕비들의 <sup>7</sup>_____도 있다.

The book presents a **portrait** of life in a small town.

그 책은 작은 마을에서의 삶에 대한 <sup>8</sup>_____를 보여준다.

• portray  동 (그림, 글로) 묘사하다, 그리다

---

<sup>1</sup> 전사들  <sup>2</sup> 의식  <sup>3</sup> 랜드마크  <sup>4</sup> 획기적인 사건  <sup>5</sup> 전시한다  <sup>6</sup> 보였다  <sup>7</sup> 초상화들  <sup>8</sup> 묘사

### 0760
# masterpiece
[mǽstərpìːs]

몡 걸작, 명작

The *Mona Lisa* is Leonardo da Vinci's **masterpiece**.
'모나리자'는 Leonardo da Vinci의 <sup>1</sup>_____이다.

---

### 0761
# statue*
[stǽtjuː]

몡 조각상, 상(像)

The U.S. was given the **Statue** of Liberty by the people of France in 1884.
미국은 1884년에 프랑스인들로부터 자유의 여신<sup>2</sup>_____을 받았다.

---

### 0762
# sculpture*
발음주의 [skʌ́lptʃər]

몡 조각(상)

The **sculpture** of the king was carved from one large stone.
그 왕의 <sup>3</sup>_____은 하나의 커다란 돌로 조각되었다.

* sculptor 몡 조각가

---

### 0763
# folk*
발음주의 [fouk]

혱 민속의   몡 (일반적인) 사람들

The **folk** music of Argentina is known mostly for the Tango.
아르헨티나의 <sup>4</sup>_____ 음악은 주로 탱고로 알려져 있다.

Some **folks** think gun laws should be changed.
어떤 <sup>5</sup>_____은 총기 규제법이 바뀌어야 한다고 생각한다.

---

### 0764
# performance**
[pərfɔ́ːrməns]

몡 1. 공연, 연주  2. 수행, 실행  3. 성과

We can enjoy **performances** of folk dances on weekends.
우리는 주말마다 민속춤 <sup>6</sup>_____을 즐길 수 있다.

She was careful in the **performance** of her duty.
그녀는 자신의 업무 <sup>7</sup>_____에 있어서 신중했다.

employees with strong job **performances**
업무 <sup>8</sup>_____가 높은 직원들

* **give a performance** 공연하다, 연주하다

* perform 됭 1. 공연하다, 연주하다  2. 수행하다, 실행하다 (= carry out)

---

1 걸작  2 상  3 조각상  4 민속  5 사람들  6 공연  7 수행  8 성과

## pitch *

[pitʃ]

[명] 1. **음의 높이** 2. (감정, 활동의) **정도; 최고조**  [동] **내던지다**

Soprano singers can sing at a very high **pitch**.
소프라노 가수들은 매우 높은 ¹_____로 노래 부를 수 있다.

Conflict between the two groups has risen to a high **pitch**.
두 집단 사이의 갈등이 높은 ²_____로 고조되었다.

She **pitched** the empty box into the wastebasket.
그녀는 빈 상자를 쓰레기통에 ³_____.

---

**STEP ❸** 여행 경로는 교통수단과 짐까지 고려하여 치밀하게 짜라!

---

0766

## journey *

[dʒɚːrni]

[명] (특히 멀리 가는) **여행, 여정**

We had a long **journey** from Korea to the USA.
우리는 한국에서 미국까지 긴 ⁴_____을 했다.

◆ **go on a journey** 여행을 떠나다

> **뉘앙스 感잡기** '여행'을 뜻하는 여러 가지 어휘
>
> **travel** 일반적인 관광 여행, 장거리 여행, 해외여행
> **journey** 여정이 힘들거나 긴 여행
> **trip** 특히 짧고, 관광이나 출장 등 목적이 있는 여행, 이동
> **tour** 관광, 견학, 순회공연 등의 계획을 세우고 여러 지역을 돌아다니는 여행
> **voyage** 배나 우주선을 타고 떠나는 긴 여행
> **excursion** 단기간에 하는 단체 관광 여행, 수학여행
> **outing** 가족, 학급 등이 단체로 짧게 놀러 가는 여행

---

0767

## destination *

[dèstənéiʃən]

[명] **목적지, 행선지**

Your ticket shows how long it'll take to get to your **destination**.
티켓은 ⁵_____까지 가는 데 얼마나 걸릴지를 알려준다.

---

0768

## passenger *

[pǽsəndʒər]

[명] **승객, 탑승객**

**Passengers** should arrive three hours before their flight.
⁶_____은 비행 세 시간 전에 도착해야 한다.

---

**0769**

# transportation*

[trænspərtéiʃən]

몡 교통수단; 운송, 수송 (수단)

You need to find **transportation** from the airport to your hotel.
공항에서 호텔까지 가는 <sup>1</sup>_____을 찾을 필요가 있다.

• transport   동 운송하다, 수송하다   몡 운송 (수단)

---

**0770**

# shortcut

[ʃɔ́ːrtkʌ̀t]

몡 1. 지름길   2. 손쉬운 방법

We took a **shortcut** to avoid the traffic jam.
우리는 교통 체증을 피하고자 <sup>2</sup>_____로 갔다.

There are no **shortcuts** to learning another language.
외국어를 배우는 데 <sup>3</sup>_____은 없다.

◆ **take a shortcut** 지름길로 가다

---

**0771**

# avenue*

발음주의 [ǽvənjùː]

몡 (도시의) 대로, 거리, -가(街)

We searched for an **avenue** to our hotel on the map.
우리는 호텔로 가는 <sup>4</sup>_____를 지도에서 찾았다.

> **영미문화 돋보기**  미국과 영국의 주소 체계
>
> 미국과 영국의 주소는 찾아가기 쉽게 되어 있답니다. 모든 도로는 그 도로가 시작하는 지점의 건물이나 길과 길이 만나는 모퉁이에 있는 건물 벽에 그 이름이 표시되어 있거나 표지판이 세워져 있어요. 그래서 지도를 보며 가고자 하는 곳을 쉽게 찾을 수 있어요. 또한, 길 양쪽 건물들이 각기 홀수와 짝수 번지수로 나뉘어 순서대로 늘어서 있기 때문에 번지수를 찾아 이집 저집 기웃거릴 필요도 없죠. 참고로 Ave.는 avenue의 준말로 큰길을 의미하고, St.는 street의 준말로 대로부터 골목길까지 모두 포함해요. 한편, lane은 좁은 골목을 말한답니다.

---

**0772**

# hike**

[haik]

몡 도보 여행, 하이킹   동 도보 여행[하이킹]을 가다

We took a short **hike** to somewhere nice.
우리는 어딘가 멋진 곳으로 짧은 <sup>5</sup>_____을 떠났다.

• hiking   몡 도보 여행, 하이킹

---

<sup>1</sup> 교통수단  <sup>2</sup> 지름길  <sup>3</sup> 손쉬운 방법  <sup>4</sup> 대로  <sup>5</sup> 도보 여행

**0773**

# compass

[kʌ́mpəs]

📙 1. 나침반; (제도용) 컴퍼스  2. 범위 (= range)

When hiking, we need a map and **compass**.
도보 여행을 할 때, 우리는 지도와 <sup>1</sup>_____이 필요하다.

beyond the **compass** of imagination
상상력이 미치는 <sup>2</sup>_____ 밖의

---

**STEP ④ 그 지역의 독특한 기념품을 살 수 있는 곳을 찾아보라!**

---

**0774**

# purchase**

[pə́ːrtʃəs]

📗 사다, 구매하다 (= buy)  📙 구매; 산 물건

She would like to **purchase** a present for her parents.
그녀는 부모님께 드릴 선물을 <sup>3</sup>_____ 싶어 한다.

Before making a **purchase**, I always read product reviews.
<sup>4</sup>_____하기 전에, 나는 항상 상품 후기를 읽는다.

◆ **make a purchase** (물건을) 구매하다

---

**0775**

# souvenir

발음주의 [sùːvəníər]

📙 (휴가지 등에서 사는) **기념품, 선물**

I bought a mug as a **souvenir** of my trip.
나는 여행의 <sup>5</sup>_____으로 머그잔을 샀다.

> **生生 표현**  여행에서 기념품을 사다
>
> '기념품'을 의미하는 가장 일반적인 어휘인 souvenir는 자기 자신을 위한 것만을 뜻하며, 다른 사람에게
> 주는 선물은 present나 gift를 씁니다.
> This is a **souvenir** of my trip. 이건 내 여행 **기념품**이다.
> I bought a scarf in Paris as a **present** for Ian. 난 Ian에게 줄 **선물**로 파리에서 스카프를 샀다.

---

**0776**

# craft*

[kræft]

📙 1. 수공예(품)  2. 선박; 비행기; 우주선  📗 공들여 만들다

The gift shop sold traditional **crafts**.
그 선물 가게는 전통적인 <sup>6</sup>_____을 팔고 있었다.

The **craft** landed safely on Mars despite engine trouble.
그 <sup>7</sup>_____은 엔진 이상에도 불구하고 화성에 무사히 착륙했다.

The chair is **crafted** from natural materials.
그 의자는 천연 재료로 <sup>8</sup>_____.

1 나침반  2 범위  3 사고  4 구매  5 기념품  6 수공예품  7 우주선  8 공들여 만들어졌다

0777

# check / cheque**

[tʃek]

**핵심 뜻**

고대 페르시아어로 '왕'을 의미

1. 동 억제하다, 억누르다

2. 동 확인하다, 점검하다
   명 확인, 점검

3. 명 수표; 계산서

왕이 잡히지 않게 저지하다 → 억제하기 위해 → 확인해야 할 것

● 서양장기인 체스에서 'Check!'라고 외치는 것은 동양장기에서 '장군 받아라'와 같은 의미이다. 즉, 상대방의 '왕'을 잡을 수 있는 위치에 말을 놓았으므로 이를 저지하라고 알려주는 것이다.

The vaccine is being supplied to **check** the spread of malaria.
그 백신은 말라리아의 확산을 ¹_____ 위해 보급되고 있다.

**Check** the label before you put clothes in the washing machine.
세탁기에 옷을 넣기 전에 라벨을 ²_____.

I wrote a **check** and handed it to the cashier.
나는 ³_____를 써서 계산대 직원에게 건넸다.

> **미국문화 돋보기** 현금보다 수표!
>
> 미국에서는 현금보다 개인 수표(personal check), 신용카드, 직불카드를 사용하는 경우가 많아요. 계좌를 개설하면 수표책을 구매할 수 있는데, 각종 청구서를 지불할 때나 현금 대용으로 흔히 이용하죠. 수표를 은행에서 현금화하려는 경우, 신분증 제시를 요구받기도 하니 챙겨가는 것이 좋아요.

0778

# move**

[muːv]

**핵심 뜻**

1. 동 움직이다
   명 움직임

2. 동 (일이) 진행되다, 나아가다

3. 동 이사하다
   명 이사

4. 동 감동시키다

앞으로 움직이다 → 주소를 움직이다 → 감정을 움직이다

She **moved** toward the door when somebody knocked from outside.
누군가 밖에서 노크했을 때, 그녀는 문 쪽으로 ⁴_____.

Research about the universe is **moving** in a new direction.
우주에 관한 연구는 새로운 방향으로 ⁵_____ 있다.

My family **moved** to Busan when I was seven.
우리 가족은 내가 일곱 살일 때 부산으로 ⁶_____.

My boyfriend was deeply **moved** by his surprise birthday party.
내 남자친구는 자신의 깜짝 생일 파티에 몹시 ⁷_____.

- **movement** 명 1. 움직임, 동작 2. 이동; 이사 3. (정치적, 사회적) 운동
- **moving** 형 1. 움직이는, 이동하는(↔ unmoving 움직이지 않는) 2. 감동시키는
- **movable** 형 움직일 수 있는, 이동시킬 수 있는

---

¹ 억제하기 ² 확인해라 ³ 수표 ⁴ 움직였다 ⁵ 진행되고 ⁶ 이사했다 ⁷ 감동했다

0779

# pay**

paid-paid

[pei]

핵심 뜻
1. 동 지불하다

지불을 받는 경우 ┄┄┄→ 2. 동 이득이 되다, 수익을 내다 ┄이득, 수익→ 3. 명 임금, 보수

지불을 해야 하는 경우 ┄┄┄→ 4. 동 (신념, 행동에 대한) 대가를 치르다

My brother **paid** $450 for concert tickets for my whole family.
우리 오빠는 가족 전체의 콘서트 표 비용으로 450달러를 ¹_____.

It **pays** to get some advice before you make an important decision.
중요한 결정을 내리기 전에 조언을 받는 것은 ²_____.

a **pay** raise
³_____ 인상

You have to **pay** for your lies.
너는 네가 한 거짓말에 반드시 ⁴_____ 한다.

◆ **pay back** (빌린 돈을) 갚다, 돌려주다
◆ **pay attention to** ~에 주의를 기울이다

• payment 명 지불(금)

---

0780

# track**

[træk]

핵심 뜻
1. 명 지나간 흔적, (발)자국 | 2. 명 (밟아서 생긴) 길 | 3. 동 추적하다 | 4. 명 선로 | 5. 명 경주로, 트랙

자국이 여러 개가 나서 생긴 것 | 자취를 따라가다 | 기차가 이동하는 길 | 경주할 때 이동하는 길

a lion's **tracks**
사자의 ⁵_____

I walked down the sandy **track** to the beach.
나는 해변으로 향하는 모래투성이인 ⁶_____을 따라 걸어 내려갔다.

Hunters can **track** a bear by its footsteps.
사냥꾼들은 발자국으로 곰을 ⁷_____ 수 있다.

railroad **tracks**
철도 ⁸_____

The racer running in **track** 1 is my brother.
1번 ⁹_____에서 달리고 있는 선수는 우리 오빠이다.

◆ **keep track of** ~을 계속 파악하다[알다]

¹ 지불했다　² 이득이 된다　³ 임금　⁴ 대가를 치러야　⁵ 발자국　⁶ 길　⁷ 추적할　⁸ 선로　⁹ 트랙

# · Unit · 27

## 요리가 대세다! 요리 방송의 시대

보카 Story ✎ 요즘 TV를 켜면 요리 관련 프로그램을 많이 볼 수 있어요. 간단한 재료로 쉽게 만들 수 있는 조리법 소개부터 먹음직스럽게 음식을 즐기는 모습까지, 그야말로 열풍이죠. 그 인기에 힘입어 TV에 출연한 몇몇 요리사들은 이름만 들어도 알 만한 유명 인사가 되기도 했어요. 이런 열풍에 함께 해볼까요?

### ❶ 이 시대의 핫 이슈! 요리 프로그램과 요리사들

---

0781

## chef *

발음주의 [ʃef]

명 요리사, 주방장

Nowadays, there are many TV programs that **chefs** appear in.
요즘에는 <sup>1</sup>_____이 출연하는 TV 프로그램이 많다.

---

0782

## popularity *

[pɑ̀pjulǽrəti]

명 인기; 대중성

Some of the chefs have gained great **popularity**.
그 요리사들 중 일부는 큰 <sup>2</sup>_____를 얻었다.

---

0783

## publish **

[pʌ́bliʃ]

동 1. 출판하다, 발행하다  2. 발표하다, 공개하다 (= announce)

Books about the famous chefs have been **published**.
유명 요리사들에 관한 책들이 <sup>3</sup>_____ 왔다.

The findings of the research will be **published** today.
조사 결과가 오늘 <sup>4</sup>_____ 것이다.

- publisher  명 출판인, 출판사
- publication  명 출판(물), 발행

---

0784

## celebrity *

[səlébrəti]

명 1. 유명 인사  2. 명성 (= fame)

Chefs cook with **celebrities** on TV shows.
요리사들은 TV 프로그램에서 <sup>5</sup>_____과 요리한다.

The woman gained **celebrity** as an actress.
그 여자는 여배우로서의 <sup>6</sup>_____을 얻었다.

<sup>1</sup> 요리사들  <sup>2</sup> 인기  <sup>3</sup> 출판되어  <sup>4</sup> 발표될  <sup>5</sup> 유명 인사들  <sup>6</sup> 명성

# entertain*

[èntərtéin]

동 1. 즐겁게 해주다 (= amuse)  2. (손님을) 대접하다

They **entertain** the viewers with their cooking.
그들은 요리로 시청자들을 $^1$_____.

We were **entertained** with tea and snacks.
우리는 차와 간식을 $^2$_____.

- entertainment 　명 1. 오락 (= amusement)  2. 대접
- entertainer 　명 연예인

---

0786

# instruction*

[instrʌ́kʃən]

명 1. (자세한) 설명(서)  2. 지시 (= order)  3. 교육, 가르침

The TV shows give easy and simple **instructions** for cooking.
그 TV 프로그램들은 요리를 위한 쉽고 간단한 $^3$_____을 해준다.

I have strict **instructions** not to let anyone else in.
나는 아무도 들여보내지 말라는 엄격한 $^4$_____를 받았다.

The course of **instruction** covers six months.
$^5$_____ 과정은 6개월이다.

- instruct 　동 1. 지시하다 (= order)  2. 교육하다, 가르치다 (= teach)
- instructor 　명 (특정 기술을 가르치는) 강사, 교사
- instructive 　형 교육적인, 유익한

---

0787

# ingredient**

[ingrí:diənt]

명 1. (특히 요리의) 재료, 성분  2. 구성 요소 (= component)

They also explain how to keep **ingredients** fresh.
그들은 어떻게 $^6$_____를 신선하게 유지하는지도 설명해준다.

The family is the most important **ingredient** in society.
가족은 사회를 이루는 가장 중요한 $^7$_____이다.

---

0788

# create**

[kriéit]

동 창조하다; 만들어내다

Sometimes, the chefs show a new dish they **created**.
때때로 요리사들은 그들이 $^8$_____ 새로운 요리를 보여준다.

- creative 　형 창조적인, 창의적인
- creation 　명 창조, 창작(품)
- creature 　명 1. 창조물  2. 생물, 동물

---

$^1$ 즐겁게 해준다  $^2$ 대접받았다  $^3$ 설명  $^4$ 지시  $^5$ 교육  $^6$ 재료  $^7$ 구성 요소  $^8$ 만들어낸

0789

# combine *

[kəmbáin]

동 결합하다, 결합되다(= mix)

They **combine** ingredients in unexpected ways and surprise us.
그들은 재료를 예상치 못한 방식으로 [1]_____ 우리를 놀라게 한다.

◆ **combine A with B** A를 B와 결합하다

• combination    명 결합(물), 조합(물)

---

**②** 나만의 요리법: 근사한 저녁 요리

---

0790

# recipe *

발음주의 [résəpi]

명 요리법, 조리법

The **recipe** needed various kinds of ingredients.
그 [2]_____ 은 다양한 종류의 재료가 필요했다.

---

0791

# raw *

발음주의 [rɔː]

형 1. 날것의, 익히지 않은(↔ cooked 조리한, 익힌)  2. 가공하지 않은

I prepared some **raw** meat for the stew.
나는 스튜에 쓸 [3]_____ 고기를 약간 준비했다.

◆ **raw material** 원료

---

0792

# vegetarian

[vèdʒətɛ́əriən]

명 채식주의자    형 채식주의자의

I used beans instead of meat for **vegetarians**.
나는 [4]_____을 위해서 고기 대신 콩을 사용했다.

---

0793

# chop *

chopped-chopped
-chopping
[tʃɑp]

동 (고기, 채소 등을) 잘게 썰다, 자르다

I **chopped** the vegetables quickly.
나는 빠르게 채소를 [5]_____.

---

[1] 결합하고  [2] 요리법  [3] 날것의  [4] 채식주의자들  [5] 잘게 썰었다

0794

# rotten

[rátn]

[형] 1. 썩은, 부패한  2. 끔찍한, 형편없는

I threw away the **rotten** potato and used a fresh one.
나는 <sup>1</sup>_____ 감자를 버리고 신선한 것을 사용했다.

I've had a **rotten** day today.
난 오늘 <sup>2</sup>_____ 하루를 보냈다

• rot [동] 썩다, 부패하다

---

0795

# stir *

stirred-stirred-stirring

[stəːr]

[동] 1. 휘젓다, 섞다  2. (감정, 기억 등을) **불러일으키다**  [명] (마음의) **동요**

I **stirred** the stew well so it didn't burn.
나는 스튜가 타지 않도록 잘 <sup>3</sup>_____.

Her controversial speech caused quite a **stir** at the conference.
논란의 여지가 있는 그녀의 연설은 회의에서 상당한 <sup>4</sup>_____를 일으켰다.

◆ **stir up** (문제 등을) 일으키다; (강한 감정을) 불러일으키다

> **VocA PLus** '요리 방법'을 나타내는 여러 가지 어휘
>
> **boil** 물속에 넣고 끓여서 삶다
> **fry** 기름에 넣고 튀기다
> **broil, grill** 석쇠 위에 놓고 굽다
> **steam** 뜨거운 김으로 찌다
> **stew** 고기나 과일 등을 물에 넣어 연하게 될 때까지 약한 불로 끓이다
> **bake** 빵이나 과자를 오븐에 굽다

---

0796

# spicy

[spáisi]

[형] 매운; 향이 강한

I put some **spicy** sauce into the stew.
나는 스튜에 <sup>5</sup>_____ 소스를 조금 넣었다.

• spice [명] 양념, 향신료  [동] 양념을 치다(= season)

> **VocA PLus** '맛'을 표현하는 여러 가지 어휘
>
> **tasty** 맛있는                      **salty** 짠, 짭짤한
> **hot, spicy** 매운; 향이 강한          **greasy** 기름기 많은
> **fishy** 비린내 나는                  **bitter** 쓴, 쌉싸래한
> **bland** 담백한, 자극적이지 않은        **nutty** 견과류 맛이 나는

---

1 썩은  2 끔찍한  3 휘저었다  4 동요  5 매운

## flavor / flavour **

[fléivər]

⟨명⟩ 맛, 풍미  ⟨동⟩ 맛을 내다

I used some spice to add **flavor** to the food.
나는 음식에 <sup>1</sup>_____을 더하기 위해 양념을 약간 사용했다.

Mom **flavored** the potatoes with butter, herbs and cheese.
엄마는 감자를 버터, 허브, 그리고 치즈로 <sup>2</sup>_____.

• flavored / flavoured  ⟨형⟩ (~의) 맛이 나는

---

## roast *

[roust]

⟨동⟩ 굽다, 볶다  ⟨명⟩ 구운 요리

I also **roasted** the shrimp and some vegetables.
나는 또한 새우와 약간의 야채를 <sup>3</sup>_____.

---

❸ 친구들과 함께 맛있는 저녁을 즐기세요!

---

## lid *

[lid]

⟨명⟩ 1. 뚜껑, 덮개  2. 눈꺼풀 (= eyelid)

The stew started to boil hard, so I took off the **lid** to check on it.
스튜가 펄펄 끓기 시작해서 나는 그것을 살펴보려고 <sup>4</sup>_____을 열었다.

the upper **lid** of the left eye
왼쪽 눈의 윗<sup>5</sup>_____

---

## sip

sipped-sipped-sipping

[sip]

⟨동⟩ 조금씩 마시다, 홀짝거리다  ⟨명⟩ (음료의) 한 모금

The guests **sipped** their wine.
손님들은 와인을 <sup>6</sup>_____.

• **take a sip** 한 모금 마시다

---

## 0801

# sour*

발음주의 [sauər]

[형] 1. (맛이) **신, 시큼한**  2. (우유가) **상한**

The wine was a little **sour**, but they liked it.
와인은 약간 <sup>1</sup>_____, 그들은 마음에 들어 했다.

Milk easily goes **sour** in this hot weather.
이런 더운 날씨에는 우유가 쉽게 <sup>2</sup>_____.

## 0802

# dip*

dipped-dipped-dipping
[dip]

[동] **살짝 담그다, 살짝 적시다**

They **dipped** some bread into the olive oil.
그들은 약간의 빵을 올리브 오일에 <sup>3</sup>_____.

## 0803

# chew*

[tʃuː]

[동] **씹다; 깨물다**

They **chewed** the bread well.
그들은 빵을 꼭꼭 <sup>4</sup>_____.

• chewy  [형] (음식이 단단하여) 꼭꼭 씹어 먹어야 하는

## 0804

# swallow*

[swálou]

[동] **삼키다**  [명] 1. **삼킴**  2. **제비**

Always chew food well before **swallowing** it.
항상 음식을 <sup>5</sup>_____ 전에 꼭꼭 씹어라.

One **swallow** does not make a summer.
<sup>6</sup>_____ 한 마리가 왔다고 여름이 오는 것은 아니다. (→ 속단하지 마라.)

## 0805

# leftover

[léftòuvər]

[명] (먹다) **남은 음식**  [형] **먹다 남은, 나머지의**

There were no **leftovers** after they finished their meals.
그들이 식사를 마친 후에 <sup>7</sup>_____은 없었다.

yesterday's **leftover** pizza
어제 <sup>8</sup>_____ 피자

---

<sup>1</sup> 셨지만  <sup>2</sup> 상한다  <sup>3</sup> 살짝 담갔다  <sup>4</sup> 씹었다  <sup>5</sup> 삼키기  <sup>6</sup> 제비  <sup>7</sup> 남은 음식  <sup>8</sup> 먹다 남은

## 0806

## count **

[kaunt]

**핵심 뜻**

1. 동 (수를) 세다; 계산하다 명 계산 ----(셈에 넣다)----> 2. 동 중요하다 ----(중요하다고)----> 3. 동 《on》 믿다; 확신하다

Hold your breath and **count** to five.
숨을 참고 5까지 ¹_____.

First impressions really do **count** when meeting people.
사람들을 만날 때 첫인상은 정말로 ²_____.

You can **count** on me.
나를 ³_____ 좋아.

• countless    형 무수한, 셀 수 없이 많은

## 0807

## condition *

[kəndíʃən]

**핵심 뜻**

1. 명 조건 ----(외적 조건으로 인한)----> 2. 명 환경, 상황 ----(질병 등으로 인한 몸의 상황)----> 3. 명 (건강) 상태

Investment is an essential **condition** of economic growth.
투자는 경제 성장의 필수적인 ⁴_____이다.

Some types of plants can live in very dry **conditions**.
어떤 종류의 식물은 매우 건조한 ⁵_____에서 살 수 있다.

a serious heart **condition**
심각한 심장 ⁶_____

• conditional    형 조건부의, 잠정적인 (↔ unconditional 무조건적인)

## 0808

## volume *

[válju:m]

**핵심 뜻**

1. 명 책(의 크기); 권 ----(물건)----> 2. 명 (물건의) 크기, 부피, 양 ----(소리)----> 3. 명 음량

I've read two out of the five **volumes** in the series.
나는 그 시리즈 5⁷_____ 중 2권을 읽었다.

The mayor built new bridges to treat the increased **volume** of traffic.
시장은 증가한 교통⁸_____을 처리하기 위해 새 다리들을 건설했다.

She turned the radio's **volume** up to hear the urgent news.
그녀는 긴급 뉴스를 듣기 위해 라디오의 ⁹_____을 높였다.

¹ 세라  ² 중요하다  ³ 믿어도  ⁴ 조건  ⁵ 환경  ⁶ 상태  ⁷ 권  ⁸ 량(양)  ⁹ 음량

0809

# plain *

[plein]

핵심 뜻

1. 명 평지

2. 형 분명한, 명백한

3. 형 간결한, 소박한

4. 형 솔직한, 있는 그대로의

5. 형 무늬 없는

평평해서 잘 보이고 이해됨

명백히 보일 수 있게 꾸미지 않은

꾸밈없는 마음

꾸밈이 없고 있는 그대로의

There was a lake in the middle of the **plain**.
호수가 ¹_____ 한가운데에 있었다.

She made her meaning **plain**.
그녀는 자신의 뜻을 ²_____ 했다.

It was a **plain** room with no curtains.
그것은 커튼이 없는 ³_____ 방이었다.

She was respected for her **plain** speaking.
그녀는 ⁴_____ 화법으로 존경받았다.

She likes to wear a **plain** blouse and skirt.
그녀는 ⁵_____ 블라우스와 치마를 즐겨 입는다.

---

0810

# sign **

발음주의 [sain]

의미를 전달하는 눈짓, 몸짓 소리 등

신호로 느껴지는 낌새

기호나 부호로 의미 전달

핵심 뜻

1. 명 기호, 부호

2. 명 표지판, 간판

3. 명 신호
동 신호하다

4. 명 징후, 조짐

5. 동 서명하다;
계약하다

나를 나타내는 기호, 이름을 쓰다

the plus **sign**
더하기 ⁶_____

There was a warning **sign** beside the old bridge.
그 낡은 다리 옆에는 경고 ⁷_____ 이 있었다.

He **signed** that he was ready to start.
그는 시작할 준비가 되었다고 ⁸_____.

The gloomy weather shows no **sign** of changing.
우울한 날씨는 바뀔 ⁹_____를 보이지 않는다.

The actor **signed** a contract for the new movie.
그 배우는 새 영화를 위한 계약서에 ¹⁰_____.

◆ **sign up** 1. 등록하다, 가입하다  2. 계약하다

• signature  명 1. 서명  2. 특징

¹ 평지  ² 분명히  ³ 소박한  ⁴ 솔직한  ⁵ 무늬 없는  ⁶ 기호  ⁷ 표지판  ⁸ 신호했다  ⁹ 징후  ¹⁰ 서명했다

# 05

—

## 토픽편 1

환경 / 자연 / 사회

How to infer the meanings of words
from their context

## Unit 28

# 환경 보호! 내일이면 늦으리!

*봐가 Story* 전 세계적으로 지구 온난화가 심각해지면서 환경 문제는 초미의 관심사가 되고 있어요. 과학자들은 지구 온난화의 재앙을 막을 시간은 얼마 남지 않았고 환경 파괴가 인류의 생존에 핵무기보다 더 큰 위협이 될 것이라고 경고하고 있기도 합니다. 너무나도 중요한 우리의 환경, 하루라도 빨리 환경 보호를 위한 노력을 실천하는 것이 중요하겠죠?

### ❶ 쓰레기 더미 속 지구!

0811

# ecosystem

[íkousìstəm]

명 생태계

People threaten **ecosystems** by producing waste.
사람들은 쓰레기를 만들어냄으로써 ¹_____를 위협한다.

---

0812

# junk

[dʒʌŋk]

명 쓰레기, 폐물 (= trash)

There is a lot of **junk** to remove.
치워야 할 ²_____가 많다.

◆ **junk food** 정크 푸드 《고열량이지만 영양가는 낮은 즉석식품》

---

0813

# decay*

[dikéi]

동 1. 썩다, 부패하다 2. 쇠퇴하다    명 1. 부패 2. 쇠퇴

Plastic bags don't **decay**.
비닐봉지는 ³_____ 않는다.

the **decay** of the manufacturing industry
제조업의 ⁴_____

◆ **tooth[dental] decay** 썩은 이, 충치

> **뉘앙스 感잡기** '부패'를 나타내는 여러 가지 어휘
>
> **decay** 온전하던 것이 시간이 가면서 자연적으로 차츰차츰 썩고 붕괴되는 것
> **rot** 자연스럽게 서서히 분해되어 없어짐. 악취 발산의 느낌도 전달
>      Fallen leaves **rot**. 낙엽은 **썩는다.**
> **spoil** 특히 음식의 부패
>      Foods **spoil** quickly in summer. 여름에는 음식이 빨리 **썩는다.**

1 생태계  2 쓰레기  3 썩지  4 쇠퇴

0814

## environment**

[inváiərənmənt]

[명] 1. (자연) 환경 2. 주변 환경, 주위 상황(= surroundings)

Various types of trash cause damage to the **environment**.
다양한 종류의 쓰레기가 ¹_____에 해를 끼친다.

Students learn best in a clean, light **environment**.
학생들은 깨끗하고 밝은 ²_____에서 가장 잘 학습한다.

• environmental [형] 환경의; 환경 보호의
• environmentalist [명] 환경 보호론자

0815

## toxic*

[táksik]

[형] 유독한, 독성의(= poisonous)

**Toxic** waste poured into the river can kill fish.
강으로 흘려보내진 ³_____ 폐기물이 물고기를 죽일 수 있다.

**❷ 대기 오염이 지구 온난화의 주범!**

0816

## coal*

[koul]

[명] 석탄

Air pollution caused by the burning of **coal** is a huge problem.
⁴_____의 연소로 인한 대기 오염은 큰 문제이다.

0817

## gasoline / gas**

[gǽsəliːn] / [gæs]

[명] 휘발유, 가솔린(= petrol)

Most cars use **gasoline** as fuel.
대부분의 차는 ⁵_____를 연료로 사용한다.

0818

## pollute*

[pəlúːt]

[동] 오염시키다, 더럽히다

Heavy traffic **pollutes** the air in cities.
극심한 교통량이 도시의 공기를 ⁶_____.

• pollution [명] 오염, 공해
• pollutant [명] 오염 물질, 오염원

1 환경  2 주변 환경  3 유독한  4 석탄  5 휘발유  6 오염시킨다

### 0819
## greenhouse

[grí:nhàus]

형 온실

The **greenhouse** effect is caused by air pollution.
¹_____ 효과는 대기 오염으로 인한 것이다.

◆ **greenhouse effect** 온실 효과 ((환경 오염으로 인해 지표열이 우주로 발산되지 못하여 지구가 점차 더워지는 현상))

---

### 0820
## atmosphere \*\*

발음주의 [ǽtməsfìər]

명 1. 대기, 공기  2. 분위기 (= feeling, mood)

The earth's **atmosphere** is getting warmer.
지구의 ²_____가 점점 더 따뜻해지고 있다.

Wooden furniture creates a comfortable **atmosphere** at home.
나무로 된 가구는 집에 편안한 ³_____를 만들어준다.

---

### 0821
## acid \*

[ǽsid]

형 1. 산성의 (↔ alkali 알칼리의)  2. 신, 신맛이 나는 (= sour)    명 ((화학)) 산

**Acid** rain is also a result of air pollution.
⁴_____비 역시 대기 오염의 결과이다.

**acid** fruit
⁵_____ 과일

---

❸ 기후 변화로 인한 이상 징후들!

---

### 0822
## iceberg

[áisbə:rg]

명 빙산

Climate change has an effect on **icebergs**.
기후 변화는 ⁶_____에 영향을 미친다.

---

### 0823
## melt \*

[melt]

동 1. 녹다, 녹이다  2. (감정 등을) 누그러뜨리다

Icebergs are **melting** due to global warming.
빙하가 지구 온난화로 인해 ⁷_____ 있다.

Her bright smile **melted** his heart.
그녀의 밝은 웃음이 그의 마음을 ⁸_____.

---

¹온실  ²대기  ³분위기  ⁴산성  ⁵신  ⁶빙산  ⁷녹고  ⁸누그러뜨렸다

**0824**

# flood *

발음주의 [flʌd]

몡 홍수　동 물에 잠기게 하다, 물에 잠기다

Climate change can cause severe **floods**.
기후 변화는 심각한 ¹_____를 일으킬 수 있다.

Heavy rains **flood** the plain every summer.
매년 여름 폭우가 평지를 ²_____.

**0825**

# earthquake

발음주의 [ə́ːrθkwèik]

몡 지진

Severe climate change can also cause **earthquakes**.
심각한 기후 변화는 또한 ³_____을 일으킬 수 있다.

**0826**

# freeze *

froze-frozen
[friːz]

동 얼다, 얼리다 (↔ melt 녹다, 녹이다)　몡 (물가, 임금 등의) 동결

This winter was mild, so the lake didn't **freeze**.
이번 겨울은 온화해서 호수가 ⁴_____ 않았다.

a price **freeze**
가격 ⁵_____

- frozen 　형 얼어붙은; 냉동된
- freezing 　형 몹시 추운; 영하의
- freezer 　몡 냉동고

❹ 생활 습관을 바꾸자!

**0827**

# protect **

[prətékt]

동 보호하다, 지키다

We should **protect** our environment.
우리는 환경을 ⁶_____ 한다.

◆ **protect A from B** B로부터 A를 보호하다

- protection 　몡 보호
- protective 　형 보호하는; 방어적인 (= defensive)

1 홍수　2 물에 잠기게 한다　3 지진　4 얼지　5 동결　6 보호해야

## reduce**

[ridʒúːs]

동 줄이다, 축소하다(= decrease); 할인하다(= discount)

Riding a bicycle can **reduce** air pollution.
자전거를 타는 것은 대기 오염을 <sup>1</sup>_____ 수 있다.

• reduction  명 1. 축소 2. 할인

---

## resource**

[ríːsɔːrs]

명 자원, 재료  동 자원을 제공하다

We have to use **resources** efficiently.
우리는 <sup>2</sup>_____을 효율적으로 사용해야 한다.

The government should make sure all schools are adequately **resourced**.
정부는 반드시 모든 학교가 충분히 <sup>3</sup>_____ 수 있도록 해야 한다.

> **어휘** renewable resources vs. non-renewable resources
> '재생 가능 자원(renewable resources)'은 태양열이나 풍력, 조력 등 지속적으로 사용해도 고갈되지 않는 자원을 말해요. 반면 '재생 불가능 자원(non-renewable resources)'은 고갈되면 바로 재생되지 않는 자원을 말하지요. 석유나 석탄 같은 화석 연료, 그리고 금이나 은 같은 광물 자원 등이 재생 불가능 자원에 속한답니다.

---

## consume*

[kənsúːm]

동 1. 소비하다, 소모하다 2. 먹다; 마시다

Let's **consume** less water and electricity.
물과 전기를 덜 <sup>4</sup>_____.

It is highly recommended to **consume** vegetables daily.
매일 채소를 <sup>5</sup>_____ 것이 적극적으로 권장된다.

• consumption  명 1. 소비 2. 섭취
• consumer  명 소비자

---

## seek*

sought-sought
[siːk]

동 1. 찾다(= look for) 2. 구하다(= ask)

People are **seeking** a new way to produce eco-friendly energy.
사람들은 친환경 에너지를 생산할 새로운 방법을 <sup>6</sup>_____ 있다.

He **sought** his mother's forgiveness for his mistakes.
그는 어머니에게 자신의 실수에 대한 용서를 <sup>7</sup>_____.

◆ seek to-v  v하려고 하다(= try to-v)

---

<sup>1</sup> 줄일 <sup>2</sup> 자원 <sup>3</sup> 자원을 제공받을 <sup>4</sup> 소비하자 <sup>5</sup> 먹는 <sup>6</sup> 찾고 <sup>7</sup> 구했다

0832

# alternative**

발음주의 [ɔːltɚːrnətiv]

형 대체의; 기존의 방식과는 다른   명 대안

**Alternative** energy sources use the sun, wind and so much more.
¹_____ 에너지원은 태양과 바람, 그리고 훨씬 더 많은 것들을 이용한다.

The medicine is offered as an **alternative** to surgery.
그 약은 수술의 ²_____으로 제안된다.

• alternatively   부 (대안을 소개하면서) 그 대신에

0833

# oxygen**

[áksidʒən]

명 산소

Trees make **oxygen** and reduce air pollution.
나무는 ³_____를 만들고 대기 오염을 줄인다.

0834

# preserve*

강세주의 [prizáːrv]

동 보존하다; 지키다, 보호하다

Let's drink water with reusable cups to **preserve** trees.
나무를 ⁴_____ 위해 재사용할 수 있는 컵으로 물을 마시도록 하자.

• preservation   명 보존
• preservative   명 방부제

0835

# recycle*

[riːsáikl]

동 (폐품을) 재활용하다, 재생하다

We can **recycle** paper to save trees.
우리는 나무를 보호하기 위해 종이를 ⁵_____ 수 있다.

• recycling   명 재활용

> **아하!** Reduce, Reuse, Recycle!
> '3R 운동'에 대해 알고 있나요? 3R은 절약(Reduce), 재사용(Reuse), 재활용(Recycle)의 첫머리를 딴 것으로, 쓰레기 배출량을 줄여 환경을 보전하고 자원을 재이용하는 사회를 만들자는 운동이랍니다. 이 환경 운동은 생활용품을 재활용해 쓰레기를 배출하지 않도록 하자는 취지에서 2008년 영국 웨일스를 '쓰레기 없는 시범 마을'로 지정하면서 시작되었어요. 우리 모두 일상생활 속에서 쓰레기를 줄이고(Reduce), 물건을 재사용(Reuse) 및 재활용(Recycle)하여 환경 보전에 앞장서기로 해요!

¹대체  ²대안  ³산소  ⁴보존하기  ⁵재활용할

## adapt vs. adopt

0836
# adapt *
[ədǽpt]

동 1. **적응하다; 조정하다**(= adjust) 2. (책 등을) **각색하다**

**구별 TIP** 어떤 쪽으로(ad-) 적절하게(apt) 바꾸다 → 적응하다, 각색하다

With some extra help, the elderly can **adapt** well to new technology.
약간의 도움이 있다면 노인들은 새 기술에 잘 <sup>1</sup>_____ 수 있다.

The latest novel of the famous author was **adapted** into a film.
한 유명 작가의 최신 소설이 영화로 <sup>2</sup>_____.

◆ **adapt oneself to** ~에 적응하다; ~에 순응하다

- adapted 형 1. 적합한, 알맞은 2. 각색된
- adaptable 형 (환경 등에) 적응할 수 있는
- adaptive 형 적응할 수 있는, 적응성이
- adaptation 명 1. 적응 2. 각색

---

0837
# adopt *
[ədápt]

동 1. **채택하다;** (특정한 방식이나 태도를) **취하다** 2. **입양하다**

**구별 TIP** 맘에 드는 쪽으로(ad-)+선택하다(option의 'opt')

The company **adopted** one of the ideas of its employees.
그 회사는 직원들의 의견 중에서 하나를 <sup>3</sup>_____.

**Adopt** a positive attitude and try to enjoy your life.
긍정적인 태도를 <sup>4</sup>_____ 인생을 즐기려고 노력해라.

It is encouraged to **adopt** homeless dogs rather than to buy them.
(반려견을) 사기보다는 유기견을 <sup>5</sup>_____ 것이 권장된다.

◆ **adopted words** 차용어, 외래어 ((외국에서 들어온 말로 국어에서 널리 쓰이는 단어))

- adopted 형 1. 채택된, 채용된 2. 입양된
- adopter 명 1. 입양자, 양부모 2. (신기술) 사용자
- adoptee 명 양자
- adoption 명 1. 채택, 선정 2. 입양

<sup>1</sup> 적응할  <sup>2</sup> 각색되었다  <sup>3</sup> 채택했다  <sup>4</sup> 취하고  <sup>5</sup> 입양하는

0838

## saw

sawed-sawed/sawn
발음주의 [sɔ:]

명 톱  동 톱질하다

**구별 TIP** see의 과거형은 saw → 톱(saw)질을 하기 전에 잘 봐둬야(saw) 한다

This **saw** is not sharp enough to cut trees.

이 ¹_____은 나무를 자를 만큼 날카롭지 않다.

0839

## sew *

sewed-sewed/sewn
발음주의 [sou]

동 꿰매다, 바느질하다

**구별 TIP** 'sew'의 알파벳 e → 한 바퀴 꼬인 실의 모양을 연상

She was **sewing** a new button on her shirt.

그녀는 자신의 셔츠에 새 단추를 ²_____ 있었다.

0840

## sow

sowed-sowed/sown
발음주의 [sou]

동 (씨를) 뿌리다, 심다

**구별 TIP** 보통 식물의 '씨'는 알파벳 o처럼 동그란 모양

In spring, farmers usually **sow** seeds in the fields.

봄에 농부들은 보통 밭에 씨를 ³_____.

1 톱  2 꿰매고  3 뿌린다

## Unit 29

# 신비로운 자연과 생명의 세계

🔊

보카 Story ✍  인간과 자연은 뗄 수 없는 관계에 있지요. 인간의 영역이 갈수록 넓어지고 있다고 해도, 여전히 우리는 자연에서 벗어날 수 없는 존재예요. 그래서 인간은 항상 자연을 연구해 왔지만, 아직 밝혀지지 않은 것들이 많이 남아 있답니다. 광활하고도 신비로운 자연의 세계를 살짝 들여다보도록 할까요?

### ❶ 적자생존! 환경에 적응한 생물들

---

0841

## evolve**

발음주의, 강세주의 [iváv]

[동] 1. **진화하다** 2. (점진적으로) **발전하다, 발달하다**

Life on Earth has **evolved** in various ways.
지구상의 생명체들은 다양한 방식으로 <sup>1</sup>_____.

The small online bookstore has **evolved** into a global company.
그 작은 온라인 서점은 세계적인 회사로 <sup>2</sup>_____.

◆ **evolve into** 1. ~로 진화하다 2. ~로 발전하다

• evolution [명] 1. 진화 2. 발전; 전개
• evolutionary [형] 1. 진화의 2. 점진적인

---

0842

## survive**

[sərváiv]

[동] 1. **살아남다, 생존하다** 2. (~보다) **오래 살다**

They adapted to their environment to **survive**.
그들은 <sup>3</sup>_____ 위해 주어진 환경에 적응했다.

He **survived** his wife by five years.
그는 아내보다 5년 더 <sup>4</sup>_____.

• survival [명] 생존
• survivor [명] 생존자

---

0843

## desert*

강세주의
[명] [dézərt] [동] [dizə́rt]

[명] **사막** [동] **버리다**(= abandon); **떠나다**

Plants living in the **desert** usually bloom at night to avoid the heat during the day.
<sup>5</sup>_____에 사는 식물들은 낮 동안의 열기를 피하려고 보통 밤에 꽃을 피운다.

This town has been **deserted** for a long time.
이 마을은 오랫동안 <sup>6</sup>_____ 있었다.

---

<sup>1</sup> 진화했다  <sup>2</sup> 발전했다  <sup>3</sup> 살아남기  <sup>4</sup> 오래 살았다  <sup>5</sup> 사막  <sup>6</sup> 버려져

## 0844
### native **
[néitiv]

형 원산(지)의, 자생의; 출생지의   명 현지인; 토착민

Sand cats, **native** to sandy deserts, have furred paws to walk over hot sand.
모래사막 ¹_____ 모래고양이는 뜨거운 모래 위를 걸을 수 있도록 털이 난 발바닥이 있다.

I would like to speak English as a **native**.
나는 영어를 ²_____ 처럼 말하고 싶다.

◆ **native language** 모국어 (= mother tongue)
◆ **native to** ~ 원산의, ~에 고유한; ~에서 태어난

## 0845
### habitat *
[hǽbitæt]

명 (동식물의) 서식지

To blend into the snowy **habitat**, some polar animals have white coloring.
눈 덮인 ³_____ 에 섞여 들기 위해, 몇몇 극지방의 동물들은 흰색을 띤다.

• habitation   명 거주, 주거
• habitable   형 (장소가) 살기에 알맞은

## 0846
### detect **
[ditékt]

동 발견하다, 감지하다

Polar bears' white fur makes it hard for them to be **detected** by their prey.
북극곰들의 흰 털은 그들이 사냥감에게 ⁴_____ 것을 어렵게 만든다.

• detection   명 발견, 감지; 간파
• detective   명 탐정; 형사

## 0847
### descendant
철자주의 [diséndənt]

명 후손, 자손 (↔ ancestor 선조)

These adaptations have allowed their **descendants** to survive better.
이러한 적응은 그들의 ⁵_____ 이 더 잘 살아남을 수 있게 해주었다.

1 원산의  2 현지인  3 서식지  4 발견되는  5 후손들

0848

# dominant *

[dámənənt]

형 우세한, 지배적인

Living things compete to hold a **dominant** position.
생물들은 <sup>1</sup>_____ 위치를 차지하기 위해 경쟁한다.

- dominate 동 우위를 차지하다, 지배하다
- domination 명 우세, 지배

---

0849

# participate **

강세주의 [pɑːrtísəpèit]

동 참여하다, 참가하다

They **participate** in a battle for limited resources such as space and food.
그들은 영역이나 먹이와 같은 제한된 자원을 둘러싼 전투에 <sup>2</sup>_____.

- **participate in** ~에 참여하다, ~에 참가하다
- participant 명 참여자, 참가자
- participation 명 참여, 참가

---

0850

# invade *

[invéid]

동 1. 침입하다, 침략하다 2. (사생활 등을) 침해하다

Ants **invade** and take over other ant colonies.
개미는 다른 개미 군집들을 <sup>3</sup>_____ 탈취한다.

We should not **invade** other people's privacy.
우리는 다른 사람들의 사생활을 <sup>4</sup>_____ 안 된다.

- invader 명 침입자, 침략자
- invasion 명 1. 침입, 침략 2. 침해
- invasive 형 1. 침입하는, 침략적인 2. 급속히 퍼지는

---

0851

# decorate **

강세주의 [dékərèit]

동 장식하다, 꾸미다

Some birds **decorate** their nest with feathers.
어떤 새들은 그것들의 둥지를 깃털로 <sup>5</sup>_____.

- decorative 형 장식이 된, 장식(용)의
- decoration 명 장식(품)

1 우세한 2 참여한다 3 침략하고 4 침해해서는 5 장식한다

## 0852

# tactic

[tǽktik]

명 전략, 전술

Their **tactic** is to deceive enemies by making the nest look dangerous.
그것들의 <sup>1</sup>_____은 둥지를 위험하게 보이게 만듦으로써 적을 속이는 것이다.

- tactical  형 전략적인, 전술상의

---

## 0853

# generation**

[dʒènəréiʃən]

명 세대, 같은 시대의 사람들; 1세대, 1대 《자식이 부모와 교체되기까지의 약 30년간》

Animals also compete to pass their genes to the next **generation**.
동물들은 또한 다음 <sup>2</sup>_____에 자신의 유전자를 남기기 위해 경쟁한다.

a **generation** ago
한 <sup>3</sup>_____ 전

---

## 0854

# fabulous

[fǽbjuləs]

형 1. 멋진, 굉장한  2. (양이나 크기가) 엄청난

Male peacocks show off their **fabulous** feathers to attract females.
수컷 공작새들은 암컷을 유혹하기 위해 자신의 <sup>4</sup>_____ 깃털을 뽐낸다.

He decided to donate his **fabulous** wealth to his country.
그는 자신의 <sup>5</sup>_____ 재산을 고국에 기부하기로 결심했다.

---

### ❸ 생태계의 균형: 옐로스톤 국립공원과 회색늑대

---

## 0855

# ecological

[ìːkəládʒikəl]

형 생태계의; 생태학적인

Having an **ecological** balance is very important in the natural world.
자연계에서 <sup>6</sup>_____ 균형을 이루는 것은 매우 중요하다.

- ecology  명 생태(계); 생태학
- ecologist  명 생태학자

---

## 0856

# predator*

발음주의 [prédətər]

명 포식자, 포식 동물; 약탈자 (↔ prey 먹잇감; 희생자)

The gray wolf was a dominant **predator** in Yellowstone National Park
when it was established in 1872.
1872년 옐로스톤 국립공원이 설립되었을 때 회색늑대는 지배적인 <sup>7</sup>_____였다.

1 전략  2 세대  3 세대  4 멋진  5 엄청난  6 생태계의  7 포식자

## 0857

### massive

[mǽsiv]

형 거대한, 엄청난

The gray wolf's main prey was a **massive** grass-eating animal, the elk.
회색늑대의 주된 먹잇감은 [1]_____ 초식동물인 엘크였다.

- massively 부 엄청나게; 대량으로
- mass 명 1. 덩어리 2. (밀집한) 무리, 집단 3. 다수, 다량

## 0858

### territory*

[téritɔ̀ːri]

명 영토; 영역

To protect the elk, the wolves were killed off from their **territory** in the 1920s.
엘크를 보호하기 위해 1920년내에 늑대들은 그들의 [2]_____에서 몰살당했다.

- territorial 형 영토의; 영역의

## 0859

### vanish*

[vǽniʃ]

동 사라지다, 없어지다(= disappear)

Gray wolves **vanished** from the park for more than 70 years.
회색늑대는 공원에서 70년이 넘는 기간 동안 [3]_____.

- **vanish from** ~에서 사라지다

## 0860

### transform*

강세주의 [trænsfɔ́ːrm]

동 변형시키다, 변화시키다

However, it **transformed** the food web and led to an unexpected problem.
하지만 그것은 먹이 그물을 [4]_____ 예상치 못한 문제로 이어졌다.

- **transform A into B** A를 B로 변형[변화]시키다
- transformation 명 변형, 변화

[1] 거대한  [2] 영역  [3] 사라졌다  [4] 변형시켰고

0861

# explode *

[iksplóud]

동 1. 폭증하다 2. 폭발하다, 폭파시키다

The elk population **exploded**, and the plants the elk eat couldn't survive.
엘크의 개체수가 ¹_____, 엘크가 먹는 식물들은 살아남을 수 없었다.

We were afraid that the bomb might **explode**.
우리는 폭탄이 ²_____ 봐 두려웠다.

- explosion   명 1. 폭증 2. 폭발, 폭파
- explosive   형 1. 폭발적인 2. 폭발성의   명 폭발물, 폭약

0862

# species **

[spíːʃiːz]

명 (생물 분류상의) 종(種)

People realized the wolves were an essential **species** in the food chain and introduced them back.
사람들은 늑대가 먹이 사슬에서 필수적인 ³_____이라는 것을 깨닫고 그들을 다시 들여왔다.

- **endangered species** 멸종 위기종

0863

# restore **

[ristɔ́ːr]

동 1. 회복시키다 2. 복원하다, 복구하다

After that, the number of elk decreased, and the park was **restored** to its former condition.
그 후 엘크의 수는 줄어들었고, 공원은 예전의 상태로 ⁴_____.

That building was recently **restored**.
저 건물은 최근에 ⁵_____.

- restoration   명 1. 회복 2. 복원

0864

# wildlife

[wáildlaif]

명 야생동물, 야생식물

This issue proved that a diversity of **wildlife** is important to the harmony of the natural world.
이 결과는 자연계의 조화에 ⁶_____의 다양성이 중요하다는 것을 증명했다.

¹ 폭증했고   ² 폭발할까   ³ 종   ⁴ 회복되었다   ⁵ 복원되었다   ⁶ 야생동물

## principal vs. principle

**0865**

# principal*

발음주의 [prínsəpəl]

📋 주요한, 으뜸가는　📋 교장; 우두머리

**구별 TIP** principal의 'a'는 알파벳 중 가장 먼저 등장하는 '주요한' 철자

$CO_2$ emissions are the **principal** cause of global warming.
이산화탄소 배출은 지구 온난화의 ¹_____ 원인이다.

We planned a party for the retirement of our **principal**.
우리는 ²_____ 선생님의 은퇴식을 위한 파티를 계획했다.

---

**0866**

# principle*

발음주의 [prínsəpl]

📋 원칙, 원리

**구별 TIP** principle은 rule(규칙)처럼 'le'로 끝나는 단어

One of my **principles** is to be honest.
내 ³_____ 중 하나는 정직하자는 것이다.

◆ **in principle** 원칙적으로

## loyal vs. royal

**0867**

# loyal*

[lɔ́iəl]

📋 충실한, 충성스러운 (↔ disloyal 불충실한, 불충한)

**구별 TIP** 알파벳 'l'에서 '대나무처럼 곧은' 이미지 연상→ 충실한, 충성스러운

They are **loyal** supporters of the political party.
그들은 그 정당의 ⁴_____ 지지자들이다.

• **loyalty** 📋 충실, 충성; 충성심

---

**0868**

# royal*

[rɔ́iəl]

📋 왕의, 여왕의; 왕실의

**구별 TIP** 많은 권한(right)을 가진 사람 → 왕, 여왕

He insists that he comes from **royal** blood.
그는 자신이 ⁵_____ 혈통이라고 주장한다.

• **royalty** 📋 1. 왕족(들) 2. 저작권 사용료

¹ 주요한　² 교장　³ 원칙　⁴ 충실한　⁵ 왕실의

## affect vs. effect

0869

# affect **

[əfékt]

동 (~에) 영향을 미치다

Your attitude will **affect** how successful you are.
너의 태도는 네가 얼마나 성공하는지에 <sup>1</sup>_____ 것이다.

---

0870

# effect **

[ifékt]

명 결과, 효과; 영향  동 (어떤 결과를) 가져오다

**구별 TIP** 'affect'는 동사이고, 'effect'는 명사, 동사 모두 가능하지만 주로 명사로 쓰임

The **effects** of caffeine can vary from person to person.
카페인의 <sup>2</sup>_____는 사람마다 다를 수 있다.

The government's new policies will have an **effect** on every citizen.
정부의 새 정책들은 모든 시민에게 <sup>3</sup>_____을 미칠 것이다.

◆ **side effects** 부작용, 역효과
◆ **have an effect on** ~에 영향을 미치다

◆ **effective** 형 1. 효과적인  2. (법률 등이) 시행되는

> **아하!** 'effect'와 관련된 비유적 표현 몇 가지
>
> • butterfly effect (나비 효과)
>   나비의 작은 날갯짓이 커다란 폭풍우를 일으킬 수 있다는 기상학적 이론에서 유래된 표현으로, 미세한 변화가 추후 커다란 변화로 이어지는 현상을 이르는 말
> • domino effect (도미노 효과, 연쇄 효과)
>   한 개의 도미노를 쓰러뜨리면 주변의 도미노들이 모두 쓰러지듯이, 한 사건의 발생이 비슷한 사건을 잇달아 발생시키는 효과를 이르는 말
> • snowball effect (눈덩이 효과)
>   눈덩이가 언덕을 내려가는 동안 점점 더 커지는 것처럼, 어떤 작은 사건이나 현상이 눈덩이가 불어나듯 점점 커지는 과정을 이르는 말

1 영향을 미칠  2 효과  3 영향

# · Unit ·
# 30
# Make Poverty History! 빈곤을 퇴치하자!

단어 Story ✔ 전 세계적으로 경제 양극화는 계속해서 심화되고 있다고 해요. 누군가의 풍족한 삶 뒤에는 여전히 가난과 질병에 시달리는 이들이 존재합니다. 전 세계적 빈곤 퇴치 운동인 'Make Poverty History' 캠페인에서 넬슨 만델라는 "빈곤이 지속되는 한 진정한 자유는 없다"고 연설했죠. 세계의 빈곤 문제를 타파할 방법에는 어떤 것이 있을까요?

### ❶ 열악한 환경 속에서 가난에 허덕이는 사람들

0871
## poverty **
발음주의 [pávərti]

명 가난, 빈곤

There are many areas where the problems of **poverty** still continue.
1_____ 문제가 여전히 지속되고 있는 지역들이 많다.

0872
## drought
발음주의 [draut]

명 가뭄

A **drought** is one of the main causes of hunger and poverty.
2_____ 은 기아와 빈곤의 주요 원인들 중 하나이다.

0873
## necessity **
발음주의, 철자주의 [nəsésəti]

명 1. 필수품; 필요(성)  2. 필연(성), 불가피

Some people lack basic **necessities** such as food and drinking water.
일부 사람들은 음식과 식수와 같은 기본적인 3_____ 이 부족하다.

• necessary 형 1. 필요한(↔ unnecessary 불필요한)  2. 필연적인(= inevitable)

0874
## shortage
[ʃɔ́ːrtidʒ]

명 부족, 결핍(= lack) (↔ abundance 풍부, 충만)

The poor are facing serious food **shortages**.
가난한 사람들은 심각한 식량 4_____ 에 직면해 있다.

1 빈곤  2 가뭄  3 필수품  4 부족

**0875**

# lifespan

[láifspæn]

명 수명

The average **lifespan** in that poor country is less than 60 years.

그 빈곤국의 평균 [1]_____은 60세가 안 된다.

---

**0876**

# cancer*

[kǽnsər]

명 암

The number of people who die from **cancer** in poor countries is very high.

빈곤국들에서 [2]_____으로 사망하는 사람의 수는 매우 많다.

> **Voca Plus** 여러 가지 '질병'의 명칭
>
> | | |
> |---|---|
> | diabetes 당뇨병 | stroke 뇌졸중 |
> | obesity 비만 | hypertension 고혈압 |
> | insomnia 불면증 | depression 우울증 |

---

**0877**

# unemployment

[ʌnimplɔ́imənt]

명 실업(률), 실직 (↔ employment 고용, 채용)

Most poor countries suffer from high rates of **unemployment**.

대부분의 빈곤국들은 높은 [3]_____률로 고통받는다.

• **unemployed**  형 실업자인, 실직한

---

**0878**

# hire*

[haiər]

동 고용하다

Companies are not willing to **hire** new employees.

기업들은 새로운 직원을 [4]_____ 것을 꺼린다.

---

**0879**

# worsen

[wə́ːrsn]

동 악화시키다, 악화되다 (↔ improve 향상시키다, 개선되다)

High rates of unemployment cause the economy to **worsen**.

높은 실업률이 경제를 [5]_____ 원인이다.

---

1 수명  2 암  3 실업  4 고용하는  5 악화시키는

## 0880

### hardship
[háːrdʃip]

명 (돈 등의 부족에서 오는) **어려움, 고난**

The homeless suffer many **hardships** during cold winters.
노숙자들은 추운 겨울 동안 많은 <sup>1</sup>_____을 겪는다.

---

## 0881

### violent *
[váiələnt]

형 1. **폭력적인** (↔ nonviolent 비폭력적인) 2. (정도가) **격렬한** (= intense)

When the economy struggles, **violent** crime tends to increase.
경제가 어려울 때, <sup>2</sup>_____ 범죄가 증가하는 경향이 있다.

We had a **violent** argument and James just went out.
우리는 <sup>3</sup>_____ 말다툼을 했고 James는 밖으로 나가버렸다.

• violence  명 1. 폭력 2. 격렬함 (= intensity)

---

## 0882

### chaos *
발음주의 [kéias]

명 **혼돈, 혼란**

In the **chaos**, people are forced to help themselves.
<sup>4</sup>_____ 속에서, 사람들은 스스로를 돌봐야만 한다.

• chaotic  형 혼돈 상태인, 혼란 상태인

---

## 0883

### border *
[bɔ́ːrdər]

명 1. **국경 (지역); 경계** (= boundary) 2. **가장자리** (= edge)

They cross the **border** illegally to survive.
그들은 생존을 위해 불법으로 <sup>5</sup>_____을 넘는다.

a white plate with a gold **border**
금빛 <sup>6</sup>_____가 있는 흰색 접시

---

### ❷ 그들에게 필요한 것: 의료 지원

---

## 0884

### physician
[fizíʃən]

명 **(내과) 의사**

The people need a **physician** to consult about their health.
그 사람들은 자신들의 건강에 대해 상담해줄 <sup>7</sup>_____가 필요하다.

<sup>1</sup> 어려움 <sup>2</sup> 폭력적인 <sup>3</sup> 격렬한 <sup>4</sup> 혼돈 <sup>5</sup> 국경 <sup>6</sup> 가장자리 <sup>7</sup> 의사

**0885**

# surgery *

[sə́ːrdʒəri]

명 1. (외과) 수술  2. 외과 (의원)

There are many people who need urgent **surgery**.
긴급한 ¹_____이 필요한 사람들이 많다.

plastic **surgery**
성형 ²_____

• surgeon  명 외과 의사

---

**0886**

# medicine **

[médisn]

명 1. (내복)약  2. 의학

The organization provides free **medicine** for developing countries.
그 기구는 개발도상국에 ³_____을 무상 공급한다.

Their study has led to many important advances in modern **medicine**.
그들의 연구는 현대 ⁴_____에 있어서 많은 중요한 진보를 이끌었다.

◆ **take medicine**  약을 복용하다

◆ **alternative medicine**  대체 의학 ((주류 현대의학에서 표준화된 치료 외의 요법))

> 아하!  구매 방법에 따른 medicine의 종류
>
> **over-the-counter medicine**
> 의사의 처방 없이 약국이나 슈퍼에서 살 수 있는 간단한 의약품
> **prescription medicine**
> 약국에서만 판매하는, 의사의 처방전 없이 구매가 불가능한 의약품

---

**0887**

# cure *

[kjuər]

동 1. 치유하다  2. 해결하다   명 1. 치유(법)  2. 해결책

Most diseases can be **cured** with medicine.
대부분의 질병들은 약으로 ⁵_____ 수 있다.

For some people, religion **cures** the emptiness in their lives.
어떤 사람들에게는, 종교가 그들의 삶의 공허함을 ⁶_____.

---

**0888**

# therapy *

[θérəpi]

명 치료(법), 요법

Improving access to drug **therapy** in poor countries is an important issue.
빈곤국에서 약물 ⁷_____에 대한 접근성을 향상시키는 것은 중요한 문제이다.

◆ **in therapy**  치료를 받는

• therapist  명 치료사

1 수술  2 외과  3 약  4 의학  5 치유할  6 해결한다  7 치료

**0889**

# pharmacy

[fáːrməsi]

명 1. 약국  2. 《학문》 약학

The man at the **pharmacy** gave them the right drugs.
¹_____에 있는 남자가 그들에게 적합한 약을 줬다.

• pharmacist  명 약사

---

**0890**

# tablet

[tǽblit]

명 1. 정제 《둥글넓적한 모양의 약》  2. (돌 등으로 된) 판, 명판(名板)
　　3. 태블릿 《소형 휴대용 컴퓨터》

The pharmacist gave him a bottle of thick, round **tablets**.
약사는 그에게 두껍고 둥근 ²_____가 들어있는 병 하나를 주었다.

a bronze **tablet**
청동³_____

She keeps a journal on her **tablet** PC.
그녀는 ⁴_____ PC에 일기를 쓴다.

---

❸ 그들에게 필요한 것: 자립할 수 있는 사회적 환경 조성

---

**0891**

# budget**

발음주의, 철자주의 [bʌ́dʒit]

명 예산(안)  동 예산을 세우다

The special **budget** will be used to help the poor farmers.
그 특별 ⁵_____은 가난한 농부들을 돕는 데 사용될 것이다.

◆ a monthly[annual] budget  월간[연간] 예산

---

**0892**

# intend**

[inténd]

동 1. 의도하다, 작정하다  2. 의미하다(= mean)

The support is **intended** to help them stand by themselves.
그 지원은 그들이 자립하는 것을 돕도록 ⁶_____.

What do you **intend** by your words?
네 말이 무슨 ⁷_____?

◆ be intended for  ~을 위해 의도된

• intent  명 의도, 목적  형 몰두하는, 열중하는; 강한 관심[흥미]을 보이는
• intention  명 의도, 목적
• intentional  형 의도적인, 고의로 한(↔ unintentional 고의가 아닌, 무심코 한)

---

1 약국  2 정제  3 판  4 태블릿  5 예산  6 의도되었다  7 의미이니

0893

# cultivate*

[kʌ́ltəvèit]

동 1. **경작하다; 재배하다** 2. (재능, 행동 방식 등을) **기르다, 계발하다**

They can **cultivate** crops with better equipment.
그들은 더 좋은 장비로 농작물을 ¹_____ 수 있다.

He's trying to **cultivate** a more caring image.
그는 더욱 상냥한 이미지를 ²_____ 노력하고 있다.

- cultivation 명 1. 경작; 재배 2. 계발
- cultivated 형 1. 경작되는; 재배된 2. 세련된, 교양 있는

0894

# produce**

강세주의
동 [prədjúːs] 명 [prάdjuːs]

동 1. **생산하다, 제조하다** 2. (결과를) **일으키다, 야기하다**
명 **농산물**(= crops); **생산물**

They will **produce** enough food to feed themselves.
그들은 자신들이 먹기에 충분한 식량을 ³_____ 것이다.

Stress can **produce** changes in the brain and affect cognitive processes.
스트레스는 뇌에 변화를 ⁴_____ 수 있고 인지 과정에 영향을 미칠 수 있다.

The shop sells only fresh local **produce**.
그 가게는 신선한 지역 ⁵_____ 만을 판다.

- product 명 생산물, 상품
- producer 명 생산자; 제작자
- production 명 생산(량); 제작
- productive 형 생산적인(↔ unproductive 비생산적인)
- productivity 명 생산성

0895

# income*

[ínkʌm]

명 **수입, 소득**(↔ expenditure 지출)

The farmers' **income** rises with the increased production.
생산량의 증가로 농부들의 ⁶_____ 이 오른다.

---

1 재배할  2 기르려고  3 생산할  4 일으킬  5 농산물  6 소득

## lie vs. lie vs. lay

0896

# lie**

lied-lied-lying

[lai]

⑧ 거짓말하다  ⑲ 거짓말

**구별 TIP** 주로 이어지는 표현 1) about+거짓말의 주제
　　　　　　　　　　　　　　 2) to+거짓말을 듣는 사람

Tony **lied** about his age.

Tony는 자신의 나이에 대해 ¹_____.

She admitted that she had **lied** to the police.

그녀는 자신이 경찰에게 ²_____ 것을 인정했다.

◆ **white lie** (악의 없는) 선의의 거짓말

• liar  ⑲ 거짓말쟁이

0897

# lie**

lay-lain-lying

[lai]

⑧ 1. 눕다; 누워 있다  2. 놓여 있다

**구별 TIP** 주로 이어지는 표현 1) 장소: on, in 등
　　　　　　　　　　　　　　 2) 형용사: asleep, awake 등

She had to **lie** on the ground because of dizziness.

그녀는 어지러움 때문에 땅바닥에 ³_____ 했다.

I **lay** awake last night worrying about the interview.

나는 면접에 대해 걱정하느라 지난밤에 깬 채로 ⁴_____.

The book **lay** open on his desk.

그 책은 그의 책상 위에 펼쳐진 채로 ⁵_____.

0898

# lay*

laid-laid-laying

[lei]

⑧ 1. 놓다, 두다(= place)  2. (알을) 낳다

**구별 TIP** 1) layer(층) → lay(놓다) + -er(⑲) → 무언가를 여러 개 '놓고' 포개어 만드는 층을 연상
　　　　　　 2) 주로 뒤에 목적어를 취함

Dad **laid** his car key on the table.

아빠는 자동차 열쇠를 탁자 위에 ⁶_____.

Frogs need water to **lay** their eggs in.

개구리는 알을 ⁷_____ 물이 필요하다.

¹ 거짓말했다  ² 거짓말했다는  ³ 누워야  ⁴ 누워있었다  ⁵ 놓여있었다  ⁶ 두셨다  ⁷ 낳을

0899

# leap *

leapt/leaped-leapt/leaped

[liːp]

동 1. (높이) 뛰다(= jump)  2. 급증하다, 급격히 상승하다   명 1. 도약  2. 급증

**구별 TIP** 'leap'의 알파벳 'l'에서 장대높이뛰기에서 사용하는 장대의 모양을 연상

The dog tried to **leap** over the fence.
그 개는 울타리를 [1]_____ 넘으려 했다.

Eric's grades have been **leaping** upward.
Eric의 성적은 [2]_____.

the **leap** in unemployment
실업률의 [3]_____

0900

# reap

[riːp]

동 거두다, 수확하다

**구별 TIP** 'reap'의 알파벳 'r'에서 농부들이 농작물을 수확하기 위해 허리를 구부리는 모습을 연상

The students are now **reaping** the fruits of their hard studying.
학생들은 이제 열심히 공부한 것에 대한 성과를 [4]_____ 중이다.

[1] 뛰어  [2] 급격히 상승했다  [3] 급증  [4] 거두는

## + Unit +
## 31 사회 지도층의 아름다운 나눔 실천

받자 Story ✎  어느 나라에나 사회 지도층은 존재하죠. 사회 지도층은 어떠한 사람들을 일컫는지, 그들이 갖춰야 할 소양은 무엇인지 함께 살펴볼 거예요. 또한, 사회 지도층이 아름다운 나눔을 실천하는 사례에 대해서도 알아보고 이와 더불어 평범한 사람들이 함께 나눔을 실천하는 모습도 살펴봅시다.

### ❶ 사회 지도층이란?

---

0901
## society**
[səsáiəti]

명 사회 (집단); -회(會), 협회

Many people are interested in the role of leaders in **society**.
많은 사람들이 <u>¹      </u> 지도층의 역할에 관심이 있다.

> **뉘앙스 感잡기** '조직, 모임'을 나타내는 여러 가지 어휘
> **organization** 특정 목표를 달성하고자 만들어진 조직(체)
> **society** 특히 공통된 관심사나 직업 등을 기반으로 정기적으로 만나는 모임
> **association** 특정 목적 또는 공통 관심사를 공유하는 사람들의 모임

---

0902
## status*
[stéitəs]

명 1. 지위(= position); 신분  2. 상태, 상황

The leaders of society have influence and high **status**.
사회 지도층은 영향력과 높은 ²<u>      </u>를 가지고 있다.

a poor financial **status**
부실한 재정 ³<u>      </u>

---

0903
## property*
[prápərti]

명 1. 재산; 소유물(= belongings)  2. 부동산  3. 특성(= quality)

Respect for social leaders isn't based on their money or **property**.
사회 지도층에 대한 존경은 그들의 돈이나 ⁴<u>      </u>에 기반을 두지 않는다.

a rise in **property** prices
⁵<u>      </u> 가격의 상승

The two plants have similar **properties**.
두 식물은 비슷한 ⁶<u>      </u>을 지니고 있다.

1 사회  2 지위  3 상태  4 재산  5 부동산  6 특성

**0904**

**rank** *

[ræŋk]

명 (높은) **지위** (= position, status); **계급, 등급**   동 (등급 등을) **매기다; 차지하다**

Not everyone of high social **rank** is respected.
사회적 ¹_____가 높은 모든 이들이 존경받는 것은 아니다.

- ranking   명 순위, 랭킹

---

**0905**

**moral** *

[mɔ́ːrəl]

형 **도덕(상)의; 도덕적인**   명 (이야기 등의) **교훈** (= lesson)

People ask their social leaders for high **moral** standards.
사람들은 사회 지도자들에게 높은 ²_____ 기준을 요구한다.

The **moral** of the story is to challenge yourself.
그 이야기의 ³_____은 스스로에게 도전하라는 것이다.

- morally   부 도덕적으로
- morality   명 도덕(성)

---

❷ **사회 지도층이 갖춰야 할 소양**

---

**0906**

**obey** *

[oubéi]

동 **따르다, 복종하다** (↔ disobey 따르지 않다. 불복종하다)

Everyone should **obey** the law without exception.
모든 사람은 예외 없이 법을 ⁴_____ 한다.

- obedience   명 복종, 순종 (↔ disobedience 불복종)
- obedient   형 복종하는, 순종적인 (↔ disobedient 반항하는)

---

**0907**

**possess** *

철자주의 [pəzés]

동 **소유하다, 지니다** (= have, own)

Good leaders **possess** sound judgment.
훌륭한 지도자들은 타당한 판단력을 ⁵_____.

- possession   명 소유(물)
- possessive   형 소유욕이 강한

---

1 지위  2 도덕적  3 교훈  4 따라야  5 지닌다

# responsible **

[rispánsəbl]

형 1. 책임이 있는; 책임지고 있는  2. 책임감 있는 (↔ irresponsible 무책임한)

They are **responsible** for being moral examples.
그들은 도덕적 모범이 되는 것에 <sup>1</sup>_____.

Brian is a very **responsible** young man.
Brian은 매우 <sup>2</sup>_____ 청년이다.

◆ **be responsible for** ~에 책임이 있다; ~을 책임지고 있다

• responsibility  명 책임(감)

> **영미문화 돋보기**  responsibility의 의미
>
> responsibility는 원래 response(반응하다)에서 파생되어 나온 말이에요. 그래서인지 영미권에서는 질
> 문이나 비판을 회피하지 않고 '답변을 하는' 태도를 책임감 있는 태도라고 생각한답니다. 우리나라에서는
> 무슨 문제가 생겼을 때 책임을 지기 위해 '자리에서 물러나는' 경우가 종종 있는데, 이런 행동을 책임감 있
> 는 태도라고 말하는 영미인은 거의 없어요. take responsibility(책임을 지다)라는 표현 역시 '자리에서 물
> 러나는' 것이 아니라 어떤 해결책이든 내놓으려고 애쓰는 것을 의미하죠.

# reasonable **

[rí:zənəbl]

형 합리적인, 타당한 (↔ unreasonable 불합리한, 부당한)

They have the ability to make **reasonable** decisions.
그들은 <sup>3</sup>_____ 결정을 내리는 능력이 있다.

• reasonably  부 1. 합리적으로  2. 상당히, 꽤

# flexible *

[fléksəbl]

형 1. 융통성 있는  2. 유연한, 구부리기 쉬운 (↔ inflexible 1. 융통성 없는  2. 잘 구부러지지 않는)

To be a great leader, **flexible** thinking is also needed.
훌륭한 지도자가 되기 위해서는 <sup>4</sup>_____ 사고 또한 필요하다.

Stretching helps our muscles become **flexible** and strong.
스트레칭은 근육이 <sup>5</sup>_____지고 강해지도록 돕는다.

• flexibility  명 1. 융통성  2. 유연성

<sup>1</sup> 책임이 있다  <sup>2</sup> 책임감 있는  <sup>3</sup> 합리적인  <sup>4</sup> 융통성 있는  <sup>5</sup> 유연해

0911

# conscious *

발음주의, 철자주의 [kάnʃəs]

형 1. 의식[자각]하는  2. 의식적인 (↔ unconscious 1. 의식이 없는 2. 무의식적인)

They have to be **conscious** of their role as leaders.
그들은 지도자로서 자신들의 역할을 ¹_____ 있어야 한다.

◆ **be conscious of** ~을 의식[자각]하다

• consciousness  명 의식, 자각; 생각

---

❸ 기부로 나눔을 실천하는 지도층

---

0912

# noble *

[nóubl]

형 1. 숭고한, 고결한  2. 귀족의

They should have **noble** aims.
그들은 ²_____ 목적을 가져야 한다.

a **noble** family
³_____ 집안

• nobility  명 1. 숭고함, 고결함  2. 귀족

---

0913

# duty *

[djúːti]

명 1. 의무; 임무  2. (특히 수입품에 부과하는) 세금, 관세

People in high positions have special **duties** to society.
높은 지위의 사람들은 사회에 특별한 ⁴_____가 있다.

import **duties**
수입 ⁵_____

◆ **on duty** 근무 중인
◆ **off duty** 근무 중이 아닌

---

0914

# donate **

[dóuneit]

동 기부하다, 기증하다

Some celebrities **donate** money regularly.
몇몇 유명 인사들은 정기적으로 돈을 ⁶_____.

• donation  명 기부, 기증
• donor  명 기부자, 기증자

---

1 의식하고  2 숭고한  3 귀족  4 의무  5 관세  6 기부한다

0915

# contribute**
[kəntríbjuːt]

동 1. 기부하다, 기증하다  2. 기여하다

Many local businesses **contributed** to the school rebuilding fund.
많은 현지 사업체들이 학교 재건축 기금에 ¹_____.

Many people have **contributed** to the success of the project.
많은 사람들이 그 프로젝트의 성공에 ²_____.

◆ **contribute to** 1. ~에 기부하다  2. ~에 기여하다

• contribution  명 1. 기부(금)  2. 기여

---

0916

# establish**
[istǽbliʃ]

동 1. 설립하다(= found)  2. 확립하다, 수립하다

A couple **established** an organization to help poor people.
한 부부는 가난한 사람들을 돕기 위해 단체를 ³_____.

The two countries have **established** diplomatic relations.
그 두 나라는 외교 관계를 ⁴_____.

• establishment  명 1. 설립  2. 확립, 수립  3. 기관

---

0917

# willing
[wíliŋ]

형 기꺼이 하는; 꺼리지 않는(↔ unwilling 마지못해 하는; 꺼리는)

Others are **willing** to donate their abilities.
다른 이들은 자신들의 재능을 ⁵_____ 기부한다.

◆ **be willing to-v** 기꺼이 v하다

• willingly  부 기꺼이, 흔쾌히
• willingness  명 기꺼이 하는 마음

---

0918

# mentor
[méntɔːr]

명 조언자, 멘토(↔ mentee 조언을 받는 사람)   동 조언하다

Some of them are willing to be **mentors** to future generations.
그들 중 몇몇은 미래 세대를 위해 기꺼이 ⁶_____가 된다.

0919

# salary *

[sǽləri]

® 급여, 월급

We can donate a part of our **salary** or allowance every month.
우리는 매달 <sup>1</sup>_____나 용돈의 일부를 기부할 수 있다.

---

0920

# voluntary *

[váləntèri]

® 자원 봉사의; 자발적인 (↔ involuntary 마음이 내키지 않는)

Various **voluntary** opportunities are available.
다양한 <sup>2</sup>_____ 기회를 구할 수 있다.

- voluntarily  ® 자발적으로, 자진해서
- volunteer  ® 자원 봉사자  ® (힘든 일을) 자원하여 하다

---

0921

# disabled *

[diséibld]

® 장애를 가진

Alice helps **disabled** people every Sunday.
Alice는 일요일마다 <sup>3</sup>_____ 사람들을 돕는다.

- disability  ® 장애

---

0922

# charity *

[tʃǽrəti]

® 자선 (단체)

Volunteers from various **charities** help people in need.
여러 <sup>4</sup>_____의 자원 봉사자들이 도움이 필요한 사람들을 돕는다.

- charitable  ® 자선 (단체)의; 자선을 베푸는

---

0923

# cooperate *

발음주의, 강세주의 [kouάpərèit]

® 협력하다, 협동하다 (= collaborate)

They **cooperate** with people in the town.
그들은 마을 사람들과 <sup>5</sup>_____.

- cooperation  ® 협력, 협동
- cooperative  ® 협력하는, 협동의

---

1 급여  2 자원 봉사의  3 장애를 가진  4 자선 단체  5 협력한다

0924

## distribute*

[distríbjuːt]

⟨동⟩ 분배하다, 나누어 주다

Volunteers **distribute** meals to the homeless for free.
자원 봉사자들은 노숙자들에게 무료로 식사를 <sup>1</sup>_____.

• distribution ⟨명⟩ 분배; 분포

0925

## expenditure

[ikspénditʃər]

⟨명⟩ 비용, 경비; 지출(= spending) (↔ income 수입)

The charities pay for all **expenditures** related to volunteering.
자선 단체들은 자원 봉사 활동과 관련된 모든 <sup>2</sup>_____을 부담한다.

++ 철자가 비슷해서 의미가 혼동되는 어휘 4

### expand vs. expend

0926

## expand*

[ikspǽnd]

⟨동⟩ 확장하다, 확대시키다 (↔ contract 수축하다, 수축시키다)

**구별 TIP** 팬(pan)에 팬케이크 반죽을 '넓게' 펴는 것 연상

The restaurant **expanded** its seating area because
it was so successful.
그 레스토랑은 매우 성공해서 좌석 구역을 <sup>3</sup>_____.

• expansion ⟨명⟩ 확장, 확대

0927

## expend

[ikspénd]

⟨동⟩ (시간, 노력 등을) 들이다, 소비하다

**구별 TIP** 비용(expense)의 철자와 연관 지어 연상

We **expended** much time and effort on this team project.
우리는 이 팀 프로젝트에 많은 시간과 노력을 <sup>4</sup>_____.

• expense ⟨명⟩ 비용, 지출; 경비(= cost, expenditure)

<sup>1</sup> 나누어 준다  <sup>2</sup> 비용  <sup>3</sup> 확장했다  <sup>4</sup> 들였다

0928

# diary**

발음주의 [dáiəri]

명 일기

Keeping a **diary** helps preserve your memories about the past.
<sup>1</sup>_____를 쓰는 것은 과거의 기억을 간직하는 것을 도와준다.

◆ **keep a diary** 일기를 쓰다

0929

# daily

발음주의 [déili]

형 매일의   부 매일, 날마다   명 일간 신문

**구별 TIP** day(하루)+-ly(형) = 매일의

Let me tell you about my **daily** schedule.
제 <sup>2</sup>_____ 일과를 말씀드리겠습니다.

The library is open **daily** from 8 a.m. to 9 p.m.
그 도서관은 <sup>3</sup>_____ 오전 8시부터 오후 9시까지 연다.

◆ **on a daily basis** 매일, 평상시

0930

# dairy*

발음주의 [déəri]

명 유제품   형 1. 유제품의 2. 낙농의

**구별 TIP** d+air(공기)+y → 신생아들에게 공기와 같은 존재인 유제품

Some vegetarians eat **dairy** and others don't.
어떤 채식주의자들은 <sup>4</sup>_____을 먹고 어떤 채식주의자들은 먹지 않는다.

◆ **the dairy industry** 낙농업
◆ **dairy product** 유제품

1 일기  2 매일의  3 매일  4 유제품

## Unit 32 인간은 정치적 동물이다!

보카 Story 일찍이 아리스토텔레스는 인간을 '정치적 존재(Homo Politicus)'로 정의했어요. 인간은 사회 없이 살아갈 수 없고, 두 명 이상의 사람이 모인 곳에서는 반드시 명령을 내리는 자와 명령을 받는 자의 권력 구도와 투쟁이 생겨난다고 해서 나온 말이죠. 소모적인 말싸움과 몸싸움으로 얼룩지는 경우도 있기 때문에 '정치'가 부정적으로 생각될 때도 있지만, 원래 정치라는 것은 인간의 더 큰 행복과 복지를 위해 존재하는 것이랍니다. 그럼 이번 유닛에서는 정치 관련 표현에 대해 알아봐요

### 정치 알아보기 ❶ 여러 가지 정치사상 및 제도

0931

## democracy*

[dimά:krəsi]

명 민주주의; 민주(주의) 국가

**Democracy** means that people themselves rule over their country.

1_____는 국민이 스스로 나라를 다스리는 것을 의미한다.

- democrat 명 민주주의자
- democratic 형 민주주의의

0932

## communism

발음주의 [kάmjunìzəm]

명 공산주의

**Communism** rejects class distinction in society.

2_____는 사회에서의 계급 차별을 거부한다.

- communist 명 공산주의자 형 공산주의의

0933

## capitalism

[kǽpətəlìzəm]

명 자본주의

**Capitalism** encourages competition in the market.

3_____는 시장에서의 경쟁을 장려한다.

- capitalist 명 자본주의자; 자본가 형 자본주의의

0934

## socialism

[sóuʃəlìzəm]

명 사회주의

**Socialism** is a system based on public ownership.

4_____는 공공 소유에 기초한 제도이다.

- socialist 명 사회주의자 형 사회주의의

1 민주주의   2 공산주의   3 자본주의   4 사회주의

0935

# republic *

[ripʌ́blik]

명 공화국

A **republic** is a country where the ruler has been chosen by vote.
¹_____은 지도자가 투표로 선출된 국가이다.

• republican 명 공화주의자 형 공화국의, 공화주의의

---

### 정치 알아보기 ❷ 여러 정치 조직들

0936

# government **

[gʌ́vərnmənt]

명 정부, 정권; 통치 (체제)

The **government** is responsible for the country's security.
²_____는 국가의 안전에 대하여 책임이 있다.

• govern 동 통치하다, 지배하다(= rule)
• governor 명 1. 통치자(= ruler)  2. (미국의) 주지사  3. (조직의) 장, 관리자

---

0937

# parliament *

발음주의 [pɑ́ːrləmənt]

명 국회, 의회

A **parliament** makes the laws of a country.
³_____는 나라의 법을 만든다.

---

0938

# committee *

철자주의 [kəmíti]

명 위원회

The government **committee** was formed in October 2020.
그 정부 ⁴_____는 2020년 10월에 설립되었다.

---

0939

# council *

[káunsəl]

명 (지방 자치 단체의) 의회; 협의회

The city **council** decided to give more money to schools.
시 ⁵_____는 학교들에 더 많은 돈을 지급하기로 결정했다.

---

1 공화국  2 정부  3 국회  4 위원회  5 의회

# union *

[júːnjən]

[명] 1. (국가 등의) 연합, 연방  2. 조합, 협회  3. 결합, 통합

The European **Union** (EU) was formed to increase the cooperation of European nations.
유럽 <sup>1</sup>_____은 유럽 국가들 사이의 협력을 증대시키기 위해 결성되었다.

The labor **union** asked for more rights from the government.
노동 <sup>2</sup>_____은 정부에 더 많은 권리를 요구했다.

---

## 정치 알아보기 ❸ 정치 인물 및 직책

---

# politician

[pɑ̀litíʃən]

[명] 정치인

Each **politician** has a different social and cultural background.
각각의 <sup>3</sup>_____은 다양한 사회, 문화석 배성을 가지고 있다.

• political  [형] 정치적인; 정당의
• politics  [명] 정치(학)

---

# minister

[mínistər]

[명] 1. 장관  2. 목사, 성직자

He was appointed **Minister** of Environment.
그는 환경부 <sup>4</sup>_____으로 임명되었다.

Christians often look to the **minister** of their church for advice.
기독교인들은 종종 교회 <sup>5</sup>_____가 조언해주기를 기대한다.

• ministry  [명] 1. (정부의 각) 부처  2. 목사(의 직책), 성직자(의 임기)

> **Voca Plus** 'minister'가 포함된 여러 가지 명칭
>
> prime minister  국무총리, 수상
> vice-minister  차관
> Minister of Labor  노동부 장관
> Minister of Justice  법무부 장관
> Minister of Foreign Affairs  외교부 장관
> Minister of National Defense  국방부 장관

1 연합  2 조합  3 정치인  4 장관  5 목사

# representative**

[rèprizéntətiv]

명 1. 대표(자)  2. 대리인   형 대표하는; 상징하는

Politicians are **representatives** of the people.
정치인들은 국민의 ¹_____이다.

a sales **representative**
영업 ²_____

The students' test results are **representative** of their effort.
학생들의 시험 결과는 그들의 노력을 ³_____.

◆ **be representative of** ~을 대표하다; ~을 상징하다

- **represent**   동 1. 대표[대신]하다  2. 나타내다, 상징하다  3. 표현[묘사]하다
- **representation**   명 1. 대표, 대리  2. 표현, 묘사

---

# spokesperson

[spóukspə̀ːrsn]

명 대변인

A government **spokesperson** explains the national policies.
정부 ⁴_____은 국가의 정책을 설명한다.

---

# candidate*

[kǽndidèit]

명 후보자, 지원자

Presidential **candidates** asked people to vote for them.
대통령 ⁵_____은 사람들에게 자신에게 투표해줄 것을 요청했다.

◆ **a candidate for** ~의 후보자

---

## 정치 알아보기 ❹ 정치 사건 및 활동

# announce**

[ənáuns]

동 1. 발표하다, 알리다  2. 선언하다

The government **announced** a new plan.
정부는 새로운 계획을 ⁶_____.

Jenny **announced** that she would move to Brazil in the coming year.
Jenny는 내년에 브라질로 이주할 것이라고 ⁷_____.

- **announcement**   명 공고, 발표
- **announcer**   명 방송 진행자, 아나운서

---

¹ 대표자들  ² 대리인  ³ 상징한다  ⁴ 대변인  ⁵ 후보자들  ⁶ 발표했다  ⁷ 선언했다

### 0947
# remark**
[rimáːrk]

명 발언, 언급 (= comment)  동 발언하다, 언급하다

His **remark** about the plan was quite surprising.
그 계획에 관한 그의 ¹_____은 아주 놀라웠다.

• remarkable  형 주목할 만한, 놀라운

---

### 0948
# controversy*
[kántrəvə̀ːrsi]

명 논란, 논쟁

The announcement caused **controversy** among politicians.
그 발표는 정치인들 사이에 ²_____을 일으켰다.

• controversial  형 논란이 많은, 논쟁의 (↔ uncontroversial 논란의 여지가 없는[적은])

---

### 0949
# oppose*
[əpóuz]

동 1. (계획, 정책 등에) **반대하다**  2. **겨루다; 대항하다**

Some of them **opposed** the plan for a variety of reasons.
그들 중 몇몇은 다양한 이유로 그 계획에 ³_____.

I wonder who will **oppose** me in the next match.
나는 다음 경기에서 누가 나와 ⁴_____ 될지 궁금하다.

◆ **as opposed to** ~와는 대조적으로

• opposite  형 1. 반대의  2. 맞은편의  명 반대되는 것
• opponent  명 1. 반대자  2. (게임 등의) 상대
• opposition  명 1. 반대, 항의  2. 상대측; 야당

---

### 0950
# poll*
[poul]

명 1. **여론 조사**  2. **투표**

Opinion **polls** are used to discover what people think.
⁵_____는 사람들이 생각하는 바를 알아내기 위해 사용된다.

**Polls** close at 6 p.m.
⁶_____는 오후 6시에 마감된다.

---

1 발언  2 논란  3 반대했다  4 겨루게  5 여론 조사  6 투표

0951

## tax **

[tæks]

명 세금  동 세금을 부과하다

The government needs a balanced **tax** program.
정부는 균형 잡힌 ¹_____ 제도가 필요하다.

> **Voca Plus**  '세금'을 나타내는 여러 가지 어휘
>
> **tax**  (상품이나 서비스에 대한) 세금
> **duty**  (구매한 물품, 특히 수입품에 대한) 세금
> **customs**  (수입품에 대한) 관세
> **excise**  (국내에서 판매하는 상품에 대한) 소비세
> **levy**  세금 또는 추가 부담금

---

0952

## nationality

[næ̀ʃənǽləti]

명 1. 국적  2. 민족

A passport serves as proof of **nationality** and identity.
여권은 ²_____ 과 신분을 증명하는 역할을 한다.

We should respect different **nationalities** and cultures.
우리는 다른 ³_____ 과 문화를 존중해야 한다.

• national  형 국가의, 전국적인; 전 국민의

---

0953

## military *

[mílitèri]

명 군대, 군사  형 군대의, 군사의

The **military** protects the country day and night.
⁴_____ 는 국가를 밤낮으로 지킨다.

joint **military** drills
합동 ⁵_____ 훈련

---

0954

## patriot

[péitriət]

명 애국자

**Patriots** often take an active part in their country's politics.
⁶_____ 은 종종 자국의 정치에 적극적으로 참여한다.

• patriotic  형 애국적인, 애국의

1 세금  2 국적  3 민족  4 군대  5 군사  6 애국자들

## aboard vs. abroad

0955

# aboard *

[əbɔ́ːrd]

전 ~에 탄, ~에 탑승한　부 탄, 탑승한

**구별 TIP** 1) board(판자, 널빤지)로 만들어진 것 위에 오르다 → 배에 탑승하다
　　　　　2) 비행기에 탑승하기 위한 통행증 → boarding pass(탑승권)

Hurry up! It's time to get **aboard** the plane.
서둘러! 비행기에 ¹_____ 시간이야.

0956

# abroad *

[əbrɔ́ːd]

부 해외에(서), 해외로

**구별 TIP** 해외로 나가 견문을 넓히는(broad) 것 연상

My mom wants me to study **abroad** next year.
우리 엄마는 내년에 내가 ²_____ 공부하기를 바라신다.

## quite vs. quiet

0957

# quite **

발음주의 [kwait]

부 1. 꽤, 상당히 (= fairly, pretty)　2. 완전히, 전적으로 (= completely)

**구별 TIP** quite는 부사로 쓰임

Sally spent **quite** a lot of time studying for her final exam.
Sally는 기말고사를 위해 공부하는 데 ³_____ 많은 시간을 보냈다.

Although it was Sunday evening, the theater was not **quite** full.
일요일 저녁이었는데도 불구하고 그 극장은 ⁴_____ 다 차지는 않았다.

0958

# quiet *

발음주의 [kwáiət]

형 조용한, 고요한

**구별 TIP** 선생님이 "Be quiet!(조용히 해!)"라고 외치실 때 쓰이는 'quiet'

When the teacher handed out report cards, everyone was **quiet**.
선생님께서 성적표를 나눠주셨을 때, 모두가 ⁵_____.

1 탑승할　2 해외에서　3 꽤　4 완전히　5 조용했다

## wind vs. wound

0959

# wind *

wound-wound
발음주의
명 [wind] 동 [waind]

명 바람　동 1. 감다, 휘감다　2. (도로, 강 등이) 굽이치다

**구별 TIP** 나선 모양으로 회전하며 일어나는 회오리바람 → '바람'이 '휘감다'

I **wound** a scarf around my neck because it was so cold.
너무 추워서 나는 목에 목도리를 <sup>1</sup>_____.

The river **winds** along the valley.
그 강은 골짜기를 따라 <sup>2</sup>_____ 흐른다.

0960

# wound *

wounded-wounded
발음주의 [wuːnd]

명 상처, 부상　동 상처[부상]를 입히다

**구별 TIP** 발음이 [wuːnd]인 것과 연관 지어 움푹 팬 상처를 연상

A nurse bandaged the knife **wound** of the patient.
간호사가 환자의 칼에 찔린 <sup>3</sup>_____에 붕대를 감았다.

Both players were **wounded** in yesterday's boxing match.
두 선수 모두 어제 복싱 경기에서 <sup>4</sup>_____.

<sup>1</sup> 감았다　<sup>2</sup> 굽이쳐　<sup>3</sup> 상처　<sup>4</sup> 상처를 입었다

# 의복으로 알아보는 사회 변화

ꕤꕥ Story ✔ 시대에 따라 인류는 많은 변화를 겪어 왔어요. 그중 의복은 변화하는 시대를 단적으로 보여줍니다. 지금 우리가 입고 있는 옷 역시 여러 변화를 거친 결과물이기도 합니다. 사회적 신분을 알려 주었던 과거의 의복부터 유행에 맞춰 빠른 생산과 빠른 소비를 지향하는 현대의 '패스트 패션'에 이르기까지, 의복의 변천사를 알아보고 현대 패션 산업의 문제점도 생각해봅시다.

## ❶ 조상들의 삶과 옷

---

0961
## ancestor
발음주의 [ǽnsestər]

® 조상, 선조(↔ descendant 후손, 자손)

Our **ancestors** made their own clothes, which took lots of effort.
우리 <sup>1</sup>_____은 자신의 옷을 직접 만들었는데, 그것은 많은 수고가 들었다.

---

0962
## provide **
[prəváid]

⑧ 제공하다, 공급하다

Materials such as wool were not **provided** in large quantities.
양모와 같은 직물들은 대량으로 <sup>2</sup>_____ 않았다.

◆ **provide A with B** A에게 B를 제공[공급]하다

---

0963
## outfit
[áutfit]

® 옷, 복장   ⑧ 채비하다, 공급하다

So people in the old days usually had only a few **outfits**.
그래서 옛날 사람들은 보통 몇 벌의 <sup>3</sup>_____만 가지고 있었다.

---

0964
## fabric *
[fǽbrik]

® 천, 직물

It was common to make new clothes by using the **fabric** of old ones.
입던 옷의 <sup>4</sup>_____을 사용해서 새 옷을 만드는 것은 흔했다.

> **Voca Plus** '직물'과 관련된 여러 가지 어휘
>
> fiber  천이나 끈을 만들기 위한 길고 가는 실과 같은 섬유
> cloth  주로 가공하기 전의 가벼운 직물, 천
> fabric  옷, 소파 등을 만들기 위한 직물
> textile  (보통 공장에서) 가공해 만든 직물

1 조상들  2 공급되지  3 옷  4 천

# experienced

[ikspíəriənst]

형 능숙한, 경험이 있는 (↔ inexperienced 서투른, 경험이 없는)

Only the rich wore luxurious clothes made by **experienced** tailors.
부자들만이 ¹_____ 재단사가 만든 호화로운 옷을 입었다.

◆ **experienced in[at]** ~에 경험이 있는

---

# boast

[boust]

동 자랑하다, 과시하다   명 자랑

They used their clothes to **boast** about their wealth.
그들은 자신의 부유함을 ²_____ 위해 옷을 이용했다.

◆ **boast of[about]** ~을 자랑하다
• boastful   형 자랑하는, 뽐내는

---

# ordinary*

[ɔ́ːrdənèri]

형 보통의, 일반적인

Conversely, **ordinary** people didn't have many options.
반대로, ³_____ 사람들은 선택의 여지가 많지 않았다.

• ordinarily   부 보통, 대체로

---

# opportunity**

[ɑ̀pərtjúːnəti]

명 기회 (= chance)

They had few **opportunities** to access fine clothes.
그들은 좋은 옷을 이용할 ⁴_____가 거의 없었다.

---

❷ 본격적인 변화의 시기!

---

# entail

[intéil]

동 (~을) 수반하다, 포함하다 (= involve)

Technological advancement in the 18th century **entailed** a lot of changes.
18세기의 기술적 진보는 많은 변화를 ⁵_____.

---

¹ 능숙한  ² 과시하기  ³ 보통  ⁴ 기회  ⁵ 수반했다

## 0970

# manufacture *
[mænjufǽktʃər]

[동] 제조하다, 생산하다   [명] 제조, 생산

Clothing started to be **manufactured** in large factories.
의류는 대형 공장에서 <sup>1</sup>_____ 시작했다.

- manufacturer   [명] 제조자, 제조사
- manufacturing   [명] 제조업

## 0971

# complicated
[kɑ́mpləkèitid]

[형] 복잡한(= complex); 이해하기 어려운

Clothing production was no longer **complicated** work.
의류의 제작은 더 이상 <sup>2</sup>_____ 작업이 아니었다.

- complicate   [동] (더) 복잡하게 만들다, 복잡하게 되다
- complication   [명] 1. (상황을 더 복잡하게 만드는) 문제 2. 합병증

## 0972

# enable
[inéibl]

[동] (~을) 가능하게 하다, 할 수 있게 하다

Improved transportation **enabled** cheaper and easier shipping.
개선된 운송 수단은 더 저렴하고 쉬운 운송을 <sup>3</sup>_____.

- **enable A to-v**  A가 v할 수 있게 하다

## 0973

# attractive **
[ətrǽktiv]

[형] 매력적인, 멋진(↔ unattractive 매력적이지 않은)

Clothing became widely available at an **attractive** price.
의류는 <sup>4</sup>_____ 가격에 널리 이용 가능해졌다.

- attract   [동] (주의, 흥미를) 끌다, 끌어당기다
- attraction   [명] 1. 매력, 끌림 2. (사람을 끄는) 명소, 명물

## 0974

# strain *
[strein]

[명] 부담, 압박(감)

Buying new clothes put less **strain** on people financially.
새 옷을 사는 것은 사람들에게 재정적으로 덜 <sup>5</sup>_____ 이 되었다.

- **put a strain on**  ~에 부담을 주다, ~에 압박을 가하다

<sup>1</sup> 제조되기  <sup>2</sup> 복잡한  <sup>3</sup> 가능하게 했다  <sup>4</sup> 매력적인  <sup>5</sup> 부담

0975

# crucial *

[krúːʃəl]

[형] 중대한, 결정적인 (= important, vital)

Today, fashion has become a **crucial** way to show one's personality.
오늘날, 패션은 자신의 개성을 드러내기 위한 ¹_____ 수단이 되었다.

• crucially [부] 결정적으로

0976

# vary *

발음주의 [véəri]

[동] 1. 각기 다르다, 가지각색이다  2. 바꾸다, 변화하다

The clothes that we wear **vary** in shape, color, or style.
우리가 입는 옷들은 모양이나 색, 스타일이 ²_____.

She **varied** her hairstyle.
그녀는 자신의 머리 모양을 ³_____.

• variety [명] 1. 여러 가지  2. 다양성 (= diversity)
• variation [명] 1. 변화; 변형  2. 변주곡
• various [형] 다양한, 가지각색의
• variable [형] 변하기 쉬운  [명] 변수

0977

# reflection

[riflékʃən]

[명] 1. 반사; 반영  2. 심사숙고

Our clothes are often a **reflection** of ourselves.
우리의 옷은 종종 우리 자신의 ⁴_____이다.

I needed some time for **reflection** before answering.
나는 대답하기 전에 ⁵_____할 시간이 조금 필요했다.

• reflect [동] 1. 반사하다; 반영하다  2. 숙고하다
• reflective [형] 1. 반사하는  2. 생각에 잠기는; 생각이 깊은

0978

# intrigue *

[intríːg]

[동] 호기심을 자극하다

New fashion trends always **intrigue** people.
새로운 패션 트렌드는 항상 사람들의 ⁶_____.

• intriguing [형] 호기심을 자극하는

¹ 중대한  ² 가지각색이다  ³ 바꿨다  ⁴ 반영  ⁵ 심사숙고  ⁶ 호기심을 자극한다

# thrive

발음주의 [θraiv]

[동] 1. 번창하다, 번성하다(= flourish)  2. (사람, 동식물이) 잘 자라다

So the fast fashion industry, which provides cheap and trendy clothing, has been **thriving**.
그래서 값싸고 유행하는 의류를 제공하는 패스트 패션 산업은 <sup>1</sup>_____ 왔다.

The cactus can **thrive** with very little water.
선인장은 아주 적은 양의 물로도 <sup>2</sup>_____ 수 있다.

◆ **thrive on** ~을 잘 해내다

---

**❹ 패션 산업의 이면**

---

0980

# hazard *

[hǽzərd]

[명] 위험 (요소)

However, fast fashion has become a **hazard** to the environment.
하지만 패스트 패션은 환경에 <sup>3</sup>_____가 되었다.

• hazardous  [형] 위험한(= dangerous, risky)

> **뉘앙스 感잡기**  '위험'을 나타내는 여러 가지 어휘
>
> danger  위험을 뜻하는 가장 일반적인 말
> risk  안 좋은 일이 발생할 가능성
> pitfall  눈에 잘 띄지 않지만 발생할 가능성이 있는 위험
> hazard  위험을 불러올 수 있는 것
> peril  눈앞에 닥친 심각한 위험

---

0981

# supply **

[səplái]

[명] 공급  [동] 공급하다

Abundant **supply** allowed people to throw away clothes easily.
풍부한 <sup>4</sup>_____은 사람들이 옷을 쉽게 버릴 수 있도록 했다.

The restaurant's vegetables are **supplied** by local farms.
그 식당의 채소들은 지역 농장들로부터 <sup>5</sup>_____.

◆ **supply and demand** 수요와 공급

• supplier  [명] 공급자, 공급 회사

1 번창해 2 잘 자랄 3 위험 요소 4 공급 5 공급받는다

0982

# remove**
[rimúːv]

동 1. 제거하다; 치우다(= take away)  2. 옮기다, 이동시키다

Items that have gone out of fashion are quickly **removed** from our closets.
유행이 지난 물품들은 우리의 옷장에서 빠르게 [1]_____.

Before you start cleaning, **remove** the vase to another room.
청소를 시작하기 전에 꽃병을 다른 방으로 [2]_____.

- remova **l**    명 1. 제거  2. 이동
- remove **r**    명 (얼룩, 페인트 등의) 제거제
- remova **ble**  형 (붙였다) 떼어낼 수 있는

---

0983

# vast*
[væst]

형 어마어마한, 방대한(= huge)

**Vast** amounts of water are needed to produce the clothes we wear.
[3]_____ 양의 물이 우리가 입는 옷을 생산하는 데 필요하다.

- vast **ly**    부 어마어마하게, 방대하게

---

0984

# chemical**
[kémikəl]

명 화학 물질  형 화학의, 화학적인

Toxic **chemicals** are used in the production process and pollute rivers.
독성 [4]_____이 생산 과정에서 사용되어 강을 오염시킨다.

Milk going sour is an easy example of a **chemical** reaction.
상해가는 우유는 [5]_____ 반응의 쉬운 예시이다.

- chemica **lly**   부 화학적으로
- chemi **stry**    명 화학

---

0985

# secondhand
[sékəndhæ̀nd]

형 1. 중고(품)의(= used)  2. 간접의; 전해 들은(↔ firsthand 직접의; 직접 들은)

Before it's too late, individual efforts, such as buying **secondhand** clothes instead of new ones, should be encouraged.
너무 늦기 전에, 새 옷 대신 [6]_____ 옷을 사는 것과 같은 개개인의 노력이 장려되어야 한다.

**Secondhand** smoke causes multiple health problems in infants.
[7]_____흡연은 유아에게 여러 가지 건강 문제를 일으킨다.

---

1 제거된다  2 옮겨라  3 어마어마한  4 화학 물질  5 화학  6 중고  7 간접

## though vs. thorough vs. through

0986

# though **

발음주의 [ðou]

접 ~에도 불구하고, (비록) ~이긴 하지만(= although)

부 그러나, 그래도

**구별 TIP** 접속사로 쓰일 때는 although와 동의어

We went for a walk, **though** it was raining.

비가 내리고 있었는¹_____ 우리는 산책하러 갔다.

---

0987

# thorough *

발음주의 [θɔ́:rou]

형 완전한, 철저한

**구별 TIP** 알파벳 r을 o가 앞뒤로 '완전히' 감싸고 있음 → 완전한, 철저한

The police began a **thorough** investigation of the accident.

경찰은 그 사고에 대해 ²_____ 조사를 시작했다.

• thoroughly   부 완전히, 철저히(= completely)

---

0988

# through **

발음주의 [θruː]

전 1. ~을 통해, ~을 통과하여   2. ~ 동안 내내

부 1. 관통하여; 직행의   2. 내내, 줄곧

**구별 TIP** 속이 비쳐 보이는 의상은 시스루(see-through)

The burglar got in **through** the window.

그 절도범은 창문³_____ 들어갔다.

My dad slept **through** the movie.

우리 아빠는 영화 ⁴_____ 주무셨다.

¹ 데도 불구하고  ² 철저한  ³ 을 통해  ⁴ 내내

0989

# wander *

발음주의 [wάndər]

동 (이리저리) 돌아다니다, 헤매다

**구별 TIP** walk(걷다)를 연상 → 정처 없이 걸어 다니는 것(wander)

They **wandered** around downtown on Friday night.
그들은 금요일 밤에 시내를 ¹_____.

• wanderer  명 방랑자

0990

# wonder **

발음주의 [wΛndər]

동 1. 궁금하다 2. (크게) 놀라다, 감탄하다   명 감탄; 불가사의

**구별 TIP** 1) 앨리스가 떨어진 원더랜드(wonderland) → 신기하고 놀라운(wonder) 세계
2) 감탄할 때 외치는 감탄사 wonderful → 'wonder'+-ful(형)

She **wondered** if she had passed the exam.
그녀는 자신이 시험에 통과했는지 ²_____.

I **wondered** at the hundreds of stars shining brightly in the sky.
나는 하늘에 밝게 빛나고 있는 수많은 별에 ³_____.

• wonderful  형 놀라운, 경이로운

¹ 돌아다녔다  ² 궁금했다  ³ 감탄했다

## · Unit · 34

# 미래 사회의 아이콘, A.I.(인공지능)

*보카 Story* 로봇 청소기에서 무인 비행물체 드론, 그리고 바둑 기사 프로그램 '알파고'까지, 인공지능은 이미 우리의 여러 생활 영역에서 활용되고 있어요. 인공지능의 시초는 1940년대랍니다. 영국의 수학자 앨런 튜링이 고안해 낸 체스 로봇이 그것인데요, 스스로 체스 두는 법을 학습해 나가는 기계였어요. 체스 로봇에서 '알파고'에 이르기까지 진화를 거듭해 온 인공지능의 미래 모습은 어떨까요?

**❶ A.I.의 탄생: 인류에 이로울까, 해로울까?**

0991

# artificial**

[àːrtəfíʃəl]

[형] 1. 인공의, 인조의; 인위적인 (↔ natural 천연의; 자연스러운)  2. 거짓된

A.I., which means "**artificial** intelligence," is used in various technologies.
A.I.는 '¹_____지능'을 의미하는데, 다양한 기술에 사용된다.

Her smile seems **artificial**, so I can't trust her.
그녀의 미소는 ²_____ 보여서, 나는 그녀를 믿을 수 없다.

---

0992

# machinery

[məʃíːnəri]

[명] 기계류 (= machines)

Some companies have been developing **machinery** controlled by A.I.
몇몇 회사들은 인공지능에 의해 제어되는 ³_____를 개발해오고 있다.

---

0993

# concern*

[kənsə́ːrn]

[동] 1. 관련이 있다, 관련시키다  2. 걱정스럽게 하다  3. 관심을 갖다
[명] 1. 걱정  2. 관심

Their work is **concerned** with the invention of an A.I. system.
그들의 일은 인공지능 시스템의 발명과 ⁴_____.

People are **concerned** about the day A.I. will win the Nobel Prize.
사람들은 인공지능이 노벨상을 타는 날이 올지도 모른다고 ⁵_____.

She has always shown deep **concern** for poor children.
그녀는 항상 불우한 아이들에게 깊은 ⁶_____을 보여 왔다.

◆ **be concerned with** ~와 관련[관계]이 있다
◆ **be concerned about** ~에 대해 염려[걱정]하다

• concerning [전] ~에 관련된, ~에 관한

¹인공  ²거짓되어  ³기계류  ⁴관련이 있다  ⁵걱정한다  ⁶관심

## 0994

# ease*

[iːz]

[명] 1. 편안함(= comfort)  2. 쉬움, 용이함
[동] (고통 등을) 덜어 주다; 편하게 하다(= relieve)

Such machines have been designed for **ease** of life.
그러한 기계들은 삶의 <sup>1</sup>_____을 위해서 고안되어 왔다.

Yoga can help to **ease** back pain.
요가는 허리 통증을 <sup>2</sup>_____ 데 도움이 될 수 있다.

◆ **at ease** 마음이 편안한; 편안히
◆ **with ease** 쉽게(= easily)

## 0995

# equipment*

[ikwípmənt]

[명] 장비, 장치; 설비

New **equipment** with A.I. systems can make our lives easier.
인공지능 시스템을 갖춘 새로운 <sup>3</sup>_____가 우리의 삶을 더 편안하게 만들 수 있다.

• equip    [동] (장비를) 갖추다; (지식 등을) 갖추게 하다
• equipped    [형] 장비를 갖춘

## 0996

# independent*

[ìndipéndənt]

[형] 독립적인, 자립적인(↔ dependent 의존하는); 독립된

Most A.I. robots are **independent**; they don't need human instructions.
대부분의 인공지능 로봇들은 <sup>4</sup>_____이라서, 인간의 지시를 필요로 하지 않는다.

• independence    [명] 독립, 자립(↔ dependence 의존, 의지)

## 0997

# threat*

[θret]

[명] 위협; 협박

A.I. could be a **threat** to people.
인공지능은 사람들에게 <sup>5</sup>_____이 될 수도 있다.

• threaten    [동] 위협하다; 협박하다
• threatening    [형] 협박하는, 위협적인

1 편안함  2 덜어 주는  3 장비  4 독립적  5 위협

## replace*

[ripléis]

(동) 대체하다, 대신하다; 교체하다

Some A.I. robots can even **replace** human workers.
어떤 인공지능 로봇들은 인간 노동자를 <sup>1</sup>_____ 수도 있다.

◆ **replace A with B** A를 B로 교체하다

• replacement  (명) 대체(물); 교체(물)

---

## influence**

[ínfluəns]

(동) 영향을 주다 (= affect)   (명) 영향(력)

In other words, the introduction of A.I. can **influence** job opportunities.
즉, 인공지능의 도입은 일자리에 <sup>2</sup>_____ 수 있다.

Entertainers have a great **influence** on children.
연예인들은 아이들에게 큰 <sup>3</sup>_____을 끼친다.

◆ **have influence on[upon]** ~에 영향을 끼치다

• influential  (형) 영향력 있는

---

## frightening

[fráitniŋ]

(형) 두려운, 무서운 (= terrifying)

Also, the idea that such machines might attack humans is **frightening**.
또한, 그러한 기계가 인간을 공격할지도 모른다는 생각은 <sup>4</sup>_____.

• fright  (명) 공포, 놀람 (= fear)
• frighten  (동) 깜짝 놀라게 하다, 겁주다 (= terrify, scare)
• frightened  (형) 무서워하는, 겁먹은 (= terrified, scared, afraid)

---

## continuous

[kəntínjuəs]

(형) 1. 계속되는, 지속적인  2. (선 등이) 계속 이어지는

There will be a **continuous** debate over the effects of A.I.
인공지능의 영향에 대한 논쟁은 <sup>5</sup>_____ 것이다.

This artwork is made up of just one **continuous** line.
이 예술작품은 하나의 <sup>6</sup>_____ 선으로 이루어져 있다.

• continuously  (부) 계속해서, 연달아
• continual  (형) (여러 번) 반복되는; 끊임없는 (= constant)

---

<sup>1</sup> 대체할  <sup>2</sup> 영향을 줄  <sup>3</sup> 영향  <sup>4</sup> 두렵다  <sup>5</sup> 계속될  <sup>6</sup> 계속 이어지는

1002

# identify**

[aidéntəfài]

동 1. (신원 등을) **확인하다** 2. 발견하다, 찾다(= spot)

An A.I. system **identifies** criminals by recognizing their faces.
한 인공지능 시스템은 얼굴을 인식해 범죄자들의 신원을 ¹_____.

Scientists **identified** a relation between weather and people's mood.
과학자들은 날씨와 사람들의 기분 사이의 관계를 ²_____.

◆ **identify with** ~와 동일시하다

- identity 명 신원; 정체(성)
- identical 형 똑같은
- identification 명 1. 신원 확인 2. 신분증 3. 동일시

---

1003

# imitate*

[ímətèit]

동 **모방하다, 흉내 내다**

Some robots can **imitate** human sounds and actions.
어떤 로봇은 인간의 소리와 행동을 ³_____ 수 있다.

- imitation 명 1. 모방, 흉내 2. 모조품

---

1004

# express**

[iksprés]

동 **표현하다, 나타내다** 형 **급행의; 신속한** 명 **급행**

A robot developed in Japan can **express** feelings like a human.
일본에서 개발된 한 로봇은 사람처럼 감정을 ⁴_____ 수 있다.

You need to **express** yourself more clearly.
너는 자신의 의사를 더 명확하게 ⁵_____ 한다.

I took the **express** bus to get to the test site on time.
나는 시험장에 제때 도착하기 위해서 ⁶_____ 버스를 탔다.

◆ **express oneself** 자신의 의사[감정]를 표현하다

- expression 명 표현, 표출; 표정
- expressive 형 표현력이 있는, 나타내는

¹ 확인한다 ² 발견했다 ³ 모방할 ⁴ 표현할 ⁵ 표현해야 ⁶ 급행

**1005**

## operate*
[ápərèit]

동 1. (기계 등이) **작동하다**  2. (제도, 사업체 등을) **운영하다**  3. **수술하다**

A car with A.I. **operates** without help from a human driver.
인공지능이 탑재된 자동차는 인간 운전자의 도움 없이 ¹_____.

Our grocery store **operates** a free delivery service for customers.
저희 식료품점은 고객을 위해 무료 배달 서비스를 ²_____.

The doctors needed to **operate** on his eyes.
의사는 그의 눈을 ³_____ 했다.

• operation   명 1. 작동  2. 작용  3. 수술
• operator   명 (기계, 장치 등의) 조작자, 기사

---

**1006**

## automatic*
[ɔ̀:təmǽtik]

형 1. **자동의**  2. **무의식적인, 반사적인**

Google's A.I. system handles **automatic** responses to email messages.
구글의 인공지능 시스템은 이메일 메시지에 대한 ⁴_____ 응답을 처리한다.

Breathing is an **automatic** action of the body.
호흡은 신체의 ⁵_____ 행동이다.

• automatically   부 1. 자동으로  2. 무의식적으로

---

**1007**

## predict**
강세주의 [pridíkt]

동 **예측하다, 예견하다** (= foretell)

Some scientists use an A.I. program to **predict** environmental change.
몇몇 과학자들은 환경 변화를 ⁶_____ 위해 인공지능 프로그램을 사용한다.

• prediction   명 예측, 예견
• predictable   형 예측할 수 있는 (↔ unpredictable 예측할 수 없는)

---

**1008**

## analyze /
## analyse*
[ǽnəlàiz]

동 **분석하다**

The program learns from **analyzing** data by itself.
그 프로그램은 스스로 데이터를 ⁷_____으로써 학습한다.

• analysis   명 분석
• analyst   명 분석가
• analytic(al)   형 분석적인

---

1 작동한다  2 운영합니다  3 수술해야  4 자동  5 무의식적인  6 예측하기  7 분석함

1009
## widespread *
[wáidspred]

[형] 광범위한, 널리 퍼진

**Widespread** use of A.I. will begin in the near future.
[1]_____ 인공지능의 사용이 가까운 미래에 시작될 것이다.

1010
## numerous *
[nú:mərəs]

[형] 많은, 다수의 (= many)

Researchers expect that **numerous** kinds of A.I. will appear.
연구원들은 [2]_____ 종류의 인공지능이 등장할 것이라 예상한다.

1011
## household *
[háushòuld]

[명] 가정, 가구, 세대

Some scientists say each **household** will have their own A.I.
어떤 과학자들은 각 [3]_____마다 인공지능을 소유하게 될 것이라 말한다.

1012
## standard *
[stǽndərd]

[명] 기준, 표준  [형] 1. 기준의, 표준의  2. 일반적인

A.I. might become another **standard** of wealth.
인공지능은 부유함의 또 다른 [4]_____이 될지도 모른다.

the **standard** cost of living
[5]_____ 생활비

It's **standard** practice to search luggage at airports.
공항에서 짐을 수색하는 것은 [6]_____ 관행이다.

• standardize [동] 표준화하다, 표준에 맞추다

1013
## link **
[liŋk]

[동] 연결하다 (= connect); 관련되다  [명] 1. 연결; 관련  2. 관계, 유대

The introduction of A.I. and the use of computers are closely **linked**.
인공지능의 도입과 컴퓨터의 사용은 밀접하게 [7]_____ 있다.

Despite living in different countries, the two friends kept a close **link**.
서로 다른 나라에 사는데도 불구하고 그 두 친구는 긴밀한 [8]_____를 유지했다.

[1] 광범위한  [2] 많은  [3] 가정  [4] 기준  [5] 표준  [6] 일반적인  [7] 관련되어  [8] 관계

### 1014
# education*
[èdʒukéiʃən]

명 교육

It can also bring changes to **education**, such as A.I. teachers.
그것은 인공지능 교사가 등장하는 것과 같이 <sup>1</sup>_____의 변화를 가져올 수도 있다.

- educate  동 교육하다, 가르치다
- educational  형 교육의, 교육적인
- educator  명 교육자

---

**++ 철자가 비슷해서 의미가 혼동되는 어휘 7**

---

## bald vs. bold

### 1015
# bald
발음주의 [bɔːld]

형 1. 대머리의; 민둥민둥한  2. 꾸밈없는; 노골적인

**구별 TIP** 대머리 독수리의 모습에서 'a'를 연상

My father and uncle are completely **bald**.
우리 아버지와 삼촌은 완전히 <sup>2</sup>_____이시다.

The **bald** fact is that you are doing wrong, whatever the reason is.
이유가 무엇이든, <sup>3</sup>_____ 사실은 네가 잘못하고 있다는 것이다.

- baldly  부 단도직입적으로, 노골적으로

---

### 1016
# bold*
발음주의 [bould]

형 1. 용감한, 대담한(↔ timid 소심한, 겁 많은)  2. (선 등이) 굵은, 선명한; 볼드체의

**구별 TIP** '오(oh)! 용감하다!'라고 감탄하는 모습을 연상

It was a **bold** decision for her to live abroad alone.
그녀가 해외에서 혼자 산다는 것은 <sup>4</sup>_____ 결정이었다.

This sentence should be **bold**, because it's the topic sentence.
이 문장은 주제문이기 때문에 <sup>5</sup>_____ 한다.

- boldly  부 1. 대담하게  2. 뚜렷하게; 볼드체로
- boldness  명 대담함, 배짱

1 교육  2 대머리  3 꾸밈없는  4 용감한  5 볼드체여야

**1017**

## access**
발음주의 [ǽkses]

명 접근 (방법); 입구, 통로　동 접근하다; 들어가다

**구별 TIP** access는 '~에' 접근하는 것으로, 주로 전치사 'to'가 뒤따라 나옴

The hotel offers easy **access** to the subway station.
그 호텔은 지하철역까지 용이한 [1]_____을 제공한다.

The hacker **accessed** millions of personal data records.
그 해커는 수백만 개의 개인 데이터 기록에 [2]_____.

• **gain access to** ~에 접근하다

• accessible　형 접근하기 쉬운 (↔ inaccessible 접근하기 어려운)

**1018**

## assess**
발음주의 [əsés]

동 (가치, 자질 등을) **평가하다, 재다**

**구별 TIP** 좋은 평가들(Supreme, Excellent, Surprising)의 머리글자(s, e, s)로 연상

The teacher gave them several tests to **assess** students' language skills.
선생님은 학생들의 언어 능력을 [3]_____ 위해 그들에게 몇 가지 테스트를 했다.

• assessment　명 평가 (의견)

**1019**

## personal**
[pə́rsənl]

형 개인의, 개인적인; 사적인 (= private)

**구별 TIP** person(개인)+al(형) → 개인의

Please take all **personal** belongings with you when you leave the theater.
극장을 떠나실 때 모든 [4]_____ 소지품을 챙기시기 바랍니다.

**1020**

## personnel
강세주의, 철자주의 [pə̀rsənél]

명 (조직의) **직원, 인원**

**구별 TIP** personal보다 n의 개수가 많으므로 사람이 많다는 것 연상

The management of the company reduced the number of its **personnel**.
그 회사의 경영진은 [5]_____ 수를 줄였다.

---

[1] 접근　[2] 접근했다　[3] 평가하기　[4] 개인　[5] 직원

—

# 토픽편 2

심리 / 진로 / 성장

*How to infer the meanings of words*
*from their context*

· Unit ·
## 35 당신의 성격은 어떠한가요?

보카 Story ✎ 사람은 모두 각자 다른 성격을 가지고 있죠. 나와는 무척 다른 타인의 성격 때문에 때로는 즐겁기도 하지만 때로는 그들을 이해할 수 없는 경우도 많은데요. 사람들의 성격에는 어떠한 특징들이 있는지, 나와 다른 성격의 사람들과 어떻게 어울리는 것이 좋은지 한번 알아볼까요?

**❶ 사람들의 다양한 성격: 타인에게 호감을 주는 성향은?**

---

1021
## personality **
[pə̀ːrsənǽləti]

명 성격, 개성; 인격

Everyone has a different **personality.**
모든 사람은 다른 ¹_____을 가지고 있다.

---

1022
## positive *
[pázətiv]

형 1. 긍정적인 (↔ negative 부정적인) 2. 확신하는 (= certain)

Some people have a **positive** attitude toward everything.
어떤 사람들은 모든 것에 대해 ²_____ 태도를 가진다.

We were **positive** that we would win the game.
우리는 우리가 게임에서 이길 것이라고 ³_____.

---

1023
## challenge *
[tʃǽlindʒ]

명 도전 동 1. 도전하다 2. 이의를 제기하다

They are normally not afraid of a **challenge.**
그들은 보통 ⁴_____을 두려워하지 않는다.

He said if anyone **challenged** his authority, they would be fired.
그는 누구든 그의 권위에 ⁵_____면 해고될 것이라고 말했다.

• challenging 형 1. 도전적인 2. 저항하는

---

1024
## brilliant *
[bríljənt]

형 1. 뛰어난; 명석한 (= intelligent) 2. 빛나는, 찬란한

Others are creative, and their ideas are often **brilliant.**
다른 사람들은 창의적이고, 그들의 아이디어는 대개 ⁶_____.

a **brilliant** star in the sky
하늘에 떠 있는 하나의 ⁷_____ 별

---

1 성격  2 긍정적인  3 확신했다  4 도전  5 도전한다  6 뛰어나다  7 빛나는

## 1025

### passionate**

[pǽʃənət]

형 열정적인, 열렬한

Some people are **passionate** about competition.
어떤 사람은 경쟁에 ¹_____.

- passionately 부 열정적으로
- passion 명 열정, 정열

---

## 1026

### leisure*

발음주의 [líːʒər]

명 여가, 한가한 시간

They usually spend their **leisure** time playing sports or games.
그들은 보통 자신의 ²_____ 시간을 스포츠나 게임을 하면서 보낸다.

- leisurely 형 여유로운, 한가한

---

## 1027

### easygoing

[iːzigóuiŋ]

형 느긋한, 태평스러운

**Easygoing** people can help others relax.
³_____ 사람들은 다른 사람들이 긴장을 풀도록 도와줄 수 있다.

---

## 1028

### outgoing

[áutgòuiŋ]

형 외향적인, 사교적인 (= sociable)

People who are **outgoing** and cheerful tend to lead their friends.
⁴_____ 활발한 사람들은 자신의 친구들을 이끄는 경향이 있다.

---

## 1029

### impression**

[impréʃən]

명 인상, 느낌; 감명

Characteristics such as these can give good **impressions** to others.
이러한 성격들은 다른 사람들에게 좋은 ⁵_____을 줄 수 있다.

- impress 동 깊은 인상을 주다; 감명을 주다
- impressive 형 인상적인; 감명 깊은

¹ 열정적이다  ² 여가  ³ 느긋한  ⁴ 외향적이고  ⁵ 인상

### 1030
# absent-minded
[ǽbsəntmáindid]

형 (딴 데 정신이 팔려) **정신이 없는, 멍한; 건망증이 심한**

**Absent-minded** people easily forget appointments with others.
¹_____ 사람들은 다른 사람들과의 약속을 쉽게 잊어버린다.

### 1031
# misunderstand
misunderstood
-misunderstood
[mìsʌndərstǽnd]

동 **오해하다**

So other people can easily **misunderstand** their intentions.
그래서 다른 사람들은 그들의 의도를 쉽게 ²_____ 수 있다.

### 1032
# furious*
발음주의 [fjúriəs]

형 1. **몹시 화가 난, 격노한** 2. (폭풍우 등이) **사나운, 맹렬한**

When they forget appointments, it can make people **furious**.
그들이 약속을 잊어버리면, 그것은 사람들을 ³_____ 만들 수 있다.

There was a **furious** storm blowing.
⁴_____ 폭풍이 불고 있었다.

- • fury  명 1. 분노, 격분  2. 맹렬함
- • furiously  부 1. 몹시 화를 내며  2. 맹렬히

### 1033
# doubt**
발음주의 [daut]

명 **의심, 의혹**  동 **의심하다, 의혹을 품다**

Some people have **doubts** about themselves.
어떤 사람들은 자기 자신에 대해 ⁵_____을 갖는다.

- • doubtful  형 의심하는; 의심스러운
- • undoubtedly  부 의심할 여지 없이, 확실히 (= certainly, definitely)

### 1034
# helpless
[hélplis]

형 **무력한; (감정을) 억누를 수 없는**

Their low self-confidence often results in them feeling **helpless**.
낮은 자신감은 종종 그들이 ⁶_____감을 느끼게 한다.

- • helplessly  부 무력하게, 어쩔 수 없이

¹ 정신이 없는  ² 오해할  ³ 몹시 화가 나게  ⁴ 격렬한  ⁵ 의심  ⁶ 무력

## 1035
# jealous
철자주의 [dʒéləs]

형 질투하는, 시기하는

Some people feel **jealous** of other people's achievements.
어떤 사람들은 다른 사람들의 성취를 ¹_____.

◆ **jealous of** ~을 질투하는, ~을 시기하는

• jealousy  명 질투, 시기

---

## 1036
# hostile*
발음주의 [hάstl]

형 1. 적대적인  2. 반대하는 (↔ favorable / favourable 1. 호의적인  2. 찬성하는)

Extreme jealousy might even make them **hostile** to others.
심한 질투는 심지어 그들을 다른 사람들에게 ²_____ 만들 수 있다.

◆ **be hostile to** ~에 적대적이다

• hostility  명 1. 적대감, 적의  2. 강한 반대, 반감

---

## 1037
# conflict*
강세주의
명 [kάnflikt]  동 [kənflíkt]

명 갈등, 충돌 (= disagreement)  동 상충하다, 모순되다

Behaviors such as these can lead to **conflict** eventually.
이러한 행동들은 결국 ³_____으로 이어질 수 있다.

They found new evidence, and it **conflicts** with the previous findings.
그들은 새로운 증거를 발견했고, 그것은 이전의 연구 결과와 ⁴_____.

---

### ❸ 서로를 이해하기 위해 필요한 요소들

---

## 1038
# appropriate*
[əpróupriət]

형 적절한 (= proper) (↔ inappropriate 부적절한)

There are many **appropriate** ways to get along with others.
다른 사람들과 어울리기 위한 ⁵_____ 방법들이 많이 있다.

• appropriately  부 적절하게, 알맞게 (↔ inappropriately 부적절하게)

---

1 질투한다  2 적대적으로  3 갈등  4 상충한다  5 적절한

**1039**

# honesty

발음주의 [ɑ́nisti]

[명] 정직(성), 솔직함(↔ dishonesty 부정직)

Practice **honesty** in all your relationships.
모든 관계에서 <sup>1</sup>_____을 실천하라.

- honest [형] 정직한, 솔직한(↔ dishonest 부정직한)

---

**1040**

# adjust **

[ədʒʌ́st]

[동] 1. 조정하다, 조절하다  2. (~에) 적응하다 (= adapt)

Act nicely first by **adjusting** how you speak to people.
사람들에게 말하는 방식을 <sup>2</sup>_____으로써 먼저 친절하게 행동해라.

My eyes took some time to become **adjusted** to the dark.
내 눈이 어둠에 <sup>3</sup>_____ 데 시간이 좀 걸렸다.

- **adjust to** ~에 적응하다
- adjustment [명] 1. 조정, 조절  2. 적응

---

**1041**

# generous **

[dʒénərəs]

[형] 1. 관대한  2. 후한, 아끼지 않는(↔ mean 인색한)

Also, be **generous** regarding the weaknesses of others.
또한, 타인의 약점에 대해 <sup>4</sup>_____.

My teacher is **generous** in marking.
우리 선생님은 점수를 주는 데 <sup>5</sup>_____.

- generously [부] 1. 관대하게  2. 후하게, 인심 좋게
- generosity [명] 1. 관대(함)  2. 후함, 아까워하지 않음

---

**1042**

# ridiculous *

강세주의 [ridíkjuləs]

[형] 우스꽝스러운; 터무니없는

Even if others' opinions sound **ridiculous**, try to accept them.
다른 사람들의 의견이 <sup>6</sup>_____ 들리더라도 그것들을 받아들이려고 노력해라.

- ridicule [동] 조롱하다, 비웃다  [명] 조롱

---

1 정직  2 조정함  3 적응하는  4 관대하라  5 후하시다  6 터무니없게

## gentle*

[dʒéntl]

형 1. **상냥한; 점잖은** 2. (자연 현상이) **부드러운, 온화한**(= mild)

Then people will be **gentle** to you as well.
그러면 사람들 또한 너에게 ¹_____ 것이다.

It was a peaceful day, with a **gentle** breeze blowing.
²_____ 산들바람이 불어오는 평화로운 날이었다.

• gently 부 부드럽게; 약하게

---

1044

## gradual*

[grǽdʒuəl]

형 **점진적인, 서서히 일어나는**

You will find **gradual** changes in your relationships with others.
너는 다른 사람들과의 관계에서 ³_____ 변화를 발견하게 될 것이다.

• gradually 부 점차, 서서히(= little by little, by degrees)

---

1045

## assist*

[əsíst]

동 **돕다, 원조하다**(= help, aid)

People can **assist** others who have different personality weaknesses.
사람들은 다른 성격적 단점을 가진 타인들을 ⁴_____ 수 있다.

• assistant 명 조수, 보조자
• assistance 명 도움, 원조, 지원

> **뉘앙스 感잡기** '도움'을 나타내는 여러 가지 어휘
>
> help 가장 일반적으로 사용되는 '돕다'
> aid 주로 경제적, 물질적으로 원조하다
> assist 옆에서 보조적으로 돕다
> save 죽음, 손상, 손실 등에서 구하다
> rescue 위험한 상황에서 구조하다

---

1046

## trust*

[trʌst]

동 **신뢰하다, 믿다**(↔ distrust 불신하다)  명 **신뢰**(↔ distrust 불신)

Through these steps, people can learn to **trust** each other.
이런 단계를 거쳐, 사람들은 서로를 ⁵_____ 것을 배울 수 있다.

Having mutual **trust** is important in any relationship.
상호 간의 ⁶_____를 갖는 것은 어떤 관계에서든 중요하다.

• trustworthy 형 신뢰할 만한, 믿을 만한(= dependable)

¹ 상냥해질 ² 부드러운 ³ 점진적인 ⁴ 도울 ⁵ 신뢰하는 ⁶ 신뢰

# neglect*
[niglékt]

동 1. 무시하다, 등한시하다 (= disregard)  2. (해야 할 일을) 하지 않다
명 1. 무시  2. 태만

If we trust in each other, we can **neglect** small conflicts.
만약 우리가 서로를 믿는다면, 작은 갈등들은 ¹_____ 수 있다.

She **neglected** to mention the date that she arrives.
그녀는 자신의 도착 날짜를 말해주지 ²_____.

---

# rely*
[rilái]

동 의지하다, 믿다 (= depend)

It will eventually allow us to **rely** on each other.
그것은 결국 우리가 서로를 ³_____ 수 있게 해줄 것이다.

⁎ **rely on[upon]** ~에 의지하다, ~을 믿다

• **reliable** 형 의지가 되는, 믿을 수 있는 (= dependable) (↔ unreliable 믿을 수 없는)
• **reliance** 명 의지, 의존 (= dependence)

---

**++ 핵심 뜻 하나와 문맥으로 해결하는 어휘 1**

# root*
[ruːt]

**핵심 뜻** '뿌리'

**문맥**
- 식물 → 명 뿌리  동 뿌리를 내리다
- 문제, 사상 등 → 명 근원, 기원  동 깊이 뿌리박게 하다
- 사람의 → 명 근본; 조상
- 언어 → 명 어근

He pulled up the flower by its **roots**.
그는 그 꽃을 **뿌리**째 뽑았다.

To solve a problem, it's important to find the **root** of it.
문제를 해결하기 위해서는 그것의 **근원**을 찾는 것이 중요하다.

The dance is **rooted** in African tradition.
그 춤은 아프리카의 전통에 **깊이 뿌리박고** 있다.

He lives in Canada, but his **roots** are in Korea.
그는 캐나다에 살고 있지만 그의 **근본**은 한국에 있다.

The **root** of the word "coldness" is "cold."
단어 'coldness'의 **어근**은 'cold'이다.

⁎ **be rooted in** ~에 깊이 뿌리박고 있다; ~에 원인이 있다
⁎ **root out** 뿌리 뽑다, 근절시키다

1 무시할  2 않았다  3 의지할

1050

# course\*\*

[kɔːrs]

핵심뜻　'진행, 과정'

문맥　·시간, 발달 등 → 몡 과정, 경과, 전개

·교육 → 몡 강의, 강좌

·공간 → 몡 항로, 진로

·음식 → 몡 (식사) 코스, 요리

·경주, 경기 → 몡 코스

Surprising facts are discovered in the **course** of research.
연구 **과정**에서 놀라운 사실들이 발견된다.

Don't worry. Things will get better in the **course** of time.
걱정하지 마. 시간이 **경과**하면서 다 좋아질 거야.

I'd like to take a Spanish **course** this semester.
나는 이번 학기에 스페인어 **강의**를 듣고 싶다.

The captain had to change his **course** to avoid the storm.
선장은 폭풍우를 피하기 위해 **항로**를 변경해야 했다.

I was really full after eating a five-**course** dinner.
나는 다섯 **코스**짜리 정식을 먹고 매우 배가 불렀다.

Mary ran the whole **course** of a marathon for the first time.
Mary는 처음으로 마라톤 **코스** 전체를 뛰었다.

◆ **as a matter of course** 당연히

◆ **in the course of time** 시간이 경과하면서

# 글로벌 에티켓을 지킵시다!

보카 Story 🖋 국가마다 예의범절과 관습은 각양각색이죠. 다양한 문화의 사람들과 교류하면서 문화적 차이를 경험하는 것은 당연해요. 각기 다른 문화의 사고와 행동양식을 이해하고 존중하는 것이 가장 중요하겠죠? 이번 유닛에서는 각종 예의범절에 관련된 내용과 다른 나라의 특이하고 신기한 예절이나 관습이 소개됩니다.

---

### ❶ 마땅히 지켜야 할 기본 예의범절

---

1051

## senior*

[síːnjər]

명 1. 연장(年長)자 2. 상급자 3. 졸업반 학생
형 1. 손위의 2. 상급의, 상위의 3. 졸업반 학생의

Please be sure to behave yourself around your **seniors**.
주변의 <sup>1</sup>_____에게 반드시 예의 바르게 행동하라.

She is a high school **senior**.
그녀는 고등학교 <sup>2</sup>_____이다.

a **senior** position in a company
회사의 <sup>3</sup>_____ 직

---

1052

## elder

[éldər]

명 나이가 더 많은 사람, 연장자   형 (가족 구성원 중에) 나이가 더 많은, 손위의

You should offer food to your **elders** first.
<sup>4</sup>_____에게 음식을 먼저 드려야 한다.

the **elder** sister
<sup>5</sup>_____

• elderly 형 나이가 지긋한

---

1053

## wear*

wore-worn
[wɛər]

동 1. (옷, 신발 등을) **입고[착용하고] 있다** 2. **낡다, 닳다**

Do not **wear** a hat in front of your seniors.
연장자들 앞에서 모자를 <sup>6</sup>_____ 마라.

Over time, the carpet has considerably **worn**.
시간이 지나면서 그 카펫은 상당히 <sup>7</sup>_____.

---

<sup>1</sup> 연장자들 <sup>2</sup> 졸업반 학생 <sup>3</sup> 상급 <sup>4</sup> 나이가 더 많은 사람들 <sup>5</sup> 누나[언니] <sup>6</sup> 쓰지 <sup>7</sup> 낡았다

**1054**

# interrupt **

[ìntərʌ́pt]

동 방해하다; (흐름 등을) 끊다, 중단시키다 (= disturb)

You should not **interrupt** while someone else is speaking.
다른 사람이 말하는 동안에 ¹_____ 안 된다.

• interruption    명 방해; 중단 (= disturbance)

---

**1055**

# frown *

발음주의 [fraun]

동 눈살을 찌푸리다, 얼굴을 찡그리다

People will **frown** if someone is rude in a public place.
만약 누군가가 공공장소에서 무례하게 군다면 사람들은 ²_____ 것이다.

• frowning    형 눈살을 찌푸린, 얼굴을 찡그린

---

**1056**

# bump *

[bʌmp]

동 부딪치다    명 1. 충돌; 쿵 (하는 소리)   2. (이마 등의) 혹; 튀어나온 부분

When you **bump** into somebody on the street, you should apologize.
길에서 누군가와 ³_____ 때는 사과해야 한다.

The airplane landed with a **bump**.
그 비행기는 ⁴_____ 하며 착륙했다.

a **bump** on the road
도로에서 ⁵_____

• **bump into**  ~에[~와] 부딪치다; ~을 우연히 만나다
• **with a bump**  쿵 하며, 덜컥 소리 내며

• bumpy    형 (바닥이) 울퉁불퉁한

---

**1057**

# aisle *

발음주의, 철자주의 [ail]

명 통로

Don't block the **aisles** in theaters or on trains.
극장이나 열차에서 ⁶_____를 막지 마라.

---

**1058**

# formal *

[fɔ́ːrməl]

형 격식을 차린, 공식적인 (↔ informal 격식을 차리지 않는, 비공식의)

You must dress appropriately at a **formal** event.
⁷_____ 행사에서는 알맞게 차려입어야 한다.

• formality    명 형식적임

---

¹ 방해해서는  ² 눈살을 찌푸릴  ³ 부딪칠  ⁴ 쿵  ⁵ 튀어나온 부분  ⁶ 통로  ⁷ 공식적인

## 1059
# annoy **
[ənɔ́i]

동 짜증 나게 하다, 귀찮게 하다(= bother)

Shaking your legs constantly can **annoy** others.
다리를 계속 떠는 것은 다른 사람들을 <sup>1</sup>_____ 수 있다.

- annoyed  형 짜증이 난
- annoyance  명 짜증; 골칫거리

---

## 1060
# stare *
[stɛər]

동 빤히 쳐다보다, 응시하다  명 응시

**Staring** into a stranger's eyes can be considered rude.
낯선 이의 눈을 <sup>2</sup>_____ 것은 무례하다고 여겨질 수 있다.

◆ **stare at** ~을 빤히 쳐다보다

---

## 1061
# funeral *
[fjúːnərəl]

명 장례식  형 장례식의

Learn what you need to know before attending a **funeral**.
<sup>3</sup>_____에 참석하기 전에 알아야 하는 것을 익혀라.

---

## 1062
# permit *
permitted-permitted
-permitting
강세주의
동 [pərmít]  명 [pə́rmit]

동 허락하다, 가능케 하다(↔ forbid 금지하다)  명 허가(증)

Most people tend not to **permit** personal questions.
대부분의 사람들은 사적인 질문을 <sup>4</sup>_____ 않는 경향이 있다.

exit **permit**
출국 <sup>5</sup>_____

◆ **permit A to-v** A가 v하는 것을 허락하다

- permission  명 허락, 허가

---

## 1063
# belongings
[bilɔ́ːŋiŋz]

명 소지품; 소유물, 재산

Do not touch others' **belongings** in any situation.
어떤 상황에도 다른 사람의 <sup>6</sup>_____에 손대지 마라.

- belong  동 (~의) 것이다, 소유이다; (~에) 속하다

---

<sup>1</sup> 짜증 나게 할  <sup>2</sup> 빤히 쳐다보는  <sup>3</sup> 장례식  <sup>4</sup> 허락하지  <sup>5</sup> 허가증  <sup>6</sup> 소지품

1064

# differ

[dífər]

동 1. **다르다** 2. **의견이 다르다**(= disagree)

Ways of life **differ** from culture to culture.
문화에 따라 삶의 방식이 <sup>1</sup>_____.

They **differed** with each other on the matter.
그들은 그 문제에 대하여 서로 <sup>2</sup>_____.

• differentiate  동 구별 짓다; 구별하다

1065

# define *

[difáin]

동 1. **정의하다** 2. (입장 등을) **밝히다** 3. (경계, 범위 등을) **정하다**

It's impossible to **define** a culture in a single word.
문화를 한 단어로 <sup>3</sup>_____ 것은 불가능하다.

**Define** your goals and plans exactly.
너의 목표와 계획을 정확히 <sup>4</sup>_____.

The border was **defined** by a river.
경계선이 강에 의해 <sup>5</sup>_____.

♦ **define A as B** A를 B로 정의하다

• definition  명 정의, 의미

1066

# insult *

강세주의
명 [ínsʌlt]  동 [insʌ́lt]

명 **모욕, 무례**  동 **모욕하다**

In West Africa, the thumbs up sign could be regarded as an **insult**.
서아프리카에서는 엄지를 세우는 신호가 <sup>6</sup>_____으로 여겨질 수 있다.

1067

# clap *

clapped-clapped-clapping
[klæp]

동 **박수를 치다**  명 **박수 (소리)**

People in Argentina **clap** or sing at a funeral.
아르헨티나 사람들은 장례식에서 <sup>7</sup>_____ 혹은 노래를 부른다.

<sup>1</sup> 다르다  <sup>2</sup> 의견이 달랐다  <sup>3</sup> 정의하는  <sup>4</sup> 밝혀라  <sup>5</sup> 정해졌다  <sup>6</sup> 모욕  <sup>7</sup> 박수를 치거나

# bless *
[bles]

동 축복하다, (신의) 가호를 빌다

They think God **blesses** the soul with death.
그들은 죽으면 신이 영혼을 ¹_____ 생각한다.

- blessed  형 신성한, 신의 은총을 입은
- blessing  명 1. 축복(의 말) 2. 행운, 고마운 것

---

# sneeze
[sniːz]

동 재채기하다  명 재채기

If you **sneeze** in the United States, people often say "Bless you!"
미국에서 ²_____ 사람들이 종종 '신의 축복이 있기를!'이라고 말한다.

> **生生표현**  재채기를 하면? Bless you!
>
> 재채기를 하면 수변 사람들이 "Bless you!" 라는 말을 해주는 것을 영화나 드라마에서도 많이 들어봤을 거예요. 이 표현은 중세 유럽을 휩쓸고 간 흑사병의 초기 증상이 재채기였기 때문에 몸조심하라는 의미로 신의 축복을 빌어 줬던 것에서 유래했다는 설이 가장 유력하다고 해요. 재채기를 했을 때 누군가 "Bless you!" 라고 말해주었다면 자연스럽게 "Thank you."라고 답해보세요.

---

# religion *
[rilídʒən]

명 종교; 신앙(심)

Muslims do not eat pork because of their **religion**.
이슬람교도들은 자신의 ³_____ 때문에 돼지고기를 먹지 않는다.

- religious  형 종교의; 독실한, 신앙심이 깊은

---

# cherish
[tʃériʃ]

동 1. 소중히 여기다 2. (마음속에) 간직하다, 품다

Indians believe God gives us food and we should **cherish** it.
인도인들은 신이 우리에게 음식을 주며 우리는 그것을 ⁴_____ 한다고 믿는다.

My friend **cherished** the memory of his days in Korea.
내 친구는 한국에서 지낸 날들의 기억을 ⁵_____.

---

1 축복한다고  2 재채기하면  3 종교  4 소중히 여겨야  5 간직했다

**1072**

# accept**
[æksépt]

동 받아들이다, 수락하다

It is usually **accepted** for guests to be a little late in Brazil.
브라질에서 손님이 조금 늦는 것은 보통 ¹_____.

- acceptable  형 받아들일 수 있는 (↔ unacceptable 받아들일 수 없는)
- acceptance  명 받아들임, 수락; 승인

---

**1073**

# dislike
[disláik]

동 싫어하다  명 반감, 혐오

Japanese people **dislike** being offered food with chopsticks.
일본인들은 젓가락으로 음식을 받는 것을 ²_____.

---

**1074**

# reject*
[ridʒékt]

동 거절하다, 거부하다 (= refuse, turn down) (↔ accept 받아들이다)

It can be considered impolite to **reject** served rice in China.
중국에서는 제공된 밥을 ³_____ 것이 무례하게 여겨질 수 있다.

- rejection  명 거부, 거절 (↔ acceptance 받아들임. 수락; 승인)

---

**1075**

# cause**
[kɔːz]

동 일으키다, 초래하다 (= bring about)  명 원인, 이유

If you clean your plate in China, it will **cause** a misunderstanding.
만약 중국에서 접시를 깨끗이 비운다면, 오해를 ⁴_____ 것이다.

---

**1076**

# mislead
misled-misled
[mislíːd]

동 잘못 이끌다; 오해하게 하다

It might **mislead** hosts into thinking they haven't prepared enough.
그것은 주인들이 (음식을) 충분히 준비하지 않았다고 생각하도록 ⁵_____ 지도 모른다.

- misleading  형 잘못 인도하는; 오해의 소지가 있는

---

**1077**

# cheek*
[tʃiːk]

명 볼, 뺨

A kiss on the **cheek** is a form of greeting in France.
프랑스에서는 ⁶_____ 에 키스하는 것이 인사의 한 형태이다.

¹ 받아들여진다  ² 싫어한다  ³ 거절하는  ⁴ 일으킬  ⁵ 오해하게 할  ⁶ 볼

## 1078
# administer *

[ədmínistər]

 **핵심 뜻** '관리하다, 통제하다'

**문맥**
· 조직, 국가, 자금 등 → 통 관리하다, 운영하다
· 법, 시험 등 → 통 (공정하게) 집행하다, 시행하다
· 타격 → 통 (타격을) 가하다, 치다
· 약 → 통 투여하다

She was hired to **administer** the marketing department.
그녀는 마케팅 부서를 <u>**관리하기**</u> 위해 고용되었다.

The fund will be **administered** by our local charity.
그 기금은 우리 지역 자선단체에 의해 **운영될** 것이다.

By sending the criminal to jail, the judge **administered** the law.
범죄자를 감옥에 보냄으로써, 판사는 법을 <u>**집행했다.**</u>

The boxer **administered** a strong punch to his opponent's head.
그 복싱선수는 상대의 머리에 강력한 펀치를 <u>**가했다.**</u>

A vaccine was **administered** to the baby.
백신이 아기에게 <u>**투여되었다.**</u>

• administration   명 1. 관리, 행정 (업무) 2. 집행, 시행 3. (약 등의) 투여, 투약
• administrative   형 관리상의, 행정상의

## 1079
# conduct *

강세주의
동 [kəndΛkt] 명 [kΛ́ndΛkt]

 **핵심 뜻** '함께 이끌다'

**문맥**
· 일, 업무 → 통 수행하다, 처리하다   명 수행, 처리
· 사람의 행동 → 통 행동하다, 처신하다   명 행동
· 합창, 합주 → 통 지휘하다
· 열, 전기 → 통 전도하다

We **conducted** a survey in several restaurants for our project.
우리는 과제를 위해 몇몇 식당에서 설문조사를 <u>**수행했다.**</u>

The actor was criticized for his rude **conduct**.
그 배우는 무례한 **행동**으로 비난받았다.

The orchestra is **conducted** by Colin Davis.
그 오케스트라는 Colin Davis에 의해 <u>**지휘된다.**</u>

Metals **conduct** heat and electricity well.
금속은 열과 전기를 잘 <u>**전도한다.**</u>

• conductor   명 1. 지휘자 2. 안내원 3. (열이나 전기의) 전도체

1080

# blow **

blew-blown

[blou]

'공기를 움직이다'

문맥 ·입을 통해 → 동 (입으로) 불다; (입김에) 날리다

·관악기 등 → 동 (관악기 등을) 불다; (관악기 등이) 울리다, 소리 내다

·바람, 대기 → 동 (바람이) 불다; (바람에) 날리다   명 강풍

·폭발 → 동 (폭탄 등으로) 날려버리다, 폭파하다

·신체 또는 마음 → 명 (손, 무기 등으로) 세게 때림, 타격; (정신적) 충격

He **blew** out the candles on the cake, and his friends clapped.
그는 케이크 위의 촛불을 **불었고**, 그의 친구들은 박수를 쳤다.

The referee **blew** his whistle and the game started.
심판이 호루라기를 **불었고** 게임이 시작되었다.

It rained heavily and the wind **blew** hard yesterday.
어제는 비가 많이 내렸고 바람도 세차게 **불었다**.

The leaves were **blowing** around in the wind.
나뭇잎들이 바람에 **날리고** 있었다.

The explosion **blew** out all the windows of the building.
그 폭발은 그 건물의 모든 창문을 **날려버렸다**.

a **blow** to his body
그의 몸에 가해지는 **타격**

Unit

36

# Unit 37 내가 진짜로 원하는 일이 뭘까?

보카 Story 날로 취업이 어려워지다 보니 요즘은 대학 신입생 때부터 학점을 관리하고 각종 자격증이나 고시를 준비하는 추세라고 해요. 이럴 때일수록 자신에게 어떤 직업이 맞을지 일찌감치 자신의 적성과 잠재력을 깨닫고 계발하는 것이 장기적인 안목에서 더 바람직하다고 하는데요. 이번 유닛에서는 직업에 관련된 내용을 살펴보기로 해요.

## ❶ 세상에는 이렇게도 다양한 직업들이!

**1081**

## career**
발음주의 [kəríər]

명 (전문적인) **직업**(= job); **경력**

There are many **careers** you can have in the world.
세상에는 네가 가질 수 있는 많은 ¹_____이 있다.

> **뉘앙스 感잡기** '직업'을 나타내는 여러 가지 어휘
>
> **job** 직업을 뜻하는 가장 일반적인 표현. 생계를 위해 정기적으로 보수를 받으며 하는 일
> **occupation** 직업으로 삼고 있는 일의 종류. 공식적인 서류에서 자주 사용
> **position, post** 직업상의 지위나 위치
> **profession** 교사, 의사, 변호사처럼 전문적인 교육과 자격이 요구되는 전문직
> **career** 오랫동안 몸담았던 직업이나 그 경력

**1082**

## inherit
[inhérit]

동 1. (재산, 업무 등을) **상속받다** 2. (유전적으로) **물려받다**

In the past, people often **inherited** the family business, but now we usually choose our own careers.
과거에 사람들은 종종 가업을 ²_____, 이제 우리는 보통 자신의 직업을 직접 고른다.

She **inherited** her father's deep blue eyes.
그녀는 아버지의 깊고 푸른 눈을 ³_____.

• inheritance 명 1. 상속; 상속 재산 2. 유전

**1083**

## specialize
[spéʃəlàiz]

동 **전문으로 하다, 전공하다**(= major)

Most people **specialize** in one kind of work.
대부분의 사람들은 한 가지 종류의 일을 ⁴_____.

◆ **specialize in** ~을 전문으로 하다, ~을 전공하다(= major in)

• specialist 명 전문가, 전공자; 전문의(醫)

¹ 직업 ² 상속받았지만 ³ 물려받았다 ⁴ 전문으로 한다

### 1084
## profession *
[prəféʃən]

명 직업; 전문직

His **profession** requires him to travel a lot.
그의 <sup>1</sup>_____은 여행을 많이 해야 한다.

• professional    형 직업의, 전문직의; 프로의    명 전문직 종사자; 프로 (선수)

---

### 1085
## client *
[kláiənt]

명 (전문가의 서비스를 받는) 의뢰인, 고객 (= customer)

The lawyer is going to meet with an important **client**.
그 변호사는 중요한 <sup>2</sup>_____을 만날 예정이다.

---

### 1086
## statistic *
철자주의 [stətístik]

명 통계(학); 통계 자료

Marketers get **statistics** from market research and create sales strategies.
마케터들은 시장조사를 통해 <sup>3</sup>_____를 내고 판매 전략을 세운다.

• statistical    형 통계적인, 통계(학)상의

---

### 1087
## architect *
발음주의 [ɑ́ːrkətèkt]

명 건축가, 설계자

The **architect** designed a new high-rise building.
그 <sup>4</sup>_____가 새 고층 건물을 설계했다.

• architecture    명 건축술; 건축학
• architectural    형 건축학의; 건축상의

---

### 1088
## psychologist **
발음주의, 철자주의
[saikɑ́lədʒist]

명 심리학자

**Psychologists** specialize in the study of the human mind and behavior.
<sup>5</sup>_____는 인간의 정신과 행동을 전문적으로 연구한다.

• psychology    명 심리학; 심리 (상태)
• psychological    형 심리학의; 심리적인, 정신적인

1 직업  2 의뢰인  3 통계  4 건축가  5 심리학자

## accountant

[əkáuntənt]

명 회계사, 회계원

**Accountants** provide tax advice for their clients.
1_____은 의뢰인들에게 세무 조언을 제공한다.

- accounting  명 회계 (업무); 회계학

---

## consult*

[kənsʌ́lt]

동 상담하다, 상의하다

We **consult** doctors to get the proper treatment.
우리는 적절한 치료를 받기 위해 의사와 2_____.

- consultant  명 (전문적 조언을 해주는) 컨설턴트, 상담가
- consultation  명 상담, 상의

---

## counselor /
## counsellor

[káunsələr]

명 상담사, 카운슬러

A high school **counselor** helps students prepare for college and careers.
고등학교 3_____는 학생들이 대학과 직업을 준비하는 것을 돕는다.

- counsel  동 (직업적인) 조언을 하다; 충고하다  명 조언; 충고
- counseling / counselling  명 상담, 조언

---

## rescue*

[réskju:]

동 구조하다(= save); 구출하다  명 구조; 구출

Firefighters **rescue** people from dangerous situations.
소방관들은 사람들을 위험한 상황에서 4_____.

---

## mechanic*

발음주의, 철자주의
[məkǽnik]

명 정비사, 수리공

A **mechanic** repairs and maintains cars, trucks, and other vehicles.
5_____는 자동차, 트럭, 그리고 다른 차량들을 수리하고 유지 보수한다.

- mechanical  형 기계(상)의; 기계적인
- mechanism  명 1. 기계 장치  2. (목적을 달성하기 위한) 방법, 메커니즘

---

1 회계사들  2 상담한다  3 상담사  4 구조한다  5 정비사

## technician

[tekníʃən]

명 (기계 등의) **기술자, 전문가**

Experienced computer **technicians** can solve complex computer issues.
숙련된 컴퓨터 [1]_____은 복잡한 컴퓨터 문제들을 해결할 수 있다.

- **technical** 형 기술의, 기술적인; 전문적인
- **technique** 명 기술; 기법

---

## broadcaster

[brɔ́ːdkæstər]

명 **방송인, 방송 진행자; 방송국**

**Broadcasters** should understand audiences'
needs and recent trends.
[2]_____은 시청자들의 요구와 최근의 추세를 이해해야 한다.

- **broadcast** 동 방송하다, 방영하다

---

## compose*

[kəmpóuz]

동 1. **작곡하다** 2. **쓰다, 작성하다** 3. **구성하다**

Musicians use computer programs to **compose** their songs these days.
오늘날의 음악가들은 노래를 [3]_____ 위해 컴퓨터 프로그램을 사용한다.

This poem was **composed** for the writer's wife.
이 시는 작가의 아내를 위해 [4]_____.

Our group is **composed** of travelers from 7 countries.
우리 그룹은 7개국에서 온 여행객들로 [5]_____ 있다.

- **be composed of** ~로 구성되다
- **composer** 명 (특히 클래식 음악) 작곡가
- **composition** 명 1. 작곡(법), 작문(법) 2. (음악, 시 등의) 작품 3. 구성 (요소들)

---

## criticize /
## criticise*

[krítəsàiz]

동 **비평하다, 비판하다; 비난하다**(= find fault with)

The critic **criticized** the director's new movie.
그 비평가는 그 감독의 새 영화를 [6]_____.

- **critic** 명 비평가, 평론가
- **critical** 형 1. 비판적인; 비난하는 2. 대단히 중요한(= crucial)
- **criticism** 명 비평, 비판; 비난

---

[1] 기술자들  [2] 방송인들  [3] 작곡하기  [4] 쓰였다  [5] 구성되어  [6] 비평했다

## translate*

[trænsléit]

동 번역하다, 통역하다

She works for the UN, **translating** from English into French.
그녀는 영어를 프랑스어로 ¹_____ UN에서 일한다.

- translator  명 번역가, 통역사
- translation  명 번역(문), 통역

---

❷ 적성에 맞는 직업 찾기의 예: 글 쓰는 데 자신이 있다면?

---

## author*

[ɔ́:θər]

명 작가, 저자(= writer)  동 쓰다, 저술하다

If you're interested in writing, you can be an **author**.
만약 네가 글쓰기에 관심이 있다면, 너는 ²_____가 될 수 있다.

---

## essay

[ései]

명 수필; (짧은 논문식) 과제물, 리포트

You can practice writing short **essays**.
너는 짧은 ³_____을 쓰는 것을 연습할 수 있다.

---

## deal**

dealt-dealt
[di:l]

동 1. 다루다, 취급하다 2. 거래하다  명 1. 취급 2. 거래 3. 많음, 다량

You can write books that **deal** with the topics you are interested in.
너는 네가 관심 있는 주제를 ⁴_____ 책을 쓸 수 있다.

We've cut a **deal** with Germany on wine imports.
우리는 독일과 와인 수입 ⁵_____를 했다.

They spent a great **deal** of money on research and development.
그들은 연구 개발에 ⁶_____ 돈을 썼다.

- **deal with**  ~을 다루다(= handle)
- **cut a deal**  거래하다, (거래) 계약을 맺다
- **a great deal of**  많은

1 통역하며  2 작가  3 수필  4 다루는  5 거래  6 많은

### 1102

# fiction

[fíkʃən]

명 소설; 꾸며낸 이야기, 허구(↔ nonfiction 실화, 논픽션)

If you're good at imagining things, try writing **fiction**.
만약 네가 무언가 상상하는 것을 잘한다면, ¹_____을 써 보라.

> **Voca Plus** '동화 속 등장인물'과 관련된 여러 가지 어휘
>
> **fairy** (이야기 속의) 요정
> **elf** (동화 등에 나오는 귀가 뾰족한) 요정
> **witch** 마녀
> **wizard** (남자) 마법사
> **dwarf** 난쟁이

### 1103

# conference

[kánfərəns]

명 (규모가 큰) 회의, 회담

To improve your writing skills, you can attend a **conference** of writers.
글쓰기 기술을 향상시키기 위해, 너는 작가들의 ²_____에 참석할 수 있다.

• confer  동 1. 상의하다 2. (상, 자격 등을) 수여하다

### 1104

# insight **

[ínsàit]

명 통찰력; 이해, 간파

You can also develop **insight** by communicating with other writers.
다른 작가들과 소통함으로써 너는 ³_____을 기를 수도 있다.

• insightful  형 통찰력 있는

### 1105

# contract *

강세주의
명 [kántrækt] 동 [kəntrǽkt]

명 계약(서)  동 1. 계약하다 2. 수축하다(↔ expand 팽창하다) 3. (병에) 걸리다

A writer signs a **contract** with a publishing company.
작가는 출판사와의 ⁴_____에 서명한다.

Steel **contracts** as it cools.
강철은 차가워지면 ⁵_____.

Lucas was two years old when he **contracted** measles.
Lucas가 홍역에 ⁶_____ 때 그는 두 살이었다.

• contraction  명 수축, 축소(↔ expansion 팽창, 확대)

¹ 소설  ² 회의  ³ 통찰력  ⁴ 계약서  ⁵ 수축한다  ⁶ 걸렸을

# editor

[édətər]

명 (신문, 잡지 등의) **편집장; 편집자**

**Editors** decide what will be published.
1_____ 은 무엇을 출판할지 결정한다.

- edit 동 편집하다, (원고를) 교정하다
- edition 명 (출판물의) 판, 호
- editorial 형 편집상의 명 사설, 논설

---

# poet *

[póuət]

명 **시인**

A great **poet** is imaginative and creative.
훌륭한 2_____ 은 상상력이 뛰어나고 창의적이다.

- poetry 명 시(詩)
- poetic 형 시의; 시적인

---

++ **핵심 뜻 하나와 문맥으로 해결하는 어휘 3**

# agency *

[éidʒənsi]

핵심뜻 **'대행하는 기관'**

문맥 ·대행 서비스 → 명 대행사, 대리점
·중개 서비스 → 명 중개(소), 소개소
·국가(정부) 기관 → 명 (정부) 기관, -청, -국

My brother is working for an advertising **agency**.
우리 오빠는 광고 **대행사**에서 일한다.

I think this travel **agency** offers the most reasonable prices.
내 생각에 이 여행**사**가 가장 합리적인 가격을 제시하는 것 같다.

I sent my application to several employment **agencies**.
나는 직업**소개소** 몇 군데에 내 지원서를 보냈다.

Various government **agencies** provide services for people's convenience.
다양한 정부**기관**들이 국민의 편의를 위한 서비스를 제공한다.

the National Police **Agency**
경찰**청**

- agent 명 1. 대리인 2. 중개인 3. (정부 기관의) 요원

1 편집장들  2 시인

# quarter*

[kwɔ́ːrtər]

| 핵심뜻 | '4분의 1' |

문맥 · 4분의 1 → 명 4분의 1    동 4등분하다

·1시간의 4분의 1 → 명 15분

·1달러의 4분의 1 → 명 25센트

·1년의 4분의 1 → 명 분기

Over a **quarter** of my father's income goes to food for my family.
아버지의 수입 중 **4분의 1** 이상이 우리 가족의 식비로 나간다.

My mom peeled an apple and **quartered** it for me.
우리 엄마는 나를 위해 사과를 깎아서 **4등분해주셨다**.

I arrived at school at a **quarter** after eight.
나는 8시 **15분**에 학교에 도착했다.

Can I change this dollar into four **quarters**?
이 달러를 **25센트짜리** 네 개로 바꿀 수 있을까요?

The bank updates its database of customers every **quarter**.
그 은행은 고객 데이터베이스를 **분기**마다 업데이트한다.

---

1110

# work**

[wəːrk]

| 핵심뜻 | '일하다' |

문맥 · 일, 업무 → 동 일하다, 작업하다    명 일, 작업; 직장

·기계 → 동 작동하다

·일의 결과 → 동 효과가 있다

·목표를 달성하기 위해 → 동 노력하다    명 노력

My father is a teacher, and my mother **works** as a nurse.
우리 아버지는 선생님이시고 어머니는 간호사로 **일하신다**.

I have lots of **work** to do, but I don't have enough time.
나는 해야 할 **일**이 많지만 시간이 충분하지 않다.

I had to take the stairs because the elevator wasn't **working**.
엘리베이터가 **작동하지** 않아서 나는 계단을 이용해야 했다.

As I feel better, the medicine seems to be **working**.
내 상태가 나아지는 걸 보니 그 약이 **효과가 있는** 것 같다.

We **worked** hard to finish our team assignment successfully.
우리는 조별 과제를 성공적으로 마치기 위해 열심히 **노력했다**.

## · Unit ·
# 38
## 아이의 성장, 모든 것은 때가 있다!

보카 Story ✍ 인간은 미완성된 몸으로 태어나 성장해 가는데, 아기의 뇌 기능과 신체 능력이 빠르게 성장하는 신생아기부터 유아기까지는 매우 중요한 시기예요. 이 시기에 아기에게 어떤 외부 자극을 주느냐가 뇌의 발달에 큰 영향을 미친답니다. 또한 이 시기에 아기는 주변 어른들과 긴밀한 관계를 형성하며 여러 사회적 기술을 익히기도 해요. 그러니 주변 어른들의 역할이 매우 중요하겠죠?

### ❶ 아이들의 신체와 정신 발달

---

1111
# infant *
[ínfənt]

명 아기, 유아

Human **infants** are born helpless, with no ability to survive.
인간의 ¹_____은 생존할 능력 없이 무력하게 태어난다.

• infancy  명 유아기

---

1112
# object **
발음주의, 강세주의
명 [ábdʒikt]  동 [əbdʒékt]

명 1. 물체, 사물  2. 목표, 목적   동 반대하다

During their first week, they can't even see **objects** that are more than 12 inches away from them.
생후 일주일간, 그들은 자신으로부터 12인치 넘게 떨어져 있는 ²_____를 보지도 못한다.

The **object** of this word game is to improve students' vocabulary.
이 단어 게임의 ³_____는 학생들의 어휘력을 향상시키는 것이다.

If half of all students **object**, the new rules won't be passed.
만약 전교생의 절반이 ⁴_____, 새로운 교칙은 통과되지 않을 것이다.

• objective   명 목표, 목적 (= purpose, goal)   형 객관적인 (↔ subjective 주관적인)
• objectivity  명 객관성 (↔ subjectivity 주관성)
• objection   명 반대, 이의

---

1113
# gain **
[ɡein]

동 획득하다, 얻다 (↔ lose 잃다)   명 이익; 증가 (↔ loss 손해; 감소)

So, they **gain** survival skills while growing up.
그래서 그들은 자라는 동안 생존 기술을 ⁵_____.

Loss of sleep can cause weight **gain**.
수면 부족이 체중 ⁶_____를 일으킬 수 있다.

1 아기들  2 물체  3 목표  4 반대한다면  5 획득한다  6 증가

# lifelong

[láiflɔ̀ːŋ]

형 평생 동안의, 일생의

Developments that happen in their early years have a **lifelong** impact.
생애 초기에 일어나는 발달은 ¹_____ 영향을 미친다.

---

# physical*

[fízikəl]

형 1. 신체의, 육체의  2. 물리적인, 물질적인

During these years, they experience rapid **physical** growth.
이 시기에 그들은 빠른 ²_____ 성장을 경험한다.

All **physical** objects occupy space.
모든 ³_____ 사물은 공간을 차지한다.

- physics    명 물리학
- physicist  명 물리학자

---

# undergo*

underwent-undergone
[ʌ̀ndərɡóu]

동 겪다, 경험하다

The human brain **undergoes** considerable changes in early childhood, with 90 percent of it being developed by age 5.
인간의 두뇌는 유아기에 상당한 변화를 ⁴_____, 5세까지 두뇌의 90%가 발달한다.

---

# neural

발음주의 [njúrəl]

형 신경의, 신경계의

More than one million **neural** connections are formed each second, faster than at any other time in life.
초당 100만 개가 넘는 ⁵_____ 연결이 일어나는데, 이것은 인생의 다른 어떤 때보다도 빠른 속도이다.

- neuron(e)  명 신경 세포, 뉴런

---

# crawl*

발음주의 [krɔːl]

동 (엎드려) 기다, 기어가다   명 기어가기; 서행

As they learn to use large muscle, they start to roll and **crawl**.
대근육을 사용하는 법을 배우면서, 그들은 구르고 ⁶_____ 시작한다.

¹ 평생 동안의  ² 신체의  ³ 물리적인  ⁴ 겪는데  ⁵ 신경의  ⁶ 기기

# grasp*

[græsp]

[동] 1. 꽉 잡다(= grab, grip)  2. 완전히 이해하다   [명] 1. 움켜잡기  2. 이해

They can **grasp** and pick up objects with their fingers as small muscles grow.
그들은 소근육이 성장하면서 손가락으로 물체를 $^1$_____ 집어 들 수 있다.

I needed some time to **grasp** what happened.
나는 무슨 일이 일어났는지 $^2$_____ 데 시간이 좀 필요했다.

---

1120

# cognitive

발음주의 [kάːgnətiv]

[형] 인지의, 인식의

Moreover, essential **cognitive** skills like thinking and reasoning are acquired.
또한, 사고 및 추론과 같은 필수적인 $^3$_____ 기술이 습득된다.

- cognition  [명] 인지, 인식

---

1121

# emotional**

[imóuʃənəl]

[형] 정서적인, 감정적인

Social and **emotional** skills, such as sharing with others or controlling feelings, are developed.
타인과 공유하거나 감정을 통제하는 것과 같은 사회적, $^4$_____ 기술이 발달한다.

- emotion  [명] 정서, 감정

---

1122

# dedication

[dèdikéiʃən]

[명] 전념, 헌신(= devotion)

And these changes cannot happen without the **dedication** of caregivers.
그리고 이러한 변화들은 돌보는 사람들의 $^5$_____ 없이는 일어날 수 없다.

- dedicate  [동] 1. 전념하다, 헌신하다(= devote)  2. 헌정하다, 바치다
- dedicated  [형] 전념하는, 헌신적인(= devoted)

1 꽉 잡아  2 완전히 이해하는  3 인지  4 정서적  5 헌신

## 1123

## nutrition

[nuːtríʃən]

몡 영양 (섭취)

The quality of children's **nutrition** has a great influence on their growth.
아이들의 $^1$_____의 질은 그들의 성장에 큰 영향을 미친다.

- nutrient   몡 영양소, 영양분
- nutritious   혱 영양가가 높은, 영양분이 많은

---

## 1124

## delay*

[diléi]

몡 1. 지연, 지체   2. 연기
몡 1. 지연시키다, 지체시키다   2. 연기하다, 미루다 (= put off)

Poor nutrition in early childhood can cause developmental **delays**.
유아기의 부실한 영양 섭취는 발달 $^2$_____을 일으킬 수 있다.

The baseball game was **delayed** due to bad weather.
야구 경기는 악천후로 인해 $^3$_____.

◆ **without delay** 지체하지 않고, 곧바로

---

## 1125

## deficit*

[défəsit]

몡 결핍, 부족; 적자

It can cause behavioral and cognitive **deficits** such as slower language development.
그것은 더딘 언어 발달과 같은 행동적, 인지적 $^4$_____을 일으킬 수 있다.

a trade **deficit**
무역 $^5$_____

- deficient   혱 1. (필수적인 것이) 결핍된, 부족한   2. 결함 있는
- deficiency   몡 1. 결핍, 부족   2. 결함

---

## 1126

## lack*

[læk]

몡 (~이) 부족하다, 없다   몡 부족, 결핍

A diet **lacking** calcium and vitamins can cause weak bones.
칼슘과 비타민이 $^6$_____ 식단은 뼈를 약하게 만들 수 있다.

---

1 영양 섭취   2 지연   3 연기되었다   4 결핍   5 적자   6 부족한

### 1127
## intake
[ínteik]

명 섭취(량), 흡입

Without proper fat **intake**, a child's brain won't develop or function normally.
적절한 지방 ¹_____가 없으면, 아이의 두뇌는 정상적으로 발달하거나 기능하지 않을 것이다.

---

**❸ 양육자의 역할 2: 올바른 의사소통**

---

### 1128
## interact *
[ìntərǽkt]

동 상호 작용하다; 소통하다

Humans' ability to **interact** and communicate is cultivated in their early years.
인간의 ²_____ 의사소통하는 능력은 어린 시절에 길러진다.

The teacher **interacts** well with all students.
그 선생님은 학생들 모두와 잘 ³_____.

- interaction  명 상호 작용[영향]
- interactive  형 상호 작용하는, 상호적인

---

### 1129
## secure *
[sikjúər]

형 1. 안심하는  2. 안전한, 안정된(↔ insecure 1. 불안한 2. 불안정한)
동 1. 안전하게 하다  2. (힘겹게) 얻어 내다  3. 고정하다

Positive two-way communication with adults helps children feel **secure**.
어른들과의 긍정적인 쌍방향 의사소통은 아이들이 ⁴_____ 도와준다.

This electric fence will **secure** your home against theft.
이 전기 울타리가 너의 집을 절도로부터 ⁵_____ 것이다.

After years of effort, he finally **secured** a victory.
수년간의 노력 끝에, 그는 마침내 승리를 ⁶_____.

The ship was **secured** with anchors and chains.
그 배는 닻과 사슬로 ⁷_____.

- security  명 1. 보안, 안전  2. 안도감, 안심(↔ insecurity 1. 불안정, 위험 2. 불안)

---

### 1130
## praise *
[preiz]

명 칭찬  동 칭찬하다(↔ criticize / criticise 비판하다, 비평하다)

**Praise** and encouragement make them willing to express their feelings.
⁸_____과 격려는 그들이 기꺼이 자신의 감정을 표현하게 해준다.

¹ 섭취  ² 상호 작용하고  ³ 소통하신다  ⁴ 안심하도록  ⁵ 안전하게 할  ⁶ 얻어 냈다  ⁷ 고정되었다  ⁸ 칭찬

## 1131
# shame *
[ʃeim]

명 1. 수치심, 부끄러움  2. 아쉬운[애석한] 일

Be open to talking about all kinds of feelings without any **shame**.
<sup>1</sup>_____ 없이 모든 종류의 감정에 대해 솔직하게 말하라.

It is a **shame** that he can't join this trip.
그가 이번 여행에 참석하지 못하는 것은 <sup>2</sup>_____이다.

- shameful   형 수치스러운, 창피한, 부끄러운
- shameless  형 부끄러운 줄 모르는

---

## 1132
# verbal *
발음주의 [vɔ́ːrbəl]

형 언어의, 말로 된 (↔ nonverbal 비언어적인, 말로 할 수 없는)

Try to catch not only the **verbal** messages but also the non-verbal messages in their body language.
<sup>3</sup>_____ 메시지뿐만 아니라 그들의 몸짓 언어에 담긴 비언어적 메시지도 알아채도록 노력하라.

- verbally   부 말로, 구두로
- verbalize  동 말로 표현하다

---

## 1133
# inspire **
[inspáiər]

동 1. 격려하다 (= encourage)  2. 영감을 주다, (감정 등을) 불어넣다

**Inspiring** children to be good listeners is another challenge for grown-ups.
경청하는 사람이 되도록 아이들을 <sup>4</sup>_____ 것은 어른들의 또 다른 과제이다.

People were **inspired** by his attitude and passion.
사람들은 그의 태도와 열정에 <sup>5</sup>_____.

- ◆ inspire A to-v   A가 v하도록 격려하다
- inspiration   명 영감, 기발한 생각

---

## 1134
# attention **
[əténʃən]

명 1. 주의, 주목  2. 관심, 흥미

Remind them to pay **attention** to what other people say.
다른 사람이 하는 말에 <sup>6</sup>_____를 기울일 것을 그들에게 상기시켜 주어라.

Children need their parents' love and **attention**.
아이들에게는 부모의 사랑과 <sup>7</sup>_____이 필요하다.

- ◆ pay attention to   ~에 주의를 기울이다

---

<sup>1</sup> 부끄러움  <sup>2</sup> 아쉬운 일  <sup>3</sup> 언어적  <sup>4</sup> 격려하는  <sup>5</sup> 영감을 받았다  <sup>6</sup> 주의  <sup>7</sup> 관심

### 1135

## attitude **
[金titjù:d]

명 태도; 자세(= posture)

Play will be the best way to develop a respectful **attitude** toward others.
놀이는 타인을 존중하는 <sup>1</sup>_____를 기르는 가장 좋은 방법이 될 것이다.

---

### 1136

## regulate *
[régjulèit]

동 통제하다, 규제하다(= control)

To continue playing, they have to wait their turn and **regulate** their emotions.
놀이를 계속하려면, 그들은 자신의 차례를 기다리고 감정을 <sup>2</sup>_____ 한다.

- **regulation** 명 1. 규제, 통제 2. 규정
- **regulatory** 형 규제하는, 단속하는

---

**++ 의미를 오해하기 쉬운 어휘 1**

---

**manner + '-s' = manners**

---

### 1137

## manner **
[mǽnər]

명 방식, 태도

All scientific research should be done in an ethical **manner**.
모든 과학적 연구는 윤리적인 <sup>3</sup>_____으로 이루어져야 한다.

---

### 1138

## manners
[mǽnərz]

명 1. 예절, 예의 2. 풍습, 관습

**구별 TIP** 적절하고 올바른 태도(manner) → 예절, 예의

Table **manners** are important when you have a meal with others.
다른 사람들과 식사를 할 때 식사 <sup>4</sup>_____은 중요하다.

This book covers **manners** and etiquette in 17th-century England.
이 책은 17세기 영국의 <sup>5</sup>_____과 예절을 다룬다.

---

1 태도  2 통제해야  3 방식  4 예절  5 풍습

---

1139

# mean **

meant-meant
[miːn]

동 의미하다

The word "since" **means** "because" in this sentence.
이 문장에서 단어 'since'는 '~ 때문에'를 ¹_____.

---

1140

# means *

[miːnz]

명 수단, 방법(= way)

**구별 TIP** 의미(mean)를 전달하기 위해 이용하는 것 → 수단

Smartphones are the most common **means** of communication these days.
요즘 스마트폰은 가장 흔한 의사소통의 ²_____이다.

- **by all means** 무슨 수를 써서라도
- **by no means** 결코 ~이 아닌
- **by means of** ~의 도움으로, ~을 써서

¹ 의미한다  ² 수단

# 삶의 밑거름이 되어주는 명언들

보카 Story 🖋 여러분은 좌우명을 가지고 있나요? 살아가면서 한마디 말이나 한 줄의 글에 위로 받을 때가 있어요. 때론 그 좌우명이 명언에서 비롯되기도 하죠. 우리 삶에 영감과 교훈을 주고, 강한 용기도 주는 명언들을 함께 살펴봅시다. 만약 아직 좌우명이 없다면, 여기서 마음에 드는 것을 찾아보세요.

### ❶ 영감을 주는 명언들

---

**1141**

## appoint *

[əpɔ́int]

[동] 1. (시간, 장소 등을) 정하다  2. 임명하다, 지명하다

Everything comes gradually and at its **appointed** hour. - Ovid
모든 것은 서서히 ¹_____ 시간에 다가온다. (→ 조급해하지 마라.)

She was **appointed** as a representative of the committee.
그녀는 위원회 대표로 ²_____.

- appointed  [형] 1. 정해진  2. 임명된
- appointment  [명] 1. 약속  2. 임명, 지명

---

**1142**

## persist *

[pərsíst]

[동] (끈질기게) 계속하다; 지속되다

To succeed, **persist** in trying to achieve your goal.
성공하려면 목표를 달성하기 위한 노력을 ³_____.

✦ persist in  ~을 고집하다

- persistence  [명] 고집; 지속됨
- persistent  [형] 끈질긴, 집요한; 끊임없이 지속되는(= continuous, constant)
- persistently  [부] 끈질기게; 지속적으로

---

**1143**

## nonsense *

[nánsens]

[명] 터무니없는 생각, 허튼소리

Creative ideas are sometimes born from **nonsense**.
때로 창의적인 아이디어는 ⁴_____ 에서 나온다.

---

### 1144

## belief

[bilíːf]

명 믿음, 신념; 확신 (↔ disbelief 불신)

Be confident and have **belief** in yourself.
자신감을 갖고 스스로에 대한 ¹_____을 가져라.

---

### 1145

## inner

[ínər]

형 내면의; 내부의 (↔ outer 외면의; 외부의)

To achieve your goal, focus on your **inner** voice. - Steve Jobs
목표를 달성하기 위해서는 너의 ²_____ 목소리에 집중하라.
(→ 네가 진짜 원하는 것에 몰두하라.)

---

### 1146

## fundamental *

[fʌ̀ndəméntl]

형 근본적인 (= basic); 핵심적인, 필수적인 (= essential)

Action is the **fundamental** key to all success. - Pablo Picasso
행동은 모든 성공의 ³_____ 비결이다.

• **fundamentally** 부 근본적으로 (= basically); 완전히

---

### 1147

## pray *

[prei]

동 기도하다; 빌다

**Pray** for the strength to endure a difficult life, not for an easy one.
- Bruce Lee

쉬운 삶을 위해서가 아니라, 어려운 삶을 견딜 힘을 위해 ⁴_____.

• **prayer** 명 기도(문)

---

### ❷ 현명한 삶을 위한 명언들

---

### 1148

## quit **

quit/quitted-quit/quitted
-quitting
[kwit]

동 그만두다, 중지하다

It's always too early to **quit**. - Norman Vincent Peale
⁵_____ 것은 항상 너무 이르다. (→ 포기하지 말고 계속해서 노력하라.)

---

¹ 믿음  ² 내면의  ³ 근본적인  ⁴ 기도하라  ⁵ 그만두는

**1149**

# core*

[kɔːr]

명 1. **핵심** 2. (사물의) **중심부**; (지구의) **중심핵**　형 **핵심적인, 가장 중요한**

The **core** of happiness is remembering what is important to you.
행복의 ¹＿＿＿＿＿은 무엇이 너에게 중요한 것인지를 기억하는 것이다.

the earth's **core**
지구의 ²＿＿＿＿＿

> **아하!**　**지구의 내부 구조**
>
> 우리가 사는 행성 지구의 내부는 크게 중심부인 '핵(core)' 그리고 지구의 표면인 지각(crust)과 핵 사이의 '맨틀(mantle)'로 나눌 수 있어요. 대부분 암석으로 이루어진 맨틀은 지구 부피의 약 83%를 차지하는데요. 그 안쪽에 유체(fluid) 상태의 외핵(outer core)이 있고, 더 안쪽에는 고체(solid) 상태로 추정되는 내핵 (inner core)이 있어요. 최중심부인 내핵의 온도는 무려 5,000℃를 넘어선다고 하네요.

---

**1150**

# strategy*

절자수의 [strǽtədʒi]

명 **전략, 계획**

**Strategy** is worthless unless you can act on it. - Nathan Shedroff
³＿＿＿＿＿은 네가 그것에 따라 행동하지 않으면 가치가 없다.

- **strategic**　형 전략적인, 전략상 중요한

---

**1151**

# limitation

[lìmətéiʃən]

명 **한계, 제한**(= restriction); **규제, 제약**

Accept human differences and **limitations**. - David J. Schwartz
사람들의 차이와 ⁴＿＿＿＿＿를 인정해라.

- **limit**　동 제한하다　명 한계(점), 제한
- **limited**　형 한정된, 제한된(↔ unlimited 무한정의, 무제한의)

---

**1152**

# instant*

[ínstənt]

형 **즉각적인**(= immediate); **즉석의**　명 **즉시; 순간**(= moment)

Don't expect **instant** results.
⁵＿＿＿＿＿ 결과를 기대하지 마라. (→ 모든 일에는 시간이 필요하므로 기다려라.)

- **instantly**　부 즉시로, 즉석에서

> **生生 표현**　**즉석식품은 뭐라고 부를까?**
>
> 휴대가 용이하고 짧은 시간에 누구든지 쉽게 조리할 수 있어서 인기가 많은 즉석식품! 흔히 instant food 라고 하는데요. 영미권에서는 바로 먹을 준비가 되어있다는 뜻으로 ready meal이라는 표현을 더 많이 쓴다고 해요. 즉석식품의 원조라고 볼 수 있는 통조림은 canned food, 편의점에서 자주 먹는 컵라면은 instant noodle 또는 cup noodle이라고 불러요.

1 핵심　2 중심핵　3 전략　4 한계　5 즉각적인

## 1153

# holy*

[hóuli]

형 신성한, 성스러운

**Holy** words you read will be useless if you don't act upon them. - Buddha

¹ _____ 말씀을 읽더라도 그에 따라 행동하지 않으면 쓸모없을 것이다.

---

### ❸ 용기와 희망을 주는 명언들

## 1154

# inward

[ínwərd]

형 1. 내부의(↔ outward 외부의)  2. 마음속의
부 1. 내부로(↔ outward 외부로)  2. 마음속으로

To live happily is an **inward** power of the soul. - Marcus Aurelius

행복하게 사는 것은 영혼 ² _____ 힘이다.

(→ 행복은 마음먹기에 달려 있다.)

Her smiling face expresses her **inward** happiness.

그녀의 웃는 얼굴이 그녀의 ³ _____ 행복을 나타낸다.

---

## 1155

# heal*

[hi:l]

동 치유되다, 치유하다(= cure)

**Healing** is a matter of time, but it is sometimes also a matter of opportunity. - Hippocrates

⁴ _____ 것은 시간의 문제이지만, 때때로 기회의 문제가 되기도 한다.

(→ 문제가 해결되기를 기다리기보다는 문제를 해결하기 위한 기회를 잡아라.)

• healing  명 치유, 치료

---

## 1156

# trail*

[treil]

명 1. 흔적, 자취(= track)  2. 오솔길(= path)

Go where there is no path and leave a **trail**. - Ralph Waldo Emerson

길이 없는 곳에 가서 ⁵ _____ 을 남겨라.

(→ 남들이 시도하지 않은 새로운 길을 개척하라.)

a **trail** through the forest

숲속으로 난 ⁶ _____

---

¹ 신성한  ² 내부의  ³ 마음속의  ⁴ 치유되는  ⁵ 흔적  ⁶ 오솔길

## 1157

# courage *
[kə́:ridʒ]

[명] 용기, 배짱 (= bravery)

**Courage** is knowing what not to fear. - Plato
1_____란 두려워하지 말아야 할 것을 아는 것이다.

• courageous  [형] 용감한, 배짱 있는 (= brave)

---

## 1158

# dare *
[dɛər]

[동] (~할) 용기가 있다; 감히 ~하다

Those who **dare** to fail terribly can achieve greatly. - John F. Kennedy
크게 실패할 2_____ 사람들은 크게 성공할 수 있다. (→ 실패를 두려워하지 마라.)

---

## 1159

# venture *
[véntʃər]

[동] (위험을 무릅쓰고) 하다

[명] 모험; 벤처 (사업) ((모험이 필요하지만 참신한 사업이나 투자의 대상))

Nothing **ventured**, nothing gained. - English Proverb
아무것도 3_____ 않으면, 얻는 것도 없다.

The company is a model of a successful **venture** business.
그 회사는 성공적인 4_____ 기업의 표본이다.

---

## 1160

# worth **
[wə:rθ]

[형] 가치가 있는 (↔ worthless 가치 없는, 쓸모없는)   [명] 가치, 진가

For what it's **worth**, it's never too late. - F. Scott Fitzgerald
5_____ 것이라면 너무 늦은 건 없다.

• worthy  [형] (~을) 받을 만한, 받을 자격이 있는

> **어법 Plus**  worth, worthy의 어법
>
> **(a) worthy+명사**  가치 있는 ~
> **A is worth+명사**  A는 ~의 가치가 있다
> **A is worth v-ing**  A는 v할 가치가 있다
> **it is worth v-ing**  v하는 것은 가치가 있다
> **A is worthy of+명사**  A는 ~의 가치가 있다

1 용기  2 용기가 있는  3 하지  4 벤처  5 가치가 있는

## 1161

# pursue**

[pərsúː]

동 1. 추구하다 2. 뒤쫓다, 추적하다(= chase)

All dreams come true if we have the courage to **pursue** them. - Walt Disney
만약에 우리가 꿈을 <sup>1</sup>_____ 용기를 가지고 있다면, 모든 꿈은 이루어진다.

Police **pursued** the car at high speed.
경찰이 그 차를 빠른 속도로 <sup>2</sup>_____.

- pursuit 명 1. 추구 2. 뒤쫓음, 추적

---

## 1162

# destiny*

[déstəni]

명 운명, 숙명

It is in your moments of decision that your **destiny** is shaped. - Tony Robbins
너의 <sup>3</sup>_____ 이 만들어지는 것은 네가 결심하는 그 순간이다.

- destined 형 (~할) 운명인

PART 6

PART 6

Unit

**39**

---

## 1163

# despair*

[dispéər]

동 절망하다, 체념하다  명 절망, 체념

He who has never hoped can never **despair**. - George Bernard Shaw
희망을 품어보지 않은 사람은 <sup>4</sup>_____ 수도 없다.

- in despair ~에 절망[자포자기]하여
- desperate 형 1. 자포자기한 2. 필사적인
- desperately 부 1. 자포자기하여 2. 필사적으로
- desperation 명 1. 절망, 자포자기 2. 필사적임

---

## 1164

# bitter*

[bítər]

형 1. (맛이) 쓴 2. 고통스러운, 쓰라린 3. (날씨가) 혹독한, 매서운(= harsh)

Patience is **bitter**, but its fruit is sweet. - Jean-Jacques Rousseau
인내는 <sup>5</sup>_____ 열매는 달다.

I've learned from **bitter** experience not to lie.
나는 거짓말하면 안 된다는 것을 <sup>6</sup>_____ 경험을 통해서 배웠다.

a **bitter** wind
<sup>7</sup>_____ 바람

---

1 추구할 2 뒤쫓았다 3 운명 4 절망할 5 쓰지만 6 고통스러운 7 매서운

## 1165

**reveal** *

[rivíːl]

동 드러내다, 밝히다 (↔ conceal 감추다)

What you risk **reveals** what you value. - Jeanette Winterson

어떤 위험을 감수하느냐가 무엇을 가치 있게 여기는지를 ¹_____.

## 1166

**harbor /**
**harbour** *

[háːrbər]

명 항구 (= port)  동 1. (항구에) 정박하다 2. (생각 등을) 품다

Ships are safe in a **harbor**, but that's not what ships were built for.

- Grace Hopper

배는 ²_____에서 안전하지만 그것을 위해 만들어진 게 아니다.
(→ 안전함만을 추구하기보다 모험을 하라.)

He began to **harbor** doubts about the path he had chosen.

그는 자신이 선택한 길에 대해 의구심을 ³_____ 시작했다.

◆ **enter[leave] a harbor** 입항[출항]하다

---

**++ 의미를 오해하기 쉬운 어휘 2**

---

**custom + '-s' = customs**

## 1167

**custom** *

[kʌ́stəm]

명 풍습, 관습; 습관

Pulling a person by the ear is a Spanish birthday **custom**.

사람의 귀를 잡아당기는 것은 스페인의 생일 ⁴_____이다.

---

## 1168

**customs** *

[kʌ́stəmz]

명 1. 관세 2. 세관

**구별 TIP** 1) 상품이 국경을 넘어가면 세금을 내는 것은 관습(custom) → 관세
2) 관세를 내는 곳 → 세관

He had to pay **customs** for what he bought in Brazil.

그는 자신이 브라질에서 구입한 물건에 대해 ⁵_____를 내야 했다.

I went through **customs** at the airport without any difficulty.

나는 아무런 어려움 없이 공항에서 ⁶_____을 통과했다.

¹ 드러낸다  ² 항구  ³ 품기  ⁴ 풍습  ⁵ 관세  ⁶ 세관

1169

# remain **

[riméin]

동 1. 남아 있다  2. 여전히 ~이다

Only a few buildings **remained** in the town after the hurricane.

허리케인이 지나간 후 그 마을에는 건물 몇 채만이 ¹_____.

This house has **remained** empty for two years.

이 집은 2년 동안 ²_____ 비어 _____.

---

1170

# remains

[riméinz]

명 1. 남은 것, 나머지  2. 유적

**구별 TIP** 시간이 지난 후에도 여전히 남아 있는(remain) 것들 → 남은 것; 유적

He cleaned up the **remains** of dinner and wiped the table.

그는 저녁 식사 후 ³_____을 치우고 식탁을 닦았다.

The **remains** of the old castle were found in the lake.

그 오래된 성의 ⁴_____은 호수 속에서 발견되었다.

¹ 남아 있었다  ² 여전히, 있었다  ³ 남은 것  ⁴ 유적

# Unit 40

## 약이 되기도, 독이 되기도 하는 Social media

보카 Story 정말 많은 사람들이 인스타그램이나 페이스북과 같은 소셜 미디어(Social media)를 사용하고 있죠? 소셜 미디어를 이용하면 전 세계에 있는 친구를 사귈 수도 있고, 빠르게 다양한 소식을 접할 수 있는 장점이 있어요. 그러나 부작용도 적지 않아서, 어떻게 사용하느냐에 따라 약이 될 수도 독이 될 수도 있답니다. 소셜 미디어에 대한 이모저모를 살펴보고, 소셜 미디어를 어떻게 활용해야 할지 한번 생각해보도록 할까요?

### ❶ Social media의 여러 면모

---

1171

## prompt*

[prɑmpt]

형 즉각적인, 신속한   동 촉발하다, 유도하다

People can get **prompt** news from social media.
사람들은 ¹_____ 뉴스를 소셜 미디어로부터 얻을 수 있다.

It was hunger that **prompted** the man to steal.
그 남자가 도둑질하도록 ²_____ 것은 배고픔이었다.

The teacher **prompted** his students to answer the question.
선생님은 학생들이 질문에 대답하도록 ³_____.

• promptly   부 1. 지체 없이  2. 정확히 제시간에  3. 즉시

---

1172

## spread**

spread-spread
[spred]

동 1. 퍼지다, 확산되다  2. 펴다, 펼치다   명 확산

News from social media can **spread** in just a few minutes.
소셜 미디어로부터의 뉴스는 단 몇 분 만에 ⁴_____ 수 있다.

I **spread** the map on the table to find the way.
나는 길을 찾기 위해 지도를 탁자 위에 ⁵_____.

---

1173

## response**

[rispɑ́ns]

명 1. 반응(= reaction)  2. 대답, 응답(= answer, reply)

We also get quick **responses** from social media.
우리는 또한 소셜 미디어에서 빠른 ⁶_____을 얻는다.

When I asked my mom something, her **response** was always sweet.
내가 엄마에게 뭔가를 물었을 때, 엄마의 ⁷_____은 항상 다정했다.

◆ **in response to** 1. ~에 대응하여  2. ~에 답하여

• respond   동 1. 반응하다  2. 대답하다
• responsive   형 즉각 반응하는

¹ 신속한  ² 촉발한  ³ 유도했다  ⁴ 퍼질  ⁵ 펼쳤다  ⁶ 반응  ⁷ 대답

# disaster*

[dizǽstər]

명 1. 재해, 재앙 (= catastrophe); 불행  2. (큰) 실패

Natural **disasters** can be reported quickly on social media.
자연 ¹＿＿＿＿가 소셜 미디어를 통해 빠르게 전해질 수 있다.

Because of the rain, our picnic was a total **disaster**.
비 때문에 우리의 소풍은 완전한 ²＿＿＿＿였다.

• disastrous  형 처참한, 형편없는 (= catastrophic)

---

# marvel*

marvel(l)ed-marvel(l)ed
-marvel(l)ing
[máːrvəl]

동 놀라다, 경이로워하다   명 놀라운 일[사람]

PART 6

Unit

**40**

I **marvel** at how quick and easy it is to share information.
나는 정보를 공유하기가 얼마나 빠르고 쉬운지에 ³＿＿＿＿.

• **marvel at** ~에 놀라다

• marvel(l)ous  형 경이로운, 놀라운
• marvel(l)ously  부 놀라울 만큼; 믿을 수 없을 만큼

---

# fascinate**

발음주의 [fǽsənèit]

동 매혹하다, 매료하다 (= attract)

Many features of social media **fascinate** people.
소셜 미디어의 많은 기능들은 사람들을 ⁴＿＿＿＿.

• fascination  명 매혹, 매력
• fascinating  형 매혹적인

---

# complex*

강세주의
형 [kəmpléks, káːmpleks]
명 [káːmpleks]

형 복잡한 (↔ simple 단순한)
명 1. 복합 건물, (건물) 단지  2. 콤플렉스; 강박 관념

More **complex** social media functions are being developed all the time.
더 ⁵＿＿＿＿ 소셜 미디어 기능들이 항상 개발되고 있다.

a sports **complex**
스포츠 ⁶＿＿＿＿

I have a **complex** about my voice.
나는 내 목소리에 대해 ⁷＿＿＿＿가 있다.

• complexity  명 복잡성; 복잡한 특징들

1 재해  2 실패  3 놀란다  4 매혹한다  5 복잡한  6 복합 건물  7 콤플렉스

1178

## journal *

[dʒə́ːrnəl]

[명] 1. 일기  2. (특정 분야의) 잡지, 정기 간행물

Taehee uses social media as a **journal** to record her daily life.
태희는 자신의 일상을 기록하는 ¹_____로써 소셜 미디어를 사용한다.

a fashion **journal**
패션 ²_____

- journalist  [명] 저널리스트, 보도 기자
- journalism  [명] 보도업(계), 저널리즘

1179

## distant *

[dístənt]

[형] 1. 먼; 동떨어진(= remote)  2. 거리를 두는, 냉담한

Through social media, she can make friends who live in **distant** countries.
그녀는 소셜 미디어를 통해 ³_____ 나라에 사는 친구를 사귈 수 있다.

His attitude was cold and **distant**.
그의 태도는 차갑고 ⁴_____.

- distance  [명] 거리, 간격

1180

## obstacle

[ábstəkl]

[명] 장애(물)

She and her friends overcome the **obstacle** of distance by sharing their everyday lives.
그녀와 친구들은 일상을 공유함으로써 거리의 ⁵_____를 극복한다.

1181

## peer *

[piər]

[명] 또래  [동] 유심히 보다, 응시하다

**Peer** groups use social media to keep in touch after graduation.
⁶_____ 집단은 졸업 후에 연락하고 지내기 위해서 소셜 미디어를 사용한다.

She **peered** at the stranger closely.
그녀는 낯선 사람을 주의 깊게 ⁷_____.

1 일기  2 잡지  3 먼  4 냉담했다  5 장애  6 또래  7 응시했다

# fame*

[feim]

〔명〕 **명성, 평판**(= reputation)

Some people have gained **fame** by posting useful tips on social media.
어떤 사람들은 소셜 미디어에 유용한 조언을 게시해 ¹_____을 얻었다.

• famed 〔형〕 유명한, 저명한(= famous)

---

**❸ Social media를 독으로 만드는 요소들**

---

1183

# precise*

[prisáis]

〔형〕 **정확한**(= accurate)

Not all the news on social media is **precise**.
소셜 미디어의 모든 뉴스가 ²_____ 것은 아니다.

• precisely 〔부〕 정확히
• precision 〔명〕 정확(성)(= accuracy)

---

1184

# significant*

강세주의 [signífikənt]

〔형〕 1. **중대한, 중요한**(↔ insignificant 사소한, 하찮은) 2. (양이나 정도가) **상당한**

This can have a **significant** effect on people.
이것은 사람들에게 ³_____ 영향을 미칠 수 있다.

I think we can save a **significant** amount of time.
나는 우리가 ⁴_____ 양의 시간을 절약할 수 있다고 생각한다.

• significantly 〔부〕 1. 중요하게 2. 상당히
• significance 〔명〕 1. 중요성(↔ insignificance 사소함, 하찮음) 2. 의미, 의의

---

1185

# alarm**

[əlá:rm]

〔명〕 1. **불안, 공포** 2. **경보(기), 자명종** 〔동〕 1. **불안하게 만들다** 2. **위급을 알리다**

It can also cause unnecessary **alarm** among people.
그것은 또한 사람들 사이에 불필요한 ⁵_____을 야기할 수 있다.

a fire **alarm**
화재 ⁶_____

The unstable movement of the airplane **alarmed** me.
비행기의 불안정한 움직임이 나를 ⁷_____.

• alarmed 〔형〕 불안해하는, 두려워하는
• alarming 〔형〕 걱정스러운, 불안하게 하는

---

¹ 명성 ² 정확한 ³ 중대한 ⁴ 상당한 ⁵ 불안 ⁶ 경보 ⁷ 불안하게 만들었다

## 1186

# nightmare*

[náitmɛər]

명 악몽; 악몽 같은 일

This is a **nightmare** for those who trust social media.
이것은 소셜 미디어를 신뢰하는 사람들에게는 <sup>1</sup>_____이다.

---

## 1187

# irony*

[áiərəni]

명 1. 아이러니, 역설적인 상황 2. 반어(법), 비꼼

The **irony** is that social media was invented to share information.
<sup>2</sup>_____는 소셜 미디어가 정보를 공유하기 위해서 개발되었다는 것이다.

She liked the **irony** of the book.
그녀는 그 책의 <sup>3</sup>_____을 좋아했다.

• ironic 형 1. 역설적인 2. 반어적인, 비꼬는
• ironically 부 반어적으로, 비꼬아; 《문장 전체를 수식하여》 얄궂게도

---

### ❹ Social media 건강하게 사용하기!

---

## 1188

# proper**

[prάpər]

형 적절한, 올바른 (↔ improper 부적절한, 잘못된)

**Proper** use of social media will be advantageous.
소셜 미디어의 <sup>4</sup>_____ 사용은 유익할 것이다.

• properly 부 적절히, 올바로

---

## 1189

# distinguish

강세주의 [distíŋgwiʃ]

동 1. 구별하다 (= differentiate) 2. 식별하다, 감지하다 3. 유명하게 하다

You should **distinguish** what is true among lots of information.
너는 많은 정보들 사이에서 무엇이 진실인지 <sup>5</sup>_____ 한다.

In the darkness, I couldn't **distinguish** anything.
어둠 속에서 나는 아무것도 <sup>6</sup>_____ 수가 없었다.

Her brother **distinguished** himself as a singer.
그녀의 남동생은 가수로서 <sup>7</sup>_____.

• **distinguish A from B** A와 B를 구별하다
• **distinguish oneself as** ~로서 유명해지다

• distinguished 형 유명한, 성공한

---

<sup>1</sup> 악몽 같은 일 <sup>2</sup> 아이러니 <sup>3</sup> 반어법 <sup>4</sup> 올바른 <sup>5</sup> 구별해야 <sup>6</sup> 식별할 <sup>7</sup> 유명해졌다

1190

# criminal *

[krímənl]

[명] 범인, 범죄자   [형] 범죄의; 형사상의

Police officers sometimes use social media to find **criminals**.
경찰관들은 때때로 <sup>1</sup>_____을 찾으려고 소셜 미디어를 활용한다.

**criminal** law
<sup>2</sup>_____ 법

◆ **criminal record** 범죄 기록

• crime  [명] 범죄, 범행
• criminally  [부] 형법에 의해서, 형사법상

---

1191

# obtain *

[əbtéin]

[동] 얻다, 구하다 (= acquire)

They can **obtain** useful clues through social media.
그들은 소셜 미디어를 통해 유용한 단서를 <sup>3</sup>_____ 수 있다.

• obtainable  [형] 얻을 수 있는

---

1192

# caution *

발음주의 [kɔ́ːʃən]

[동] 경고하다, 주의시키다 (= warn)   [명] 경고, 주의; 조심

Parents **caution** their children about the dangers of social media.
부모님들은 소셜 미디어의 위험성에 대해 아이들에게 <sup>4</sup>_____.

You should use this drug with **caution**.
이 약은 <sup>5</sup>_____해서 사용해야 합니다.

◆ **with caution** 조심해서, 신중하게

• cautious  [형] 조심하는, 신중한

---

1193

# immediate *

발음주의, 강세주의

[imíːdiət]

[형] 1. 즉각적인 (= prompt)  2. 직접적인

You can get **immediate** feedback if you ask something on social media.
만약 네가 소셜 미디어에 뭔가를 묻는다면, <sup>6</sup>_____ 답변을 얻을 수 있다.

The **immediate** cause of the disease was unclear.
그 병의 <sup>7</sup>_____ 원인은 불확실했다.

• immediately  [부] 1. 즉시, 당장 (= at once)  2. 바로 옆에, 가까이에  3. 직접적으로

---

1 범인  2 형사  3 얻을  4 경고한다  5 조심  6 즉각적인  7 직접적인

## 1194
# envy *
[énvi]

동 부러워하다　명 부러움, 질투

You don't need to **envy** others' fame on social media.
너는 소셜 미디어에서 다른 사람들의 명성을 <sup>1</sup>_____ 필요가 없다.

* envious　형 부러워하는

---

## 1195
# disgust *
[disgást]

동 혐오감을 주다　명 혐오감, 역겨움

Stay away from the posts that could **disgust** you.
너에게 <sup>2</sup>_____ 수 있는 게시물을 멀리해라.

The idea of lying fills me with **disgust**.
거짓말을 한다는 생각 자체가 나를 <sup>3</sup>_____으로 가득 차게 한다.

* disgusting　형 혐오스러운, 역겨운

---

## 1196
# mind **
[maind]

동 언짢아하다, 꺼리다　명 마음, 정신

Don't **mind** the negative responses on social media.
소셜 미디어의 부정적인 반응들을 <sup>4</sup>_____ 마라.

peace of **mind**
<sup>5</sup>_____의 평화

* **keep[have] in mind** 염두에 두다

* mindful　형 염두에 두는, 유념하는
* mindless　형 1. 생각 없는, 어리석은 2. 상관하지 않는

> **Voca Plus** 'mind'를 이용한 여러 가지 관용어구
>
> make up one's mind　결심하다, 마음을 정하다
> come to (one's) mind　생각이 떠오르다, 생각이 나다
> bring A to mind　A를 기억하다, 상기하다
> go out of one's mind　정신이 나가다
> a change of mind　심경의 변화

---

<sup>1</sup> 부러워할 　<sup>2</sup> 혐오감을 줄 　<sup>3</sup> 역겨움 　<sup>4</sup> 언짢아하지 　<sup>5</sup> 마음

## spectacle + '-s' = spectacles

1197

# spectacle*

[spéktəkl]

명 장관, 놀라운 광경

The people were amazed by this **spectacle**.

사람들은 이러한 ¹_____에 놀랐다.

• spectacular  형 장관을 이루는; 극적인

1198

# spectacles*

[spéktəklz]

명 안경 (= glasses)

**구별 TIP** 놀라운 광경(spectacle)을 볼 수 있게 해주는 것 → 알이 두 개(-s)인 '안경'

I could see his eyes behind the thick lenses of his **spectacles**.

나는 그의 ²_____의 두꺼운 렌즈 뒤로 그의 눈을 볼 수 있었다.

## sometime + '-s' = sometimes

1199

# sometime

[sʌ́mtàim]

부 (미래의) 언젠가; (과거의) 언젠가, 어떤 때

I hope to visit Spain **sometime**.

나는 ³_____ 스페인에 가보고 싶다.

It was **sometime** last year that we first met.

우리가 처음 만난 것은 분명 작년 ⁴_____였다.

1200

# sometimes**

[sʌ́mtàimz]

부 때때로, 가끔 (= now and then)

**구별 TIP** 언젠가(sometime) 일어난 일이 몇 번(-s) 반복됨 → 때때로

My mom cleans my room **sometimes**, but usually I do it.

우리 엄마가 내 방을 ⁵_____ 청소하시지만, 보통은 내가 한다.

1 장관  2 안경  3 언젠가  4 언젠가  5 가끔

INDEX

INDEX